カウンター・デモクラシー

不信の時代の政治

LA CONTRE-DÉMOCRATIE
La Politique à l'âge de la défiance

カウンター・デモクラシー
不信の時代の政治

ピエール・ロザンヴァロン
Pierre Rosanvallon
嶋崎正樹 訳

岩波書店

LA CONTRE-DÉMOCRATIE
La Politique à l'âge de la défiance

by Pierre Rosanvallon

First published 2006 by Éditions du Seuil, Paris.
This Japanese edition published 2017
by Iwanami Shoten, Publishers, Tokyo
by arrangement with
Éditions du Seuil, Paris.

Cet ouvrage a bénéficié du soutien des Programmes d'aide à la publication de
l'Institut français.
本書はアンスティチュ・フランセ・パリ本部の出版助成金プログラムの助成を受けています.

目次

[カバー写真]
Abaca/アフロ
ZUMA Press/アフロ
ロイター/アフロ
AP/アフロ
琉球新報社

序論

不信と民主主義

民主主義の理想は今や余すところなく支配的になっている。けれども民主主義を謳う政権は、ほぼいたるところで激しい批判に晒されている。それが現代の大きな政治問題となっている。いきおい、指導者や政治制度に対する市民の信頼は徐々に損なわれているが、それは二〇年前から政治学において最も研究がなされてきた現象の一つでもある。国内政治学・比較政治学のいずれでも、一連の重要な研究によって、この領域での診断ははっきりと下されてきた。選挙での棄権率の高まりについて分析した文献も、同じく増殖し続けている。示唆的なことに、ごく最近できたばかりの民主主義国も同じ問題を免れてはいない。東欧の元共産主義の各国のほか、アジアやラテンアメリカの旧独裁政権の各国の状況に見られる通りだ。

一般に「危機」「不安」「心離れ」「機能停止」の指標として把握されているこの事実だが、ではそれをどう理解すればよいのだろうか？　今日支配的な解釈では、個人主義の台頭、私的領域への寒々とした引きこもり、政治的意欲の低下、民衆からますます離れていくエリート層の台頭などの影響が、ときにごった煮的に援用される。不吉な「政治の没落」としてひとかたまりに烙印を押されている事態の起源は、最も多くの場合、統治者側の様々な見て見ぬふり、もしくは責任放棄に、あるいは被統治者側の失望、もしくは気のゆるみに関連づけられる。嘆きの対象になっているのは欠如もしくは放棄、糾弾の対象となっているのは当初目標とされていたモデルとの落差、あるいは約束の反故なのだとされる。こうした評価は今日、記事に記され、あらゆる人口に膾炙《かいしゃ》している。広く理想化された過去の市民生活への郷愁でもって現在を見るという、陰鬱な、あるいは荒んだ考えを、ぼんやりと、かつ反復的に結びつけているのだ。民主主義に対する漠然とした憎しみの感情が、ときにはそうした失意のただ中から、不明瞭な形で浮かび上がってくることさえあった。

民主主義の現状を理解するための、別様の方途を探ろうとするのが本書である。とくに、代議制の本来的な機能不全に対する社会の反動を動的に考察し、分析の領域を広げることを提唱している。歴史的には、民主主義は常に約束であると同時に問題でもあるようなものとして姿を現してきた。社会は平等と自律という二重の絶対要件の実現を基礎として築かれているが、その社会の需要に即した体制をなすというのが民主主義の約束である。また、多くの場合、高い理想を満たすにはほど遠いという現実が問題なのである。

民主主義の企ては、それが宣言されたところにおいてすら絶えず未完であり続けている。ひどく倒錯しているか、巧妙に狭められているか、はたまた機械的に妨げられているか、のいずれかだ。言葉の最も強い意味で、十全に「民主主義的な」体制というものを、こう言ってよければ、私たちは一度も経験したことがない。現実に存在する民主主義体制は未完成、さらには奪い取られたままなのだ。

もちろんその度合いは場合によりまちまちではある。それゆえ幻滅は、従属関係や独裁政治の世界との決別によって生まれていた希望と、常に隣り合わせになってきたのだ。統治者の正当性を選挙によって確立するという原則と、権力に対する市民の不信の表明とは、かくして事実上、常に結びついてきた。

一六四九年五月一日にロンドンで発表された有名な『人民協定』は、近代民主主義初のマニフェストをなすものだが、すでにして模範的な形でこの二重性を物語っている。市民活動と宗教の自由の保障、陪審制度、普通選挙、選挙にもとづく委任の制限、軍事力の公民権への厳密な従属、あらゆる人の公務への就任機会。一七世紀から一八世紀にかけて革命を育んだそれらの原理はすべて、この先駆的な文書において定式化されている。だが、それと同時に、この文書が権力の腐敗という「痛ましい経験」や、あらゆる予防措置を講じても個別の利益が優先されてしまう危険、代議制が支配へと転じることなどに言及している点は意味深い。正当な権力の形成条件を定めることと、「不信への備え」を定式化することが、最初から連れだって表明されているのである。

不信の社会

「現実の」民主主義の歴史は、ある恒常的な緊張関係および異議申し立てと切り離せない。そのような状況への反応は、実際には二つの方向へと伸張していった。まずは代議制への不信を緩和するための提案や経験が多数生まれるという方向性がある。たとえば投票の頻度を高めたり、直接民主制のメカニズムを開発したり、さらには議員側の従属性を強めたりするのだ。いずれの場合でも「選挙制の民主主義」の改良が模索されてきた。だが、それと平行して、様々な実践が錯綜しながら生まれる方向性もあった。非公式の社会的対抗権力のほか、「不信を組織化することで、信頼の浸食を補塡しようとする」諸制度などが試されるのだ。この後者の形式を扱うことなく、民主主義を考察したり、その歴史を辿り直したりすることはできない。

各種「民主主義の経験」の動きを的確に把握するには、かくして考慮すべき二つの次元があることになる。選挙・代議制の機能と諸問題が一つ、不信の世界の組成がもう一つの次元である。

一つめの次元は従来、主として歴史家や政治理論家の注意を引いてきたものだ。私は、そうした領域の体系的な理解を提唱し、そのために、市民権、代議制、主権などの諸制度において作用している、構造化を促す緊張関係について、理論的分析を練り上げてきた[1]。

今や二つめの次元に向かわなくてはならない。様々な不信の表明の研究は、すでに散発的に数多くの研究の対象になってきた。権力の掌握に対する抵抗や反動の歴史、市民の政治離れや政治制度拒絶の各種形態の社会学などである。そのような形で考察されてきたのは、個人の行動や姿勢だった。だが、ごく一般的かつ曖昧に関連づけられる場合を除けば、より公正かつ自由な世界での暮らしを求め男女が進めてきた闘いに、そうした不信の表明が全体として位置づけ直されることはなかった。本書の目的は逆に、不信の表出を全体的な枠組みにおいて理解することにある。不信の最も深い諸特徴を明瞭かつ一貫性あるものとして位置づけ直すような枠組みである。一言でいうなら、それら諸特徴を「政治的にシステムをなすもの」として理解するということだ。そうした基礎の上に、民主主義の機能、歴史、理論のより広範な理解を打ち立てようというわけである。

問題を適切に位置づけるため、あらかじめ次のことを強調しておこう。不信の表明は大きく二つの方法でなされてきた。自由主義的方法と民主主義的方法である。権力に対する自由主義的な不信表明は、しばしば理論化され注釈を施されてきた。モンテスキューはそれに規範的表現を与え[2]、アメリカの建国の父たちはそれに憲法という形を与えた。合衆国憲法を協議している時期のマディソンの見方は、権力の集中を阻むという強迫観念によって全体として支えられている。その草案は、人民の信頼にもとづく善良で強い政府を打ち立てることよりも、むしろ弱い権力を構成し、疑義を制度化することに腐心している。彼にとっての目的は、市民に戴冠するというよりは、むしろ公権力の浸食から個人を保護することにあった。

フランスの側では、バンジャマン・コンスタンや一九世紀初頭の偉大な政治理論家の一人でもあった経済学者のシスモンディなどが、同様の立場を擁していた。シスモンディの場合、彼が願うような種類の体制の要石は、「常に抵抗できるよう備えること」③にあった。それらの著者にとってはアンシャン・レジームの記憶は決定的だった。専制政治への回帰を不可能にしたいとかれらは考えたのだ。その場合、民主主義のいっそうの拡大は、権力に対するいっそうの嫌疑を機械的に意味していた④。コンスタンは同じような考え方から、世論が一貫して政府の役人たちに反対することが、自由の前提になるとさえ考えるようになった。「憎しみの監視」⑤の必要性にまで話は進む。しかしながらその真の独自性は別のところにあった。それは、社会に課せられた恣意的な権力の拒絶から生じた「旧来の」不信と、一般意志から生まれた新体制すらも旧弊に陥る可能性があるとの事実に根ざした「近代的な」不信とを、コンスタンが初めて区別したことだ。

ロベスピエールの「悲惨な事例」を取り上げ、コンスタンは、一七九三年にフランスに生じた「普遍的な信頼によって誠実な人々を行政職に登用させた」政治プロセスと、その誠実な人々が「暗殺集団を組織させた」⑥事実との不一致を強調している。したがってコンスタンからすれば、民主主義への信頼そのものをも制限しなければならないのだ。一八三〇年憲章が採択され、コンスタンが常に願っていた種類の体制が樹立されたとき、コンスタンはその憲章を讃えて、「あらゆる(優れた)憲法は不信の法なのだ[7]」と唐突に強調してみせた。ベルトラン・ド・ジュヴェネルに帰される表現を借用するなら、自由主義的な不信はその場合、「予防的権力」として理解することができる[8]。それは同時に、民主主義についてあえて用心深く悲観的であろうとする視座の一部をもなす。この場合の不信とは、人民がもつ権力への疑義、その旧弊への恐れ、普通選挙制度導入への躊躇にほかならなかった。

不信についてはもう一つ、民主主義的な類のアプローチも存在する。その場合の目的は、選挙にもとづく権力がみずからの公約を守っているか監視し、共通善に奉仕するという当初の要請を維持する手段を見いだすことにある。本書が関心を寄せるのはこの種の不信である。全体主義以後の時代には、そうした不信が主として現れているからだ。

そのような民主主義的不信は、様々な形で表明され、また組織される。私は主に三つの様態を区別しようと思う。すなわち監視の権力、阻止の諸形式、審判という試練である。選挙・代議制民主主義の陰で、この三つの対抗権力は、私が「対抗民主主義［カウンター・デモクラシー］」との呼称を提唱するものの輪郭を描き出している。対抗民主主義は、民主主義に反するものではない。むしろそれは、ゴシック建築の飛び梁《ばり》よろしく、もう一方の民主主義を強化する民主主義の形であり、社会集団に拡散した間接的権力の民主主義、選挙で正当化される挿話的な民主主義に対する、不信にもとづく恒久的な民主主義なのだ。対抗民主主義は、そのようなわけで、合法的な民主主義的制度とともにシステムをなす。合法的な制度を延長し拡張しようとするのだ。いわば扶壁《ふへき》を構成するのである。ゆえに対抗民主主義は、真の「政治形態」として理解され分析される必要がある。その政治形態を特徴づけ、評価することが、本書の目標となる。

現代社会は、社会が機能するうえで信頼の果たす役割が全般的に浸食されていること、また結果的に不信という反動が増大することを構造的な特徴としているが、この民主主義的な類の政治不信のインパクトは、そうした特徴の度合いに応じていっそう大きくなっていく。科学的・経済的・社会学的な三つの要因が、それぞれこの「不信の社会」の到来の原因をなしている。

第一の科学的な要因は、ウルリッヒ・ベックが『リスク社会』[9]において見事に解明してみせたものだ。その論理的筋道は、一九六〇年代まで優勢だった技術的楽観主義と決別した世界へと突入したというささいな事実から始まっている。今や私たちは破局と不確かさの時代を迎えているが、そのことによって近代の産業と技術の理解は、進歩の観念よりもむしろリスクの観念といっそう結びつくようになった。リスク社会とは、構造的に未来に対する不信の社会なのだ。だが問題は、市民はいずれにしても科学者を信頼せずにはいられないということにある。市民には、当該問題に評価を下す独自の手段がない。こうして科学者の役割は、無視できないと同時に問題含みでもあると感じられるようになる。そのため市民が採用できる戦略は、その科学者たちに説明と総括を強いることのみとなってしまうのだ。その戦略は、不信を一種の防火扉、社会の利益を保護する制約として、肯定的に掲げようとすることにある。

けれども、そこから逆説が生まれる。ベックへのコメントを寄せる人々が的確に記しているような逆説である。「市民は、専門家が予見も回避もできなかった問題を解決したいと考えるとき、再びかれらの手中に置かれてしまう。そのため、委託を維持する以外に解決策はない。ただ、統制し監視するための措置を複数化することはできる」[10]。科学技術の世界の変化は、このような形で、ある種の社会的不信を構造化へと導いているが、他方、「予防原則」の要求はそれをごく貧しい形でしか表せないでいる（予防原則は、その領域において、政治分野における自由主義的な予防の権力に相当するものである）。

第二に、マクロ経済の領域でも信頼は後退している。信頼を、将来の行動に関し仮説を作り上げることのできる知の形と定義するなら、当該知、つまりこの場合なら経済予測という名をもつ知は衰退しつつある、と言わざるをえない。経済予測を任務とする大手の研究機関は、中長期の信頼に足る予想を提示しなくなった。技術的にそれを提供するのが不可能であるか、あるいはあまりに誤りが多く、もはや信頼されなくなったのかのいずれかだ。フランスにおいて議会が、五年ごとの成長率を採決していたのはもはや別の時代の話のように思える（経済計画の枠組みでは、ほんの三〇年ほど前までそうだったのだが）。予測可能性が減じた経済世界に足を踏み入れたのは、より開かれ、より複合的になった相互作用のシステムに支配されているからだが、そのこともまた、不信の姿勢の高まりに関わっている。この場合の不信の姿勢は、公共政策のより広範な無力感に広く結びついている。

不信の社会の到来は、第三に、社会学的なメカニズムからも生じている。政治哲学者マイケル・ウォルツァーの表現を借りるなら、この「隔たりの社会」においては、社会的信頼を確立するための物質的基盤が崩れ落ちてきているのだ。個人同士が互いを信頼することが少なくなっているのは、かれらが互いをもはや十分に理解し合っていないからだ。他人に対する信頼の欠如と、政府に対する不信は、かなり正確に相関している。そのことは膨大な比較研究が証してみせた通りだ。政治不信に関してあらゆる記録を打ち立てているブラジルは、同時に、個人相互の信頼度の指数が最も低い国でもある。正反対のデンマークの状況は、他人に対する篤い信頼が、政府への疑念の小ささにも反映されている[11]ことを示している。政治腐敗への許容度は、民主主義への幻滅が発せられるほどいっそう高くなる、という意味深長な事実もある。[12]民主主義への不信と構造的な不信は、互いに区別されるとともに、相互に強まってもいくのだ。このような各種要因こそが、現代世界を評する言葉として、「一般化した不信の社会」への突入を語らせるのである。[13]そのような社会を背景として、本書が関心を寄せる民主主義の変容を位置づけ直さなくてはならないのだ。

対抗民主主義の三つの次元

まずは監視の権力から見ていこう。その性質を理解し起源にまで遡るには、人民主権の概念が歴史的に二つの形で表現されてきたことを思い起こす必要がある。

一つは、指導者を選ぶために市民が行使する選挙権だ。これは民主主義の原理として最も明白と認識され、聖別化されてきた側面である。だがこの定期的な選挙と正当化の権能の保持には、その裏地として、結果をより恒久的な統制行動で神聖化し延長しようとする切望がほぼ常に伴っていた。選挙での結びつきでは、代議士に約束を守らせるには十分ではないと端から思われていたからだ。もちろん一時は、絶対要請の委任状に明記させるなどして、より制約を高めることができるとも考えられた。だが、開かれた議会の審議の諸条件は、すぐに大きく変質してしまうことが明らかとなった(真の議論とされるものでは、異論を突き合わせた後に見解を変えられることが前提になっている)。そのため、いたるところでこの方法は放棄された。したがって別の様式、より間接的な様式でもって、民主主義の完成形が求められるようになった。

代表する側のもとで、代表される側が十全に生かされるようにしようという「ユートピア的代議制」の企てに、恒久的な異議申し立てのほか、より曖昧かつ外在的に組織される選出議員への圧力など、実効性のある実践が重ね合わせられていった。安定要因であると同時に是正要因でもある「対抗民主主義」の探求は、こうして継続的に、民主主義体制の活力を支えてきたのである。

フランス革命という経験は、この二重性こそが民主主義の中心であることを鮮烈に語ってみせた。一般意志による政府という理想を十全に実現すべく適用が望まれた、人民主権の補完形式を指すために、一七八九年以降、ある言葉が用いられるようになる。監視という言葉である。監視者としての人民の警戒心は恒久的に作動しており、制度の機能不全を荒療治する方法として奨励されもした。とくに、「代議制のエントロピー」とでも称しうる事態(つまり、選出議員と有権者との関係劣化のこと)を正す、適切な治療法とされた。

「監視」の用語は、後の恐怖政治の時代には民衆社会の暴政の数々によってねじ曲がってしまい、その後政治的語彙としては事実上禁じられてしまう。ただしそれは言葉そのものの話で、事象自体は残った。市民社会は様々な監査、統制、評価、多様な手段による試練を、変化に富んだ実に多彩な形で常に継続してきた。そうした権能は著しく発展しさえした。二世紀もの間、代議制民主主義の制度的な体系が大きな変革を被ることはついぞなかったが(代議制、責任の履行、選挙に帰される役割などの理解において)、この監視の権能だけは著しく膨らみ、多様化した。

私たちはその主要な三つの様態を続けて検討していこう。三つの様態とは、警戒、告発、評価である。それぞれが、選挙の正当性をより幅広い社会的正当性の形式へとはめ込むことに貢献している。

社会的正当性とは、人物もしくは体制の、名声という資本が作り上げるものだ。それら各種のメカニズムは結果的に、まずは権力の「名声」を試練に付すことになる。名声もまた一種「不可視の制度」であり、信頼の構造化要因の一つをなしている。そうした試練にはいくつかの特徴が見られる。それは恒常的な性質を示す(他方、選挙制の民主主義は断続的だ)。組織だけでなく個人の事象でもありうる。社会の介入の場を広げ、かつ介入を容易にもする(ジョン・スチュアート・ミルはすでに、人はすべてを行うことはできないが、すべてを統制することはできると述べていた)。だからこそ、この「監視の民主主義」は現在も躍進中なのだ。

制裁と阻止の権限の拡大は、対抗民主主義を構造化する不信の、二つめの形となる。『法の精神』においてモンテスキューは、行動する能力と阻止する能力という、彼の目には中心的と映った区別を強調していた。モンテスキューは非対称性を強調していたのだが、市民がみずからの目的や希望を達成するうえで、委任にもとづく民主主義の限界を経験するにつれて、その非対称性の重要さはいや増していった。結局のところ政府になんらかの行動を取らせる、あるいはなんらかの決定を下させるよう、市民が制約を加えることはほとんどできないことが明らかになると、市民らは権力に対する制裁を増やすという実効形式に打って出た。こうして「肯定的民主主義」、すなわち選挙による意志表明と合法的制度の民主主義の陰で、「否定的社会主権」とでも呼びうるものが徐々に確立されていったのだ。

この変化には、その第一の指令役として、「テクニカルな」合理性がある。阻止の行動がもたらす結果は、実際に見たり触ったりできるものなのだ。法案の撤回を勝ち取れば、行為者の意図は完全に達成される。

一方で、特定の政策を実現させるための圧力を成功に導く方策は、いかなる場合でもいっそうの論争を呼ぶ。阻止の行為では、意志は完全に成就する。なぜならそのとき意志は、一義的で明快な決断へと集中し、その内容と企図が汲み尽くされるからだ。委任や単純な同意にはそのような性質がない。意志の成就の問題は、そのような枠組みでは開かれたままになる。なぜなら未来は不確かで、委任された当人の行動も不確かだからだ。約束もしくは公約をめぐる緊張関係は、委任にもとづく民主主義の核心部分をなしているが、「否定的民主主義」の枠においては乗り越えられてしまう。

社会学的な視点からすれば、否定的な連合のほうが肯定的な多数派よりも組織化が容易であることは明らかだ。前者はみずからの矛盾にも実に見事に適応できる。さらに好都合なことに、否定的連合の異質性こそが、その形成や成功の容易さの理由になっている。そのような反動的多数派がおのれの役割を果たすためには、一貫性など必要ではない。かれらが反対の立場を表明するほど、いっそうその力は増していく。反動の強さこそが基本的な役どころなのだ。ストリートでも、メディアでの抗議でも、あるいは象徴的な表現でも、もはや数だけの問題ではない。

行動する真の社会の多数派を作り上げるのは、逆にはるかに難しい。それは本来的に、受動的なコンセンサス、あるいは肯定的かつ決然とした合意を前提とする。選挙での多数派はしばしばそうであるし、また反動的な連合はいっそうそうであるが、肯定的多数派を両義性や曖昧さの上に築くことは本来できないのだ。したがってそのような多数派は、より脆弱で儚いものとなる。他方、経験から証されるように、政治家にとっては、場違いな発表により発言力を失うほうが、勇敢な独自の立場を取ることで発言力を得るよりも、はるかにたやすい。

人民主権は実際に、ますます拒絶の力として示されるようになっている。選挙での周期的な意志表明でもそうだし、統治者の決定に対する恒常的な拒絶でもそうだ。新たな拒絶の民主主義がそんなふうに、計画にもとづく元来の民主主義に重なり合っている。そのような形で、「拒否権としての人民」の主権が課されるようになったのだ。

民主主義的な政府は、もはや同意と正当化の手続きだけでは定義されない。それは基本的に、社会集団や政治・経済の諸勢力に由来する様々なカテゴリーの拒否権との、恒常的な対峙によって構造化されるようになった。ゆえに、一部の論者たちは次のような考え方を口にするのである。政治体制は今や、制度本来のアーキテクチャ(大統領制、議会制、二大政党制、複数政党制など)よりも、様々な関係者から生じる阻止の可能性によって行動の条件が定められ、そうした様態によって特徴づけられているのである。

対抗民主主義は第三に、「判事としての人民」の台頭によって構成される。政策の司法判断がその最も顕著な仲介役となっている。今や、まるで選挙では絶望的に得られない結果を、市民は裁判に期待するかのようだ。そのような司法判断への訴えは、市民の要求に対する政府の「反応性」の衰弱という大枠の一部をなしている。社会の期待に耳を貸す(反応性原理)度合いが低くなるほど、政府にはいっそうの詳細な説明が求められる(答責性原理)。私たちはこのように、「対峙の民主主義」から「非難の民主主義」へと移行したのだ。こうした事実をもとに、判事という像が政治的領域で価値を高めたことについて語るのも、この二〇年来ありふれたこととなった。

だがそうした評価では、問題のごく限られた側面しか把握できない。重要なのは、票と審判との「比較にもとづく属性」の理解であるからだ。現代社会が審判を好むことが意味をなすとしたら、それはそうした行為の、意志決定の類型としての特殊な属性に関係するからにほかならない。正当化の条件、劇場性の形式、個別性に関係する様式のいずれでもよいが、行動に試験を課す手続きとしての裁判は、このように次第にメタ政治の形式として定着するようになってきた。より具体的な成果を生み出すがゆえに、それは選挙よりも上位に位置するとさえ考えられている。

いきおい、社会契約を結ぶ有権者としての民衆に、「監視者としての民衆」「拒否権としての民衆」「判事としての民衆」の姿が重なってくる。そこから、憲法をもとに組織されたのではない形での、主権の間接的行使の様態が生じるのだ。まさに間接的と評することのできる主権だが、それはその主権が、「結果」の全体によって構成されているという意味においてである。権威から形式的に生じるのではなく、政治的と評価されうるような明確な意志決定の形式で表明されることもない。選挙・代議制民主主義と、間接的権力にもとづく対抗民主主義は、相互に理解されるのでなくてはならないのだ。そうすることで、社会的な権力奪取という実効的運動を、その複合性において理解できるようになる。現実的民主主義と形式的民主主義という従来の対立は、結果的に、こうしたより大きな枠組みではほとんど明快にならないように思われる。統治の直接形式と代議制の形式との唯一の区別も、同様に豊かさとしてははるかに貧弱であることがわかる。この種の狭いカテゴリー分けは今後、「民主主義的活動」の多様な視座に場所を譲らなくてはならない。そこから、男女に共通する拡大版の統治の文法を練り上げる可能性がもたらされる。

『社会契約論』でルソーは、市民権の定義を「複合化」したいと願っていた。単純な投票権のほかに、意見陳述権、提案権、分割審議権、討論権を付加することを提案したのだ。[14] アルバート・ハーシュマンはより近年、古典的なエッセイの中で、「発言」「離脱」「忠誠」といった表現(これらは抗議もしくは批判的発言、脱退、肯定的無関心と言い換えることができる)[15]を区別することで、集団行動の語彙を豊かにすることを提唱している。対抗民主主義を考慮に入れるならば、この語彙集は、警戒、格付け、暴露による圧力、妨害、審判による試練などの用語にまで拡大できるだろう。対抗民主主義のこうした各種表現の歴史と理論化にこそ、本書はまずもって捧げられている。

受動的市民という神話

政治参加の問題を理解するための用語もこの観点から変更され、民主主義離れについて繰り返される決まり文句も再考が促されている。[16] 市民が政治制度に寄せる信頼の指標は、どれも確かに明白な形で、大きな衰退の動きを証している。選挙の棄権率の増大も、この二〇年来、あらゆる国に見られる与件となっている。[17] だが、こうした指標の解釈には注意が必要だ。[18] それらはとりわけ市民の関わり方の変容という、より広範な理解に位置づけ直されなくてはならない。

かくして政治学はだいぶ前から、「従来型ではない政治参加」の諸形態を区別しようとし、投票所に赴く人々が減少しているその最中に、そうした形態が多様化していることを確認してきた。ストライキやデモへの参加率、嘆願書への署名数、試練に際して様々な形でなされる集団的連帯の表明などは、私たちが政治的に無気力な新時代に入ったわけではないこと、私的領域への引きこもりの増加という考え方には根拠がないことを示唆している[19]。このように、市民権の衰退というよりも、むしろその変容について語るほうが適切なのだ。

と同時に、政治的表現の「レパートリー」、その表現の「担い手」や「標的」もまた多様化した。政党が浸食される一方で、権利擁護団体のほか多様な種類の団体が発展してきた。代表選出や交渉を担う一大機関は役割が減じた一方で、「目的別の」組織は増え続けている。市民には投票以外にも、自分たちの不満や苦情を訴える数多くの手段がある。ゆえに、棄権や信頼の衰退といった現象は、民主主義的活動の各種形式の、より幅広い変容の分析に位置づけ直されなくてはならないのだ。

確かに投票は、市民権の最も顕著で、かつ最も制度的な表現方法ではある。その行為ははるか昔から、政治参加と市民の平等という理念を象徴してきた。だが政治参加の概念は複合的だ。そこには、民衆と政治世界との、三つの次元の相互作用が混在している。すなわち表明、関与、介入である。「表明的民主主義」は、社会の意見表明、集団的感情の発露、政府とその行動に関する審判の明言、あるいはまた要求の提示に対応する。「関与的民主主義」とは、市民が互いの協議や結びつきを通して共通世界を作り出すための、手段の全体を包括する。「介入的民主主義」はというと、望ましい結果を得るためのあらゆる形の集団行動によって構成される。

民主主義的活動は、これら三つの政治活動の形式を軸に連携がなされる。選挙の特性とは、これら各種の市民権の存在様式(それらはまた、公共生活のそれぞれの「局面」に対応するものでもある)を、諸々の事象に重ね合わせようとしてきたことにある。投票は、最も組織化が進み最も目に見えるものであるがゆえに、これ以上ない確かさをもって、集約的・凝縮的な様式であろうとしてきた。投票への参加が迎えた黄金時代には、投票のそうした総合化・統合化の次元はさらに、アイデンティティの次元をも併せもっていた。そのとき投票は、個人の贔屓《ひいき》の表明というよりも、むしろ集団への帰属の表明であった[20]。アンドレ・シーグフリード〔二〇世紀前半の社会学者〕から六〇年代の政治社会学まで、様々な著作においてこの特性は強調されていた。民主主義の歴史は長い間、このような形で、政治の場が収斂するプロセスと同一視されてきた。普通選挙を実現するための長い戦いは、その手段であると同時に象徴でもあった。

まさにそうした収斂の枠組みにおいて、現在の民主主義の変容を評価しなければならないのだ。選挙にもとづく民主主義は疑いようもなく浸食されている一方で、表明・関与・介入的民主主義は広範に展開し、強固なものとなってきた。したがってあらゆる点において、受動的市民という神話[21]について論じる必要がある。このような政治活動の変容は、今や多くの学術的著作、さらにはより活動家的な性質をもった文献において取り上げられている。だが、そのような変容の理論的概念化は依然曖昧なままだ。それらを評するために用いられる語彙の揺れが、そのことを物語っている。

政治学はこのように、これまでにない種類の政治への介入と反動の到来を証し立てる変幻自在な現れを記すべく、この一〇年来雑然と、「従来型ではない」政治形態、新たな「抗議型の政治」、「世俗的市民権」の台頭などを示唆してきた。最も直接的に関わる活動家の世界でも、新たな種類の語彙が登場してきている。かくして、「活動的左翼」「非政府的政治[22]」「被統治者による政治[23]」などが語られている。反権力もしくは対抗権力の概念なども盛んに使われるようになった[24]。同時に多くのサークルにおいて、近代の統治性に関するミシェル・フーコーの著作が再読されるようになった。

対抗民主主義の概念もまた、そうした観点から捉えられなくてはならない。この概念は、現代の民主主義の多様な変化の記述に体系的な枠組みを提示することによって、そうした様々な世界に言葉と知的な内実とを与えることができる。多様な変化を合理的な民主主義の理論に秩序づけることで、それらを統合するのである。

脱政治化か、それとも不得策か

公共の事案への関心が薄れる、あるいは市民の活動が衰退するという意味での脱政治化というものは存在しないにしても、一方で、政治的事象そのものに対するある種の関係は大きく変化した。だがその変化は、慣習的に示唆されるのとは別の次元に属している。現代の問題は、受動的であることにではなく、「不得策(impolitique)」の部分に、つまり共通世界の組織化に結びついた問題の全貌が掌握できないという点にある。(25) 対抗民主主義の様々な形象を貫く特性を私たちは探求していくわけだが、それは市民社会と制度との距離を穿つことにもなるだろう。かくして、そうした様々な形象から、統制、反対勢力、権力の格下げなどにもとづく、一種の「対抗政治」が描き出される。人はもはや権力を優先的に勝ち取ろうとは思わなくなったのだ。

その特性は二つの形で現れる。作動する各種メカニズムや行動は、まずは直接の帰結として、任意の「共通世界」への帰属の表明を無効にする。本質からして反動的なそれらのメカニズムは、集団的議論を構造化したり、担ったりすることはできない。この不得策の対抗民主主義はそのように、弁別的特徴として、民主主義的「活動」と非・政治的な「結果」とを重ね合わせるのだ。他方、それゆえにこの対抗民主主義は、通常の体制の分類には馴染まず、独自の形式を構成しては、従来型の自由主義と共和主義の対立、あるいは代議政体と直接民主制の対立を逃れるのである。

対抗民主主義の拡散形式は、第二の帰結として、みずからの可視性、とりわけその判読可能性を覆い隠してしまう。ところで、ここでもまた、政治の本質そのものを構成する二つの性質が問題になる。行動が同じ叙述形式で語られず、単一の公共の舞台で演じられないなら、そこに政治というものは存在しない。対抗民主主義の諸形式の発展は、このように分かちがたい形で複合的かつ問題含みの特徴を示すのだ。複合的だと言うのは、社会的権力の増大という肯定的な要素と、反動としてのポピュリズムの誘惑とが混じり合うからだ。問題含みだと言うのは、それが描く「市民的民主主義」への進展は、一貫性と全体性という絶対条件を確約しなければならないそのときに、断片化と拡散の形式を導くからだ。

他方、強調しておかなくてはならないが、この曖昧さを意識することで、私は対抗民主主義という「ア・プリオリ」に不躾な新語を錬成しようと決意したのだ。そのどこか落ち着かない響きによって、不信にもとづく様々な実践の曖昧さを強調することができる。それら各種の実践は、市民にとって有益な警戒感を流通させ、かくして権力に対し、社会の要求により注意深くなるよう促すだろう。だが、その一方で、中傷や否認の破壊的な諸形式をときおり育むこともあるだろう。対抗民主主義は強化だけをもたらすのではない。矛盾を突きつけもする。本書には不信の実践の「復権」が盛り込んである。なぜならその実践は、根本的に自由主義的であり、同時に民主主義的でもあるからだ。一方、したがってそれは、ありうる偏向に注意を払う意識的な復権でもある。

思うに、現代の民主主義を特徴づける幻滅は、まさにそこから、おそらくは根源的に生じている。それは乗り越えることが可能な(たとえば、代議制を組織する手続きを修正するなどして)失望からのみ構成されているのではない。民主主義的なものと不得策なものとの結合が形づくるアポリアによっても構造化されているのだ。そうした事実の上に、私たちは「最終的に」、民主主義の新たな時代を招来するための、諸条件を考察していくことになるだろう。

民主主義の歴史を再読する

私たちが提唱するアプローチはまた、新たな形で民主主義の歴史を探求することにもなる。私たちが示唆した間接的な権力の諸類型には、「ポスト民主主義的」であると同時に「プレ民主主義的」でもあるという特徴が見られるからだ。

ポスト民主主義的だと言うのは、その諸類型が、一七世紀から一八世紀にかけて、オランダ、英国、米国、フランスなどの絶対王政との戦いの末に創設された代議政体の、果たされなかった約束への反動として確立されてきたという意味においてである。プレ民主主義的でもあると言うのは、監視と抵抗の権限の行使は、多くの場合、人間解放への第一歩をなしていたからだ。暴政への抵抗の権利は中世に、当時は誰も人民主権の形態を考察できなかったにもかかわらず定式化された。同様に、権力を選挙に従属させることが問題となるはるか以前から、諸権力は統制と審判の対象になっていた。

この事実は、従来型の直線的な民主主義の歴史と袂を分かつことを導く。直線的な歴史観は、理想型が漸進的に実現し、服従の体制からの脱却もゆっくりと進み、自治の完成をもって大団円となることを前提とする。だが「旧」と「新」、「自由主義」と「民主主義」、非公式の社会的権力と正規の諸制度の実像とは、実際には絶えず交差し合ってきた。仮に対抗民主主義が選挙・代議制民主主義に先行していたとするなら、それらの歴史は複雑な形でもつれ合っていることになり、私たちはそれを解きほどかなくてはならないだろう。それはまた、社会史と民主主義の制度史は分離できないということをも意味する。原理上「社会的なもの」である対抗民主主義は、具体的な力、実践的な抵抗、直接的な反動にほかならないからだ。

それは本質において、問いかけ、制裁、異議申し立てなのである。選挙・代議制民主主義が諸制度の遅々たる動きに従うのに対して、対抗民主主義は絶え間なくみずからを示し、いかなる制約にも従わない。それはある意味、民主主義の直接的な動きなのである。

このアプローチは歴史と政治理論との結びつきを強化するが、それは私のこれまでの著作で使われてきた方法を継承するものだ。私はよくこの点を強調してきたが、歴史というものは、私たちの現在における「活動中のラボ」として理解されるべきで、背景のみを解明するものではない。民主主義の実像は、理想とするモデルとの対立によって織りなされているわけではない。それはまずもって解決すべき問題の探求なのである。ゆえに、民主主義の「オリジナルのモデル」なるものが明確に定式化され、実像とは公然と矛盾している、などという考え方からは距離を置く必要がある。

現実の複雑さ、そのアポリア的次元から出発することで、よりいっそう豊かな形で、政治の「事象そのもの」に関心を寄せ、その肉に分け入り、結果的にその「成立(＝基本法)」の場を探求することができるのだ。歴史は単に理論に個別事例の数々を与えるだけにとどまらない。それは世界の表象を経験し試す場として、より鮮明にみずからを示す。そこから、歴史家の周到な好奇心と政治哲学の厳粛さとが、互いの野心を合流させる地点にまで到達するという、私も共有する展望が開かれるのである。

「経験の空間」として政治を理解することは、対抗民主主義を探求する場合、より大きな力を伴って課されてくる。制度の記述はときに、教科書にあるような固定的表現で満足してしまうが、監視と阻止の権力は、それらが作用する動きの中でしか評価しえない。こうした、生きた実践としての民主主義における二面性は、方法論的な重要性をもつにとどまらない。それはまた、比較政治学的研究を別様に行うことをも可能にする。民主主義が古典的なまでに規範的な観点で捉えられる場合、真に「有益な」比較は可能ではなくなる。そこには失敗か成功かだけの報告、各種の達成度の分類、類型論の確立しかありえない。すると、個別の価値を普遍的と見なす危険性、あるいは特殊なメカニズムを神聖視する危険性が増大する。

逆に、たとえば表象をめぐる社会学的原理と政治学的原理との緊張関係[26]など、民主主義が解決すべき諸問題から出発するなら、国民的もしくは歴史的な多種多様な経験を同じ枠組みで検討することが、はるかに容易になる。そのような性質をもつ比較研究の力は、対抗民主主義という現象の研究ではいや増すことになるだろう。すでに述べたように、対抗民主主義には、プレ民主主義的であると同時にポスト民主主義的でもあるという特徴があるからだ。それは各種の純粋な対抗権力の形で、あるいは「補完的」と称することのできる権力の形態で存在する。そのような仕方で分析を拡大するのであれば、ごく自然に、まなざしを「脱西欧化」することにもなる。

監視の実践、阻止の主権の表明、審判の試練は、ほとんどあらゆるところに見いだせる。それらは今も、「これまでも」、歴史的に存在してきた。時空間に広がる「一般比較研究」の基礎は、そんなふうにして築くことが可能になる。現在をよりよく理解したいという意志は、もはやこのような展望と切り離すことができない。すなわち、自由都市を確立するための男女の長い闘いを、世界的なレベルで、統合した形で考え抜く試みという展望である。

原注

（1） 拙著三部作を参照のこと。*Le Sacre du citoyen. Histoire du suffrage universel en France*, Paris, Gallimard, 1992; *Le Peuple introuvable. Histoire de la représentation démocratique en France*, Paris, Gallimard, 1998; *La Démocratie inachevée. Histoire de la souveraineté du peuple en France*, Paris, Gallimard, 2000.

（2） 参考までに『法の精神』(一七四八)の一節を思い起こしておこう。「権力を手にするあらゆる人間が、それを濫用するに至るのは、恒久的経験なのである。それは限界に達するまで行われる。まったくもって思いがけないことだが徳すらも限界を必要としているのだ。権力が濫用されないためには、しかるべき規定によって、権力が権力を止めるのでなくてはならない」(第一一編第四章)。

（3） Jean Charles Léonard SIMONDE DE SISMONDI, *Études sur les conditions des peuples libres*, Bruxelles, 1836, p. 230.「そうした備えを保証したうえで、あらゆる制度は敷設されるべきである」(同)と続いている。

（4） マーク・E・ウォーレン(Mark E. WARREN)の次の序文を参照せよ。*Democracy and Trust*, Cambridge, Cambridge University Press, 1999.

（5） *De la force du gouvernement actuel de la France et de la nécessité de s'y rallier*, s. 1.(Paris), 1796, p. 66.

（6） *Ibid.*, p. 67.

（7） *Courrier français*, 5 novembre 1829, *in* Benjamin CONSTANT, *Recueil d'articles, 1829-1830*, Paris, Champion,

1992, p. 53.

(8) Bertrand de JOUVENEL, «The Means of Contestation», *Government and Opposition*, vol. I, n°2, janvier 1966.

(9) Ulrich BECK, *La Société du risque. Sur la voie d'une autre modernité*, Paris, Aubier, 2001(ウルリヒ・ベック『危険社会――新しい近代への道』東廉、伊藤美登里訳、法政大学出版局、一九九八).

(10) Michel CALLON, Pierre LASCOUMES et Yannick BARTHE, *Agir dans un monde incertain. Essai sur la démarche technique*, Paris, Seuil, 2001, p. 311.

(11) ブラジル人のうち、全般的に「大半の人々を信頼できる」と答えたのはわずか二・八〇%だった。デンマークではそう答えた人の割合は六六・五〇%にも及ぶ(フランスは二二・二〇%で、下位に属する)。次を参照のこと。Ronald INGLEHART(et alii), *Human Beliefs and Values: A Cross-Cultural Sourcebook Based on the 1999–2002 Values Surveys*, Mexico, Siglo XXI, 2004.

(12) Cf. Alejandro MORENO, «Corruption and Democracy: A Cultural Assessment», *in* R. INGLEHART(ed.), *Human Values and Social Change: Findings from the Values Survey*, Leyde et Boston, Brill, 2003.

(13) フランスについては以下の調査を参照。Euro RSCG, *La société de défiance généralisée: enquête sur les nouveaux rapports de force et les enjeux relationnels dans la société française*, juillet 2004. 翻って信頼の概念をめぐる社会学的・哲学的な研究が目下花開いていることが浮き彫りになるのは、まさにこの文脈においてである。とくにラッセル・ハーディン、ディエゴ・ガンベッタ、マーク・E・ウォーレン(Russel Hardin, Diego Gambetta, Mark E. Warren)の研究を参照。フランスのものなら以下を参照のこと。Vincent MANGEMATIN et Christian THUDEROZ, *Des mondes de confiance. Un concept à l'épreuve de la réalité sociale*, Paris, CNRS, 2003; Denis HARRISON, *La Confiance. Approches économiques et sociologiques*, Montréal, Gaëtan Morin, 1999.

(14) 『社会契約論』第四編第一章。『山上からの手紙』(第七の手紙)ではルソーは同じ意味で次のように強調している。「討議し、意見陳述を行い、投票することは、非常に異なる三つの事象だが、フランス人はそれらを十分に区別していない。討議するとは是非を検討することであり、意見陳述を行うとは意見を述べ、その根拠を示すことである。投票するとは、もはや票による採決しか残されていないときに、おのれの票を投じることである」(Paris, Gallimard, «Bibliothèque de la Pléiade», p. 833)。

(15) Cf. Albert O. HIRSCHMAN, *Exit, Voice and Loyalty: Responses to Decline in Firms, Organizations and States*, Cambridge(Mass.), Harvard University Press, 1970(アルバート・ハーシュマン『離脱・発言・忠誠――企業・組織・

国家における衰退への反応』矢野修一訳、ミネルヴァ書房、二〇〇五).

(16) 最近の総括については次を参照。Mattei DOGAN(ed.), *Political Mistrust and the Discrediting of Politicians*, Leyde et Boston, Brill, 2005.

(17) たとえば次に集められたデータを参照。Jacques CAPDEVIELLE, *Démocratie: la panne*, Paris, Textuel, 2005; Mark N. FRANKLIN(et alii), *Voter Turnout and the Dynamics of Electoral Competition in Established Democracies since 1945*, Cambridge, Cambridge University Press, 2004.

(18) 棄権率は長期にわたって把握しなければならない。投票率の上昇・下降は当該選挙の性質に依存している可能性もあるためだ。フランス革命の時代から、著しい変動が見られる(ミシュレは、一七九〇年の大量投票の後、一七九一年には「民衆は自宅に戻ったようだ」と記している)。「選挙の断続性」現象も同様に重要である。それについてはむしろ「投票行動に至る過程」について論じるべきかもしれない(フランスの事例については以下を参照。François HÉRAN, «Voter toujours, parfois... ou jamais» *in* Bruno CAUTRÈS et Nonna MAYER(éds.), *Le Nouveau Désordre électoral. Les leçons du 21 avril 2002*; François CLANCHÉ, «La participation électorale au printemps 2002. De plus en plus de votants intermittents», *Insee Première*, n°877, janvier 2003)。政治学では「参加型」「非参加型」の棄権者をも区分している。

(19) この主題については膨大な文献があるが、たとえば以下を参照。Pippa NORRIS, *Democratic Phoenix: Reinventing Political Activism*, Cambridge, Cambridge University Press, 2002. 同様に以下も参考になる。Pascal PERRINEAU (éd.), *L'Engagement politique. Déclin ou mutation?*, Paris, Presses de la FNSP, 1994; Lionel ARNAUD et Christine GUIONNET(éds.), *Les Frontières du politique. Enquête sur les processus de politisation et de dépolitisation*, Rennes, Presses universitaires de Rennes, 2005.

(20) 六〇年代の政治学は「ミシガン・パラダイム」(研究が行われていた大学名にちなんでいる)を確立した。有権者の判断は自身のきわめて貧しい政治的知識にもとづいてなされるのではなく、性急に定めた党派的なアイデンティティにもとづいて投票することを示してみせた。

(21) 市民がいっそう情報を得るようになった事実も強調しておくべきだろう。以下に再録されたデータを参照。Étienne SCHWEISGUTH, «La dépolitisation en questions», *in* Gérard GRUNBERG, Nonna MAYER et Paul M. SNIDERMAN, *La Démocratie à l'épreuve*, Paris, Presses de Sciences-Po, 2002, p. 56-57.

(22) たとえばフランスでなら、*Multitudes* や *Vacarme* などの専門誌においてなされている研究を参照。

(23)　Cf. Partha CHATTERJEE, *The Politics of the Governed*, New York, Columbia University Press, 2004.

(24)　Cf. Miguel BENASAYAG et Diego SZTULWARK, *Du contre-pouvoir: de la subjectivité contestataire à la construction de contre-pouvoirs*, 2e éd., Paris, La Découverte, 2002; John HOLLOWAY, *Change the World Without Taking Power*, Londres, Pluto Press, 2002.

(25)　私はこの表現を文字通りの意味で用いている。次に示されているものとは意味が異なる。Roberto ESPOSITO, *Catégorie de l'impolitique*, Paris, Seuil, 2005. この語のほかの用例については、以下を参照。Étienne BALIBAR, «Qu'est-ce que la philosophie politique? Notes pour une topique», *Actuel Marx*, n°28, 2e semestre 2000.

(26)　Cf. *Le Peuple introuvable*, *op. cit.*

第1章

監視の民主主義

1 監視、告発、評価
2 監視の当事者たち
3 歴史の糸
4 正当性をめぐる争い

監視の権力という概念には長い歴史がある。そこに立ち戻る必要性は、フランス革命の初期段階から示唆されていた。自治へと向かおうとする代議士たちの傾向、ミラボーの有名な言葉を借りるなら「ある種の事実上の貴族」としてふるまおうとする傾向に、拮抗させるためである。憲法制定議会のある議員は、この意味で「国民のために代表そのものを監視する、監視者の必要性」[1]について語っている。「自由の友たちよ、恒常的な監視により、われわれの命運が閣僚にすっかり委ねられてしまったならば冒すことになる危険から、われわれが保護されんことを」。『ラ・ブッシュ・ド・フェール』紙[2]の活動家兼編集長はそう警告している。当時影響力のあった女性文士も、似たような言葉でこう表明している。「民衆が代表らの監視を止めてしまえば、代議制の政府は、やがて歴代の政府のうちで最も腐敗したものになってしまうでしょう[3]」。

民衆の監視の眼は、こうした文脈において、革命のイメージ群における主要テーマとして掲げられている。それはコインや印璽に像として描かれ、時代精神の反映である民衆的権力を表す、無数の彫像のアレゴリーに遍在するモチーフにもなっている。この監視の対抗権力には、代議制の機能不全が緩和されること、信頼の擁立しにくさから生じる幻滅の乗り越えが可能になることなどへの期待が寄せられた。不信を活動的な民主主義の力へと昇華する手段として受け止められていたのだ。

ロベスピエールはそうした理由から次のように論じている。「愛国的な立法者たちよ、不信を決して悪く言ってはならない。あなた方がどう言おうと、不信というものは民衆の権利の擁護者なのだ。

自由の奥深い感情にとってのそれは、愛情にとっての嫉妬にも等しいものである」[4]。フランス革命という経験は、この種の新たな権力の輪郭を描くべく、このように当時の政治学の語彙を拡張したのである。

監視という理念はそのとき、もう一つの絶対的要請に結びついた。すなわち、社会的一般性を表す新たな形象を聖別するという必要性である。世論に流布する言葉は、その形象を人々の精神に植えつけようとする。世論を通じて監視を訴えることが当時ぜひとも必要とされたのは、それによって同時期の大きな問題を解決するための言葉とイメージがもたらされるからだった。大きな問題とはすなわち、国民主権の問題である。それはやがて、ルソーがぜひとも必要だとした抽象化に、万人にとっての判読可能性と内実とをもたらすことになる。監視という考え方は、さほど縁遠くはない様式でもって、主権の概念を描き出してみせるからだ。その概念を取得可能・利用可能なものにし、人を寄せ付けない威厳をそぎ落としてくれるのだ。

世論の喚起そのものも、社会学的次元において同じ役割を果たす。社会の新たな主人の姿を際立たせ、日常的な相貌を与えるのだ。人民はもはや、オリュンポスに隠遁した不可視で沈黙する神ではない[5]。通りでの会話や無数の新聞のコメントにおいて、ごくありふれた表現の数々でもって理解され、直接触れることのできる形式を身にまとうのだ。

「人民という言葉が世論のことを意味するのでないなら、それは虚無の言葉である」。ある政治記者の重鎮は世論の意味をそう強調している[6]。彼はさらにこう述べる。世論の表明がなければ、「人民にはもはや名前がなくなり、純粋に形而上学的な存在になってしまう。それは魂のない肉体ですらなく、遺骸でしかない」。世論への言及によって、このように一般意志の表明の問題が解決できるのだ。一七八九年当時の人々にとって世論とは、特定の場所に姿をとどめず、定着することもなく、それでいて常に遍在し続ける力だった。それゆえ世論は、「活動的・恒久的存在」としての国民を十全に表していたのだ。

監視という言葉はその後、恐怖政治時代の行き過ぎによって烙印を押され、放棄されてしまう。だがその考え方と実践はなおも存続した。近代の政治にはこのように、より目立たない、より変化に富んだ側面が存在するのだ。その歴史を辿り、諸形態を厳密に分析する必要がある。

さしあたり次のことを強調しておこう。その目立たない側面を考慮するなら、七〇年代に社会学が懸命に理論化を試みたことと真っ向から対立する、権力の世界を描き出すことになる。ミシェル・フーコーの先駆的な仕事以来、権力が世界の内奥にまで入り込み、より効果的な支配を確立するための手段となる装置の全体を称すべく、監視社会がことさらに引き合いに出されてきた。ベンサムから借用された、監獄を想起させるパノプティコンという形象が、監視社会の形態と方法とを象徴してきた。常態化し拡散して社会全体に行き渡った統制の、見えざる作用に効率性を依存しているような権力。そうした権力の理念は、人々の精神に事実上の与件として定着していった。

テクノロジーの進歩、都市部での監視カメラを用いたＩＴの進歩は、個人の行動にいっそう張り付こうとする管理システムの開発と同様に、オーウェル的な物の見方になにがしかの内実を与えてきた。だが、だからといって、逆の現象を過小評価することになってはならない。すなわち、社会による権力の監視である。対抗民主主義は、フーコーが記したものと類似の管理メカニズムを、今度は社会の利益のために動員する。監視、告発、評価は、その主要な三つの様態をなしている。

1 監視、告発、評価

警戒

監視し、警戒し、用心することは、市民権の基本属性をなしている。それはもとからの属性でもある。古代世界の市民は、散発的に各種の投票を行う者としてだけ自己を思い描くことなどできなかった。そのような警戒心は、統制であると同時に行動でもある。まずは統制だ。統治者の行為に対して絶えず気むずかしい視線を送るのである。フランス革命期に「人類の説教師」を自称したクローツはこう記している。「自由民とは目利きだ。それはあらゆるものを見、あらゆることを聞き、いたるところに遍在する。決して眠ることなどない」[7]。警戒心は、民衆を常に臨戦態勢に置き、投票への呼びかけといういわば不整脈の状態を修正する。ロックやルソーが示唆した「眠れる民」を、今にも飛びかかろうとする巨人に仕立て上げるのだ。

この意味で、警戒は一つの態勢を特徴づける。すなわちプレゼンス、注視である。一九六〇年代から七〇年代にかけての政治の語彙では、活動家のグループが役割を効果的に果たすために身をおくべき状態を称して、「動員」という言葉が用いられていた。行動の事前の条件を名指すというよりは、世界や事象におけるある種のプレゼンスを指す言葉だった。そのような態勢に顕著な特徴は、何もそれを誇示する関係者にのみ関連づけられていたわけではない。それは公共圏の全体的な「質」を構成するもの、という性質をも帯びていた。

警戒心はまた「行動様式」として理解する必要もある。警戒心は確かにそれ自身では何も「生み出す」ことがないが、だからといって単なる受動的な態度として理解してはならない。警戒心は政治への介入の特殊な形式を定義づけている。意志決定にも、意志の行使にも属さない形式である。まずもって警戒心は、行動の全体領域を構造化し、各種の可能性もしくは限界を創りあげるのだ。

『効力論』という刺激的なエッセイにおいて、哲学者で中国研究者でもあるフランソワ・ジュリアンは、行動にまつわる西欧と中国の見方の基本的差異と考えられるものは何かについて、次のような言葉で分析してみせた[8]。西欧の側では、マキャヴェッリからショーペンハウエルに至るまで、人間が状況の支配者とされ、主体の帝国を築くことが義務とされてきた。事物におのれの意志の痕跡を残し、根底からの創造、もしくは抵抗するものへの対峙において、自己実現をなす能力の実験の場として世界を構築するのである。この場合、行動は二つの世界の衝突、征服と馴化の企てとして理解される。中国の観点はまったく違う。基本は世界への注視にある。それにより、世界の緊張関係を常に活用できるようになり、また世界の諸特性をも最大限利用できるようになる。したがって権力の行使は、武力の展開にではなく、場への細やかな注視に身を委ねること、状況のポテンシャルを最適化することにある。中国の人々は、意志をめぐる心理学よりも「効果の現象学」を優先してきた、とジュリアンは記している。

そこからどのような差異が戦略面に生じうるかはよく理解できる。一方の側にはクラウゼヴィッツ的な対立関係があり、そのはるか地平には決定的な一大衝突も見え隠れする。もう一方には孫子の非戦の技法という教えがあり、状況のポテンシャルを絶えず目立たない形で有効に使おうとする。かくしてそこからは、効力と成功に関する異なる理解が生じ、当然「最終的には」二つの政治観がもたらされる。上から力で押さえつける西欧的な統治の技法に、下からのほとんど目に見えない統治の展望が対立する。この後者は、行動の枠組みを作り上げることで、ほかの人々を、感じ取れないほどゆっくりと、おのれの立場に協力させていくのである。

それら二つの世界の、比較研究の有効性の評価は歴史家に任せるしかないが、一方でこうした概念化を、あらゆる政治活動で可能な二つの様態を明瞭に描き出す、理念型と捉えることもできる。西欧の側においても、権力をめぐる二つめのアプローチの痕跡を見いだすことができそうなのだ。とするならば、統治性に関する一九世紀初頭の欧州の自由主義的考察が、ジュリアンが中国の世界に固有のものと考える統治法にいかに呼応しているかを示すのは、さして難しくないだろう[9]。

私たちの目下の考察に戻るなら、そのような区別の枠組みをもってすれば、従来型の政治決定と警戒との二つのカテゴリーを理解できる。警戒心は、こう言ってよければ「非行動」「非戦闘」を意味するが、それは政治的効果をもたらし、独自のやり方で世界を導くのである。より現代的な語彙で表すなら、二つの統制の型が対立していると言ってもよい。つまり、警察のパトロールによる統制と、火災報知器による統制だ[10]。

警察のパトロールは、専門の職員に委託される公的活動という古典的概念に相当する。それは直接的かつ中央集権化された主意主義的な統制だ。火災報知器のモデルはより分散化されている。それは装置の拡散をもとにしている。また基本的な性質として、専門家だけを動員するのではないという特徴もある。消防隊の助けを呼ぶには、あらかじめ個人が介入することが前提になるからだ。その有効性は社会的留意の拡散具合に依存する。この火災報知器のモデルにこそ、警戒心の有効性を関連づけなくてはならない。有効性は基本的に成果として示され、所与の社会の状態によって規定される。だが、それが触知できるものであることには変わりはないし、おそらくは構成ずみの権力の有効性よりも優れているだろう[11]。

そもそも「監視」という言葉の歴史は興味深い。それが登場したのは一七六〇年代で、重農主義者らの経済学的著作が嚆矢だった。ボードーとデュポン・ド・ヌムールがその語を初めて用いたのは一七六八年で、「警察」行動からも「市場」の均衡からも同時に区別される、行動と規制の様態を称するためだった。かれらはこう記している。「正しい秩序や公共の平安を監視する当局がなすべき注意というものは確かに存在する。それはけんかや暴動、窃盗、市場における暴力行為を防ぐものである。したがって「監視」は必要なのだ[12]」。かれらが願う監視国家とは、自由放任を信条としない活動的な国家のことだ。だが、それが描き出すのはこれまでにない種類の権力、もはや介入というカテゴリーではなく、「注意」というカテゴリーによって特徴づけられる権力である。まさに「眠らぬ国家」だ(その意味で、受動的な夜勤国家という堕落した自由主義的イメージとは相当異なっている)。

その場合の監視の特徴は、「継続的かつ全般的[13]」であることだ。それは間接的な統治であり、第三の種類の規制、つまり市場の見えざる手と伝統的な公的主権者の手鉤との間の、導きの手を制度化したものだ。かくして、重農主義者らが創設しようとしたその新たな主権者の力は、「監視し、警戒し、保護する」[14]ことを基本機能としている。そのような形で、世界の密かな態勢を組織するのである。

重農主義の理想は、ギゾー[15]のような一九世紀初頭の自由主義者が理論化した、統治性の新たなアプローチにおいて活用されることになる理想でもある。だが、市民によるその流用もまた存在する。そのことを物語るのが次の事実である。監視という用語は、一七八九年にすぐさま、各種の人民結社と新聞の編集部によって取り込まれているのだ。警戒という言葉が、誰もが活用できて万人の行動から成る、積極的なプレゼンスの形式を表しているという意味で、警戒の民主主義的な潜勢力はそのときから明らかとなった。それゆえ、フランス革命期にはこの監視の権力が賞賛されたのである。人民の活気溢れる主権への道を渇望した人々の活動を取り巻く、知的・政治的な熱狂の中心をなした政治結社「コルドリエ・クラブ」は、そうした精神のもと、みずからを「不信と監視の結社」と称した。一七九〇年から九一年にかけて、ブリソー、コンドルセ、ラントナスといった人々を引き寄せていたクラブ「セルクル・ソシアル」も、みずから「不穏な日々への警戒者」たることを目標としていた。

監視は直接的に行使されるがゆえに、代議制の弱点や重みを補う手段とも見なされる。「世論は一種の法であり、あらゆる個人がその遂行者となることができる」。『トリビューン・デュ・プープル』紙[16]はそう強調している。フランス革命の一〇年間にわたり、幾度となく繰り返し唱えられた考え方に、報道の警戒があれば、代議制に内在する欠陥が消えてなくなるか、あるいは少なくとも是正されるというものがあった。セルクル・ソシアルはその性質を、初期の宣言書でこう理論化してみせた。「監視と世論の権力(まったく語られていない第四の検閲的権力)は、それがあらゆる個人に等しく帰属する点で、またあらゆる個人がみずからそれを、「代表なし」で行使でき、政体そのものに危険を及ぼすこともないという点において、基本的に国民主権を構成する」[17]。通常の各権力（立法権、司法権、執行権もしくは行政権）が、指名の様態がどのようであれ、限られた数の個人によって行使されるものだとすると、監視の権力は「王たる民」に、最も明確な形で可視的・恒常的な内実を与える権力なのである。

それはまた、最も効果的な権力とも考えられる。市民が立法府に対して声を上げ、圧力をかけるために用いることのできる様々な手段を検証しようとしたブリソーは、意義深いことに「検閲的権力」をその筆頭に掲げている。一方で、代議制統治の理論家が後に褒めちぎることになる、再選の制約についてはさほど重視していない[18]。

フランス革命は活動的市民の昔風の警戒心を高揚させたが、警戒が通常の政治姿勢として認められるようになったのはだいぶ後になってからだ。公共の利益について憂慮する男女の伝統的な「公民的警戒」には、「規制的警戒」と呼ぶことのできる警戒も重なっていった。後者は現代世界において徐々に重要性が高まっているものである。公民的警戒は直《じか》に政治的なもので、様々な様態で姿を現す。報道機関、各種団体、組合などによる介入や、嘆願、ストライキなどである。それは常に、警告と異議申し立てという基本的な役割を果たす。とりわけ危機や紛争の時期がそうである。

だが今やそれは、もう一つの警戒でもって裏打ちされている。そちらはより拡散していて、統治者の行動に対して被統治者側から寄せられる、評価と批判の止むことなき流れという様態で現れる。しかもそれは、公共政策の実に多様な場に、きわめて分散した形で現れるのだ。その警戒は政府の様々な行動分野についての、ある種継続的な監査をなしてもいる[19]。世論調査から報告書の編纂、専門委員会での発言からルポルタージュの刊行に至るまで、それは種々雑多な経路の全体を通じて作用していく。インターネットの発展も、そうした要素の流通拡大に貢献してきた。この規制的警戒は結果として、制度に準じた「公的な注意」を構築するに至った。目に見えず、拡散しているが、同時に大きな効果を生むものでもある。[20]

政治学はそれらを特徴づけるべく「議題設定機能」と称してきた。そこでは次のことが強調された。メディアが根底から人々に影響を与えることなど比較的少数にすぎなかったが、逆に社会において議論が結晶化する際の中心的テーマを定めるうえでは、メディアは決定的な役割を果たしてきたのだ。[21]警戒はこうした経路を通じて、公共政策の場を作り上げ、政府の行動の優先順位を確定するのに貢献する。[22]以上の理由から、それは多くの制度化された政治参加形態よりも効果的であることが明らかになっている。大衆は政策決定を規制する「サーモスタット」さながら、そのようにして働きかけるのである。[23]

このような様態でもって、一種の「拡散民主主義」への移行がなされる。その際には、政治参加手続きの拡張というよりも、むしろ「社会的注意」の各種形式の台頭が、移行の仲介をなす。次のことを強調しておこう。国の枠組みの外で民主化の問題を理解するには、まさに社会的注意こそが考慮すべき決定的要因をなしているのだ。警戒という実践は、市民が真の政治集団を(まだ)形づくれないところにおいて、ますます市民の実践的介入のてこ入れをなすようになっているからだ。欧州司法裁判所はその最も名高い命令の一つにおいて、この側面を強く前面に押し出した。「権利の保護に関心を寄せる個人の警戒は、統治者への効果的な統制をもたらす」と考えているのである。[24]警戒する市民という人物像はこのように、有権者としての市民の人物像をも凌駕している。

告発

監視は二つめの様態においても各種変化を見せている。すなわち告発の様態においてである。フランス革命はそこでもまた、市民の行動を表す語彙にその表現を加えてみせた。この点に関してはもちろん、革命指導者マラーの、燃えさかるような毒舌が記憶に蘇る。マラーは毎日のように、自前の『アミ・デュ・プープル〔人民の友〕』紙において、祖国の敵と陰謀家のリストをいわば公訴にかけていた。また、いかに恐怖政治が、一貫して嫌疑の政治を、恐るべき弾圧の手段としていたのかも知られている。密告を市民の義務として制度化していたのだ。

だが、そのような病理の高まりからはほど遠いところで、もっと普通でより穏やかな告発のアプローチが、一七八九年以後定着するようになった。当時「告発という電撃」が称揚されていたのは、市民活動の一要素として理解されていた性質を、告発が帯びていたからだ。すなわち、宣伝を介して統治者の行為を統制することである㉕。ミラボー自身、このように解された告発の伝道師役を買って出た。コルドリエ・クラブがその内規において、そうした理解を要約している。「各種権力の濫用やあらゆる種類の人権侵害を、世論という法廷において告発する」企図を、第一級の目標に掲げているのだ。前面に押し出されているのは、そうした活動の「機能性」である。告発には、対象となる人物の行動をチェックし、さらにその政策を評価するという、ほぼルーチン的な側面がある。すると、告発するとは端的に、その言葉の厳密な語源にもとづき、「知らしめる」、認識させる、暴露する、明らかにするということになる。世界を再び秩序づけるべく、告知の効果を当て込むのである。

この活動家的でほとんど凡庸ともいえる告発観は、一九世紀においてはほぼいたるところで、喫緊の課題でもなければ緊急のものでもないと考えられた。当時は最も基本的な政治的権利を獲得もしくは再獲得することが問題とされていたからだ。つまり投票権である。真に存続したのは、告発の最も例外的な形だけだった。すなわち、次のような問題の特定という形である。広がりの大きさゆえに、いわば唐突に一種の拡大鏡と化して、指導者階級や体制の欠陥・不備を大きく見せるような問題である。かくして、告発という社会的行動にとって意味のある唯一の対象として、醜聞という形象が定着した。醜聞は、きわめて適切に評せられてきたように、標的となる事象に一種の「超現実」を付与する[26]。

醜聞狩りではつねに二つの次元が混淆してきた。一つは、世界の堕落を体現すると「ア・プリオリに」疑われる権力への、虚無的な烙印である。もう一つは、透明性に認められる政治的美徳への信仰である。ポピュリズム的観点を特徴とする前者については後述しよう。ここでは後者に立ち止まろう。マルセル・エイメは、両大戦間にスタヴィスキー事件〔一九三三年の疑獄事件〕の余波の中で書かれた興味深い研究『醜聞の輪郭』において、暴露という操作の効果、まずはとりわけその倫理・政治教育的役割について、高らかに強調してみせた。「存在という凡庸な問題を赤裸々に掲げる[27]」がゆえに、醜聞はまなざしを反転にまで至らしめる。そこに集約と調整の明らかな機能があるとするなら、それはまた公民精神にも教訓を示す。マルセル・エイメはその意味でこう記している。「醜聞は若返りの泉であり、人間はそこで自分の習慣の垢をすすぐ。それは鏡でもあり、社会、家族、個人はそこで、おのれの生の暴力的な像を見いだす。そのような教えが不足するようになれば、道徳はすっかり窒息し、世界は不眠と痴呆の状態へと突入するだろう[28]」。

醜聞を告発するとは、まずは「明るみに出す」こと、隠されたものを明示することにほかならない。もちろんそれは、必要であれば罪人を法の厳正さに委ね、非難に値する状況に終止符を打つことを意味する。だがそれだけではない。醜聞の告発は、周知することには直《じか》に正す役割があるという信念にもともとづいている。フランス革命期の新聞編集者たちからアメリカの「醜聞報道記者たち[29]」にいたるまで、同じジャーナリスティックな信条がそうした基礎の上に構築されてきた。アメリカで使われる「エクスポージャー・リテラチャー」あるいは「エクスポージャー・ジャーナリズム」という用語は、おそらく「醜聞報道」という軽蔑的かつ商業主義的なフランス語の表現よりも、そうした事情をよく示している。一九〇〇年代、『コスモポリタン』誌や『マクルーアズ』紙、『エヴリ・バディズ』誌などの編集者らは、「新たなツァーリたち」、つまり公共の利益を自分だけのものにしていた連中を晒し刑に処していた。編集者らにとってそれは、腐敗した政界の大小の公金横領を開示してセンセーションをなし、発行部数を増やすというだけの問題ではなかった。かれらは世界をその罪人から奪い返し、改宗に導こうとする説教師たちでもあった。

この点において、大評判となった『都市の恥』(一九〇四)の著者リンカーン・シュテフェンスのようなジャーナリストが、自分たちの記事において、「恥」「過ち」「罪」「救済」「糾弾」「誇り」「魂」などの、プロテスタント的な道徳主義に染まった語彙を用いていたと指摘するのは正しい[30]。新聞報道はこのように、分かちがたく精神的・政治的でもある再生を、その真の役割と捉えていたのだ。『コスモポリタン』誌の編集者は一九〇六年に、そのことを優れた一文で表現してみせた。「私たちの目的は、腐敗した私的な利益の掃きだめを、公共精神の純粋な水で浄化することにある」[31]。

こうした解放のための告発のジャーナリズムは、当然ながら政治的文脈に応じて様々な変化を遂げてきた。だが、知的観点から比較的統一性のある歴史を示すことも可能である。ピューリタン革命初期の風刺文の書き手から現代の調査ジャーナリズムにいたるまで、際立った感性の表現を通じて同じ一本の線が紡がれているのだ[32]。告発のメディアの企てに見られるいくつかの客観的な政治的機能は、メディア自身が伝達するユートピア的文言を越えて記述することができる。それらは実に手短にまとめられうる。まずは「議題設定機能」がある。現代政治学がこの問題については多くの研究をなしてきたが、最も広い意味での調査ジャーナリズムが果たしてきた、公共の議論の具現化、政治的論点の構築などの役割が重視されるようになったのは、実は一九世紀末からだった[33]。アメリカ合衆国では、「醜聞報道記者」の批判的な文章は、「進歩主義運動」[34]の計画立案と分かちがたく結びついていた。

二つめとして、告発行動における「定着効果」が挙げられる。告発は規範もしくは集団的価値を確証づけ深めることを導くからだ。デュルケムからグルックマンに至るまで、一つの系譜をなす人類学者・社会学者たちは皆この側面を強調してきた[35]。かれらが示してきたように、告発は、共通意識の破壊をもたらすものを鮮明に示すことによって、その共通意識の強化に貢献してきた。それらの論者には、集団的組織化の基礎を試すある種の「テスト」として醜聞を理解する者もいれば[36]、小規模共同体における噂話や醜聞への恐怖が、集団の価値を維持する中心的な決定の場としてどのように機能してきたかを強調する者もいる[37]。それはハンナ・アーレントが、カントの『判断力批判』への注解で提示していることでもある。判断の形成が、いかに多数の当事者の結束に貢献するかを論証してみせているのだ[38]。社会と政治に関するより心理学的なアプローチによれば、この定着効果は、「偽善の啓蒙力」[39]を明るみに出すことでいっそう強化される。徳義心を感じさせる弁明を表明させて、烙印を押された政治家を、嘲弄されたと疑われた価値観の強化に参与させるのである。

これら議題設定効果、定着効果は、醜聞の暴露に結びついた告発行動の、大きな不変項であると考えられる。だが一方で、今や告発の新たな道徳的・政治的機能が出現しつつある。それは現代社会が透明性と織りなすこれまでにない関係に結びついている。当然ながら、メディアの時代への突入という曖昧な言及を、そのことに関する説明とするわけにはいかない。もっと上流、つまり政治状況の変化そのものにこそ、その大規模な変動の出所を位置づけなくてはならない。

思うにそれは、政治の「脱イデオロギー化」と、それがもたらした様々な形の幻滅によって引き起こされている。政治が基本的に、互いに排除しあう体制同士の、階級闘争によって構造化された対立として理解されていた頃は、個人の逸脱行為の問題は副次的なものと見なされていた。世界の現状を批判する人々にとって、問題をなしていたのは状況の「常態」にほかならなかった。場合によって生じる腐敗事件を告発することは、「体制」批判そのものに取って代わるものではまったくなかった。そこで真に告発すべきは、たとえば全体的な「利益優先の法」であって、何人かの腐りきった銀行家の不正行為ではなかった。無秩序は規範にこそ存在したのであり、違反にあったのではなかった。慣用的な定型句に従うなら、そのことは「折り込みずみ」と考えられていたのである。

ゆえに次のことはきわめて印象的だ。マルクス主義の歴史家たちは、経済・金融分野のスキャンダルにごく自然に認められていた重大さを、なんとか最低限に抑えようと腐心してきたのである。かれらのうちの一人は、パナマ事件〔一八九二～九三年に起きたパナマ運河を巡る汚職事件〕を対象とした著作の結論部で、そうした考え方から次のように記している。「醜聞を名声と取ってはならない(中略)。歴史の展開を説明づけるのはかれらではない。経済・政治体制は、醜聞で滅びることなど決してない。自己矛盾によって滅びるのである。それはまったく別の話だ」(40)。一連の腐敗事件の暴露に彩られた一九世紀末のフランスでは、社会主義者たちは「道徳的右派」に対して猛烈な怒りを表明したが、嫌われ者たちに対抗するキャンペーンを行うだけにとどまった。

ところが二〇世紀末に状況は一変した。イデオロギーへの幻滅は、政治問題について、より個別化したアプローチをもたらした。統治者に対する個人の信頼の問題も、同様に先鋭化した(41)。かくして醜聞の中心性と、結果的に告発の政治の中心性は強まった。このため「事件」は多発するようになった。それらは政治的モラルの翳りからというよりも、むしろ透明性への社会的要請の刷新から生じている。まずは計測手段が、そして問題への感性が変化したのだ(42)。メディアが現象を創り上げたのではない。たとえ増幅的であったにせよ、メディアは新たな不信の政治の到来を反映しただけなのだ。反面、政治指導者たちは、みずからメディアへの露出を重視してきた。私生活の演出を、信頼を得るための鍵としてきたのだ(43)。陣営への帰属を誇示せよとの圧力は小さくなり、かれらはよりいっそう個人としての誠実さを証明し、有権者との緊密さを誇示しなくてはならなくなっている(44)。シンプルさと透明性は、一挙に政治的美徳の枢軸となった。このように、政治のメディア配信時代への突入と自己露出の探求とは今やシステムをなし、告発を民主主義的活動の中心へと押し上げている。

醜聞の告発がもたらす第一の効果とは、対象となる当人の名声を侵害するということにある。名声とはこの場合、一種の象徴的財であり、その政治的重要性はますます大きくなっている。というのもそれは、信頼を産出するうえでの鍵となる変項になってきているからだ。「不可視の制度」として、信頼は情報の節約をもたらすものである。それは既得権益を前提とし、また約束の正式な手続き(とくに契約、宣誓など)に取って代わるものでもある。だが信頼は単独では存在しえない。それはたとえば被統治者と統治者との関係など、人同士、集団同士の関係性を特徴づける。自分の立場を維持するには、まさしくそうした関係性を産出し、保持し、一言で言うなら「保証」しなければならないのだ。「伝統的」な政治では、議員が政党に属することがそうした保証をなしていた(その保証は規範やイデオロギーと分かちがたく結びついている)。政党はこの場合、「可視的な」制度であり、有権者とその代表の信頼関係に枠組みを与えるものだった。「新たな」政治では、信頼の組織化を主として媒介するのは名声にほかならない。それは言ってみれば、政治家の「保証金」になったのだ。

名声は、制度本来のメカニズムによる効果に重なる、社会的な内部調整器をなすという意味において、世論の民主主義の主要な原理であると言うこともできる。現代の民主主義は奇妙な形で、名誉をもとに統治がなされていた古代の社会と符合するのだ。名誉もまた、一つの象徴財であるからだ。それもまた社会の判断によって形づくられるのである。マンデヴィルはこう記している。名誉という言葉で「理解されるのは、他人のよき評判にほかならない」[45]。モンテスキューは、王政下での名誉の論理について、よく知られた古典的分析を提唱している。名誉は、社会的立場を映す鏡の作用、傑出することを求め認知されるための細分化された動因であり、徳による統治、君主制を司るための秩序と政体の安定した組織に取って代わった、とモンテスキューは説明する[46]。

名声と名誉のいずれでも、同じような変化が生じている。すなわち、他者の視線は命じる力に転じたのだ。個人同士、国同士のいずれの関係においても、そこには信用の失墜という破壊的効果についての同じ見方、非難と恥を避けようとする同じ強迫観念[47]がある。名誉は基本的に社会的な力だが、名声はより政治的な力となる。名誉は一八世紀に、社会の中心的な調整器として徳に置き換わったが、名声は二〇世紀末、主要な政治的調整器として選挙に重なるようになった。メディア社会の初期の分析者たちが、そのことを実によく察知していた。

最も的確に述べたのは、一八世紀の英国における政治的告発の第一人者、ジュニアス〔一八世紀の新聞投稿に使われたペンネーム〕だった。「われわれの新聞が倒錯的な人々への抑制にならず、有害な施策の実施を食い止めることもないと考える人々は、わが国の状況について何も認識していない。（中略）実際、わが国の大臣や司法官には、恐れるべき罰も、抗うべき困難もほとんどない。ただし例外となるのは、新聞による検閲と、新聞が大衆に働きかける抵抗の精神のみである。この検閲的権力が維持されるかぎり、大臣や司法官はほとんどいかなる瞬間にも、自分たちの義務と名声のどちらかを選ぶことを余儀なくされる。そのような代替案は常にかれらの目前にあって、当然ながらかれらの心に奇蹟を呼び起こすことはない。だが確かなのは、それはかれらの行動に、ある程度まで影響を及ぼすということである[48]」。「厳しく監視されるほどに、われわれはよりよく行動するようになる」と、数年後にベンサムは有名な一文でまとめてみせた。

名声は不安定な財である。脆弱であり、得るよりも失うほうがはるかにたやすい。それはまた累積的でもあり、その持続性のみによって増大していく[49]。だが名声には同様に、将来の行動を予言するため、もしくは説明づけるために役立つという別の意味で、時間的な側面もある。したがってそれは先取り効果をもたらすのだ[50]。私たちの関心からすれば、さらに名声の情報的な側面を強調しておかなくてはならないだろう。つまり名声は情報の凝集装置であり、情報が不完全な状況での意志決定を可能に、また合理的なものにするのである。これは経済理論によって確立されている論点でもある[51]。他方、エコノミストたちが示しているように、名声は財であり、そこには「価値」があって、長い目でみれば、そうした側面を知らずになされる行為や行動によって短期的に手にできる利益を、常に凌駕するのである[52]。

こうした枠組みで捉えるなら、告発は名声に対する試練として分析できる。そのような試練の結果、名声の価値は減じたり、さらには端的に破壊されたりする場合もある。したがって告発は、きわめて強力な政治的手段をなすのだ。他方、もはや腐敗のみを標的とするのではなく、合法だけれども批判可能と判断された行為や行動をも端的に非難するようになった。告発はそれだけいっそうそのような手段となってきている。

醜聞の概念そのものも、そのため著しく拡大し、社会的に「異常」もしくは不正と考えられる事態をも包摂するようになった[53]。まさにこのような形で、社会規範は行動の真の判事となり、名声を作り上げたり解体したりするようになったのだ。今や主権の有効な形象として定着していると言っても過言ではない。社会の状態としての民主主義はこのように、体制としての民主主義に重なるようになってきた。トクヴィルが描いた順応主義の権力は、もはや道徳のみを支配しているのではない。それは政治的な力として課せられてもいる。古い名誉の世界においてピエール・ベールは、公的な非難は

「市民による一種の殺人」[54]をなしていると指摘していた。新たな告知の時代にあって、それは政治的追放にも匹敵しうる。名声の破壊はこのように、潜在的には単なる選挙での敗北以上に、持続的で深い傷をもたらす。ゆえにそれは「ディスクロージャーによる民主主義[55]」と呼ばれたりもした。

評定

評定、あるいはより一般的に評価は、監視の権力が体現する三つめの形式となる。それは個人の活動やより一般的な政策についての評価から成り、評価は資料による考証や技術的な検証、そしてときに数値化を経る。運営の質や有効性の査定がその目標となる。ここでもまた名声が試練の対象となるのだが、今度は「技術的」な側面においてである。つまり、為政者たちの「能力」が試されるのである。興味深いことに、そのような評価の実践は、政治的批判ができない場合に、しばしばその代替物もしくは風よけになってきた。

古典期の中国においては、権力闘争は長期にわたって表面化し、行政や財政の統制を担う官僚制度の内部において調停されてきた。当時はもちろん民主主義も代議制もなかったわけだが、ピエール・エティエンヌ・ヴィルが示したように[56]、明朝においては定期的な「大評定(大計)」の際に、政権交代にも等しい変更が加えられていた。王朝の行政府は、きわめて構造化された監査機関を、みずからの権勢と効率性を高める要素としていた。一方でその検閲官および機能的監視体制は、逆に対抗権力が台頭する支点ともなり、公共政策への異議申し立てを可能にしてもいた。行政府の一般的な監査は三年ごとに行われ、それによって事実上、戒めの権限の行使が可能になっていた。「もの言う役人(言官〕」として指名される検閲官は、実際に職務上の警戒と異議申し立てとを結びつける存在だった。この制度を通して、公的活動の評価を「社会が再取得する」ことが可能になっていた。したがって中華民国の父こと孫文が、二〇世紀の中国の政治体制を構築しようと、モンテスキューの三つの権力に「監視の権力[57]〔監察権〕」を加えることを提唱したことも、驚くには当たらない。

この評価・評定の機能には長い歴史がある。権力側自身によって組織されてきた内部統制の実践に、正当に結びつけることができるからだ。中世初期からノルマン人は会計を扱う裁判制度を設け、それがヨーロッパにおける王国財務府の専門化と規制の始まりとなった[58]。英国の大蔵省はこのモデルを改良したうえで採用し、公的な司法・行政制度の発展の母体とした。一七八〇年に「公会計検査法定委員会」、一八六六年にはグラッドストーンによって「国庫および会計検査庁」が設置され、会計分野は決定的な段階を迎えた。フランスでも同様に、会計法院の発展は近代国家の誕生と切っても切れない関係にあった。その発展を条件づけたのは行政と財政の合理化だった[59]。統制と評価の技法は、技術発展のある種自然な歴史の糸に沿ってきた。だが一方でそうした技法はまた、周知をめぐる政治的争いの中心をなしていた。その争いは代議政体の誕生と切り離せない。

今日の世界では、評価の技術は明らかにいっそう高度なものになっている。それはとりわけ、民間・公共部門の新たな境界の探求という枠組みにおいて発展してきている。「ニュー・パブリック・マネジメント[60]」の観点から、これまでになかった比較と計測の必要が導かれてきたからだ。もはやいかなる領域でも「ベンチマーク〔指標、市場平均〕」のみが問題とされるようになり、いかなる公的機関もこの種の効率性の試練から逃れることはできなくなっている。政策評価に用いられるファクターの数は増え続け、そうした必要性を強化している。いきおい、活動の有効性評価はきわめて複雑になった。それゆえ、一九七〇年代から八〇年代にかけて、公的な改革の体系的評価を担うエージェンシーが多数登場したのである。[61]もはやいかなる公的機関も、おのれの存在意義や機能の様態を正当化するのに十分とされた「地位」を、隠れ蓑にすることはできなくなった。新たな評価の手段が、このように国家の真の再編を導いたのだ。

文字通りの政治の領域でも事態は同じである。市民の新たな期待が、調査や鑑定の手段の発展に結びついてきた。評価・評定が管理の技法であるとされるのは、それらがまた、よりいっそうの論証を伴う公的議論を支えることにもなるからだ。行動の正当化に、より大きな制約を導入することにもなる。市民は次第によりいっそう体系的に統治者の能力を問うことになる。統治者の行動の帰結を、恒常的に値踏みするのである。かれらはまず、「慣例的査定」と呼んでしかるべき技法を活用する。また、意志決定者から隔たっているという理由でこれまで無視されることの多かった情報の全体を統合し、評価することもできる。

一方、統治者と被統治者の関係は、代議制本来の実践において鍵をなす要因だった「能力差」でもって特徴づけるわけにはいかなくなった。技術情報と査定一般の普及は、知的水準の高まりとともに、今やはるかに脆弱化し依存性を増した統治者の、恒常的な審判を決定的に促すことになった。統治者はある意味、被統治者にとっての生徒のような存在となり、その行動は被統治者による逐一の管理に従属している。かくして市民は、評定という形で、新たな権力に相当するものを獲得したのだ。これまた事実上直接的な、代表を介さずに行使できる権力である。民主主義もまた、それを通じて根底から変化しつつある。

2 監視の当事者たち

私たちが動因を探ってきた三種類の監視の形態は、実に多様な種類の関係者を介在させる。監視はまず、市民の大量動員の文脈において、社会の多彩な活動として認められる。次にそれは、最も広い意味でのメディアの活動の形で主に発展する。かくして報道は、二一世紀においては自由の活気溢れる行使を証言するだけにとどまらない。それは対抗民主主義的な勢力としてもみずからを示してきた。ペンと演壇はそのときから、互いに補完し合い、競い合いながらもシステムをなしてきた。表象という同じ野心で結ばれた二つの権力の対峙は、二〇世紀を通じて次第に拡大していった。ほかの当事者、ほかの機関も定着し、警戒、暴露、評定といった活動を特徴とするようになった。

そうした変化は、とくに一九八〇年代から顕著になった。新たな市民団体が台頭し、独立系の監視機関も登場し、新手の評価機関も設立されていった。このように、監視の社会的権力の新たな世界が描き出されたのだ。一方でそのような監視の至上命令は、個人的な倫理、個別の能力として示されなくなったわけではない。フランスの哲学者アランは二〇世紀初頭に、この種の姿勢を見事に描き出していた。

警戒する市民

アランは、一九世紀の共和主義的精神が生み出した最も寛容で最も真摯な姿勢を、メランコリックに、かつ模範として体現した人物だ。アランにとって共和制は、単なる体制にはとどまらない。いわば権力の正当化と組織化の様式以上の存在なのだ。それは公共のモラルや市民行動と切り離すことができない。アランはこうして、一七八九年の先人たちの語調を踏襲し、市民に「(自分たちを統治する)恐るべき権力を統制し、監視し、審判する[62]」よう呼びかけている。彼は理想としてこんな提案をする。「市民の側は強靭であり続けてほしい。精神的に強靭であり、不信で武装し、首長の企図や口実に対して常に疑いの眼を向けていてほしい[63]」。

この厳粛さは、アランの場合、政治の本質に対する懐疑主義で彩られている。彼の眼からすると、権力というものは愛されない運命にあり、議員の持つ権力も結局のところ他の権力と違いはない。いきおいアランは、「自由な市民がほとんどいつも不満分子[64]」であることは避けがたいと考えている。熱烈な共和主義者だったアランは、同時に民主主義者としては穏健派でしかなかった。たとえ人民主権が、直前の世代に属する共和主義の二人の偉大な哲学者、ルヌヴィエとフィエが表明したような恐れを、もはや抱かせはしなかったにせよ。『プロポ』の著者は普通選挙制に、命じる力よりもはるかに強い規制のメカニズムを見いだしていた。

アランにとって民主主義は、基本的に「統制と抵抗の権力[65]」なのだ。彼の眼には、実効的な主権は否定的なものとしか映らなかった。彼はこう問うている。「政治学がまったく定義づけていない第三の権力、私が調整的と呼ぶ権力以外に、どこに民主主義があるというのだろう(中略)。その権力は長い間、革命やバリケードを通じて行使されてきた。だが今や、それは検挙を通じて行使されている。その意味で民主主義とは、被統治者が権力の濫用に反対する恒久的努力のことなのだ」[66]。ゆえにアランは、民衆の力は非難の中にしか見いだせないと考えたオーギュスト・コントに同意していた。統治する民という理念は、コントにおいて不信な民という理念に取って代わられている。

共和主義者として熱く語るアランは、そのせいで自由主義の立場に接近している。あえてコンドルセのように語るのは、モンテスキューやバンジャマン・コンスタンのように思考しているからだ。しかしながら、市民的な不安がアランをこの二人から隔てている。自身が嘆く重圧や偏向を払い除けられるような、新たな形の政治を考案するという野心こそないが、ひたすら活動的だった市民への郷愁が、その筆致から絶えずあふれてくるのだ。彼の眼からすると、結局最も賢い市民とは、権力をあきらめる者、距離を保つ者なのだ。この急進主義の同伴者は、民主主義の制度や実践における真の進歩というものを信じてはいない。変えようとしても無駄であるような本質が、権力にはあると考えているのだ。検討すべきは、その権力を和らげ、囲い込み、制限することにある。

アランにおいて、警戒する市民は、もはや夢を見ることのない倦怠した市民と化している。控えめに「地面に腰を下ろし曲芸を眺めては評価する、相当数の賢者たちの信じがたい重み」[67]に思いを寄せるだけなのだ。皮肉な態度が見られない点にのみ、その魂の偉大さが認められる。ミニマリズムを至上命令として掲げる多くの現実主義的な民主主義の理論家とは逆に、アランはみずからの懐疑主義を慎み深さのモラル、民衆との近しさの実践に結びつける。英国流の自由主義はアランのもとで、このような形で古来の徳性に結びつくのである。

アランは本来の共和主義の伝統をさらに延長し、自由は警戒の申し子だと考えるが、同様に嫌疑を政治の主要な徳として打ち立ててもいる。アランが切望する警戒は、したがって期待にも要請にも結びついてはいない。それは一歩引いた態勢から発せられるのであって、関わろうとする欲望から発せられるのではない。アランは二つの世界の狭間にいる者なのだ。新世界と旧世界、自由主義と共和主義、距離感と参与、政治と倫理の狭間である。例外的な人物像だろうか？　もちろんそうではない。なぜならこの人物は独自のやり方で、近代の市民権の基本的特徴を、両義性を通じて言い表しているからだ。すなわち、政治に対する拒絶感と焦燥感との重なりである。

アランが体現してみせた市民なるものは、民主主義的な監視の歴史における端緒をなしている存在だった。一七八九年もしくは一七九三年の革命の想像力の申し子は、そこに郷愁を抱いてもいたが、当時の活動家の世界とは無縁であり続け、共和主義的な議会偏重主義からも距離を置いていた。そのため彼には直接の後継者もいなかった。

だが、新たな世紀の始まりに際して、彼は一つの歴史と一つの問題について際立った証言をするようになる。自身の名を呼ぶことすらほとんどなくなった世界で、遅れて実状を見いだしたのである。彼は読者に鏡を差し出したのだ。その鏡は、ひそかに人々が心痛めていた、失望と、あきらめたくない意志との混在をなぜなかなか調停できないのかという問題を、よりよく理解させてくれるものだった。アランはこのように、個人的なやり方で、運動や審理への道を切り開いた。それらについて私たちは、これから見ていくこととしよう。

新たな積極姿勢

「新たな社会運動」と称してしかるべきものを理解するには、監視の権力の様々な形象を尺度として用いる必要がある。一九七〇年代、社会学や政治学は、社会はもはや労働問題を軸にした階級闘争でのみ構造化されているわけではないことを明らかにした。その際に強調されたのは、公的な表現や新たな集団的アイデンティティの組織化(性的マイノリティ、世代別グループ、フェミニズム運動など)が担う重要性がますます高まっていることだった。アラン・トゥレーヌ(社会学者)の表現を借りるなら、新たな「歴史性の場」の形成である。

それは、たとえば環境、地方自治、両性間の関係などをめぐる、これまでにない社会争議を中心に組織されるものだ。そうした場も、平行して盛んに研究の対象とされた。以来社会科学は、階級闘争と新たな歴史性の場の二つの方向性で、社会的動員とアイデンティティの表現の、変動や推移をひたすら探求してきた。そのような枠組みでの社会運動の分析は、社会に喫緊の課題として突きつけられるようになった諸問題(経済のグローバル化、不平等と社会の脆弱化、人権問題)、あるいは近代的な個人主義の進展に関する知見(権利や尊厳の問題に対する感性の高まり、性同一性についてのより複合的な理解など)の理解から派生してきたものだ。社会科学は、集団行動の「動因」の変容(この点に関してたとえばフランスでは、一九八〇年代に新たな種類の「倫理的積極姿勢」が見られるようになったと言われた[68])についても同様に分析を重ね、政治参加の様態についても調査を進めてきた[69]。さらに、多様な種類の行動、とりわけ政治の場における市民の「非従来型」の介入形態をも考察しようとしてきた[70]。そしてまた、その都度問題となるリソースの投入形態[71]についても、詳細な研究をなしてきた。

そうした豊かな研究は、現代世界において社会的・政治的な直接行動主義に影響を及ぼした一大変化を、見事に説明づけている。だが逆にそれらは、そうした各種運動の「文字通りの民主主義的機能」をほとんど考察していない。もはや従来の組合型モデルに即した代表と協議の機関が問題ではないことは歴然としており、そのような種類の抗議の「機能的特殊性」を理解するためのカテゴリーは、ほとんど深く掘り下げられてはいない[72]。積極姿勢の刷新に大きな注目が集まっているが（ごくわずかな実例を示すなら、アタックやアクト・アップのような団体、社会フォーラムほか各種の反グローバリズム運動、人権擁護団体の台頭、NGOなど）、民主主義そのものの変容の枠組みにおいてその役割を解釈しようとする研究がほとんどないことと対照的だ。「監視の権力」という概念は、この点についての前進をもたらしうる。「新たな社会運動」の支配的特徴は、それらの運動が、警戒、告発、評定という三つの行動を中心に組織されていることにあるからだ。かくしてそれらの運動は、本書が歴史と理論を描こうとする対抗民主主義の、最も可視的で最も構造化された担い手をなしている。

警戒の機能は、そうした組織の大多数に最も顕著に共通している機能である。多くは各自の介入分野において「監視委員会」のように作用している。社会的行動主義という言葉も同時に意味が広がった。問題が生じている場所でそのことを通知する、積極的な役割を演じる個人やグループは、今や「内部告発者〔警笛の鳴らし手《ホイッスル・ブロワー》〕」と呼ばれる。同現象は、それを専門に扱う社会学の新分野ができているほど[73]、かなり広範に広がっている。内部告発は、消費、保健衛生、環境などの分野でとりわけ活発だが、そのような形での具体的介入例は、今や政治・社会活動のほぼすべての部門に広がる勢いだ。活動家グループという呼称そのものも、そうした機能の発展とともに変容してきた。一九七〇年代には「共闘」「防衛委員会」「動員グループ」が問題だった。今やますます「監視グループ」「オブザーバー組織」(二つだけ例を挙げるなら、不平等オブザーバトリー、共同体主義オブザーバトリーなどがある)が確立されるようになってきている。この種の組織では、機能に準じる形で、監査能力[74](実際には対抗監査が中心だが)と情報請求活動とが結びついている。「権利擁護団体」はこうして、ときに二重の顔を見せる。「シンクタンク」の活動と圧力団体の役割とを兼任するのだ。[75]統治者の合理性に試練を与えることがその目的となる。その多くの場合、編纂者の職務と活動家としての行動の境界線はきわめて薄いものでしかない。ピエール・ブルデューの表現を借りるなら、それらの組織は確かに一種の「権威効果」をもたらす。だがそれ以上に真の権力を行使してもいる。つまり、かれらが標的とする相手の行動を変えさせ、制約を課すという力である。

評定の機能は、対抗監査の機能にきわめて近い領域に位置づけられる。たとえば「トランスペアレンシー・インターナショナル」などの非政府機関が定期的に刊行している、各国の腐敗度の「格付け[76]」は、ムーディーズやスタンダード&プアーズが財政の分野で国債に施す格付けに比肩しうる影響力を、政治の領域においてもっている。低い評価が付いた国は信用度が下がり、主要な金融機関からの借り入れの可能性も縮小する。腐敗対策の措置を講ずるべく「トランスペアレンシー」とオープンに協力する国は、逆にそのことから様々な恩恵を受ける。評価による罰則は、いくつかの極端なケースにおいては、選挙での敗北にも等しい厳しいものとなりうる。告発の活動は、多くの場合粉飾もしくは隠蔽される状況を暴露する団体にとって、まさに決定的なものとなる。この点に関しては「名指し」と「非難」の実践が、積極行動主義の核心部分をなしている。[77]

私たちが示唆した各種団体は、実に幅広いイデオロギー的ニュアンスを帯びている。それらはまた、その急進性の大小によって互いに大きく異なりもする。アクト・アップのような、混乱のもととなる際立った活動を主宰する小規模グループと、専門化の進んだ大手の手堅いＮＧＯとの間には、大きな溝が生じている。だが「政治形態」としては、これらすべての組織が共通の特徴をはっきりと示している。従来型の利益集団とは異なり、それらにはまず、「構成員の擁護」によっては定義づけられないという特徴がある。

いきおい、加入者の概念との関係も、従来の組織が保持してきたものとはまったく異なる。対抗民主主義の運動にも、共感する人々や寄付者はいるが、その本来の意味での構成員を優先的に求めているわけではない。組合に代表される旧来の社会運動とは逆に、それらの組織は代表・協議という機能をもたない。目的はあくまで問題を掲げ、権力を抑制することにあるのであって、民衆の代表となることではない。ゆえにそれらの組織は、安定的な集団を連合させて組織を管理することよりも、むしろ「状況に対応」することにこそ政治の目標が置かれるこの時代に、呼応したものとなっているのだ。その共通の性質はまた、権力の掌握ではなく、影響力の行使を求める点にある。民主主義の実像というものは、選挙・代議制の世界と、対抗民主主義の世界との緊張関係によって構造化されているのであり、統治権行使のための単純な自由競争によるのではもはやない。実際それらの団体はそう考えている。

諸団体と政党との関係も同様に著しく変化した。一九七〇年代までは、社会闘争の「政治的出口」の問題が重要だった。政治の垂直的・ヒエラルキー的な見方が支配的だったのだ。当時、社会問題とは、いわば政治の予備教育のようなものだった。そうした見方のレーニン主義的な急進化を断固拒んでいた人々ですら、権力については多少とも一様に捉えていた。だがもはやそういう状況にはない。政党の権威は侵害され、と同時に政権交代という古い観念も相対化した。

政治形態としてのインターネット

一部の社会主義者は、そうした団体がしばしば身にまとうメディア的側面を強調してきた。それらの組織を「メディア団体[78]」呼ばわりするほどだ。メディアと諸団体の双方の世界の関係は複合的で、同時に収斂と距離感から成っているが、その平行関係は広く正当化できるものでもある。告知こそがそれら両世界の動因をなしているからだ。「可視性の問題は、私たちのすべての行動の核心部分にある」と、ある活動家団体の指導者は強調している[79]。この言い方は多くのジャーナリストが進んで取り込んでいる。

だが、仮にメディアと諸団体の近接性が妥当だとしても、両者の近接性そのものに光があたることはほとんどない。その関係性は「告知と世論」という対象に帰されるしかないのだが、その対象自体も、監視機能の多様性から構築されなくてはならない。メディアとそうした各種運動の関係は、対抗民主主義の同一の機能に照らし合わせることでしか意味をなさないのだ。こう言ってよければ、メディアは監視の民主主義のルーチン的・機能的な形態をなしており、市民社会の活動家組織がいわばその積極行動主義的主軸を体現するのである。それゆえ、メディアは機能上、補完的なものでしかない。まさにそのことが、「メディアを憎むな、メディアになれ！」という有名なスローガンに内実を与えている。

このような指摘によって私たちは、インターネットの発達がこの監視の権力の新たな世界に占める位置づけについて、さらに考察を深めることができる。これまで私たちは、暗にインターネットを一種の「ニュー・メディア」として理解してきた。まさにそういうものとして、何よりもまず意見、情報、分析などの流通機能を記述することができた。インターネットは確かにメディアであり、アクセスのコストや生産様式、配布や規制のプロセスなどに特殊性が見られる。だがそのような見方にとどまってはいられない。

ウェブもまた、それだけで一つの「社会形態」となり、と同時に真の「政治形態」にもなった。まずもってそれは独特な社会形態である。これまでにない形で共同体の形成に競合しているからだ。というのも、インターネットの場合、社会的繋がりはもはや凝集の形、連携や同化の形では理解されないからである。経済学や社会学が普通に研究しているのはそうした理解でしかない。インターネットが創り出す社会的なものとは、純粋な流通、自由な対話、散発的な出会いの連続、ツリー状のオープンな接続可能性のことを言う。ドゥルーズ、ジンメル、タルド[80]などの著作に拠るほうが、デュルケムやマルクスに拠るよりも、インターネットをよりよく理解し、そこでの事象をごく簡潔にまとめることができるだろう。インターネットが社会形態だというのは、それが世論を直《じか》に感覚的な形で、ほとんど物理的に表明するという意味においてもそうなのだ。世論の遍在と力を讃えるための、一七八九年の革命観を表す定型句が、唐突に独特な形で浮き彫りになったように思えるほどだ。たとえば憲法制定議会の要人、ベルガスの言を見てみよう。彼はこう記している。「世論とは、（中略）真にあらゆる知性とあらゆる意志による産物である。それをいわば国民全体の意識の現れとして見ることもできるのだ[81]」。

今やインターネットが、ほぼ物質的に、この大きく広がる力を具現化している。そこには各人が、誰も支配者になることなく参与できる。と同時に、この「世界の女王」に帰せられる病理や期待も増大している。そこには思考の対象とすべき、まったく新たな場が現出している。ここではわずかに言及するしかできないのだが。

政治形態としてのインターネットの特徴は、逆に私たちの関心をより直接的にそそる。一九八〇年代に支配的だった考え方は、コミュニケーションの新技術がより直接的な市民の介入を可能にし、民主主義的実践を覆すだろうというものだった。文字通り物質的な制約から、代議制の手続きが歴史的に優先されてきたわけだが、そうした制約が唐突に取り除かれたように思われたからだ。当時は一連の著作が、集団的意志決定に全員が直接参加するというルソーの理想を実現する「遠隔民主主義」到来の可能性を讃えていた[82]。インターネットがあればこそ、大きなバーチャル・コミュニティも小さなグループと変わらず、容易に結集できるようになるだろうと言われていた。

たとえばアメリカにもとからあった「タウン・ミーティング」への郷愁が、新たな「エレクトリック・タウン・ミーティング」結成への呼びかけでもって再活性化した[83]。またインターネットのおかげで投票コストも抑えられ、結果的に市民の意志は頻繁かつ容易に問われるようになるだろうとも考えられていた。「遠隔投票」のアイデアは、こうして一時期、高揚した吹聴者を様々な社会階層に出現させた。まったく新しい語彙も登場していた。「電子デモクラシー」や「eガバメント」、「サイバーデモクラシー」などだ[84]。こうした熱狂はその後やや衰えたが、それには様々な理由があった。主なものとして知識人らの反応がある。かれらは、民主主義は直接的な意志決定のプロセスには限定されないと強調していた。同時に知識人らの注意は、解放よりもいっそう豊かで複雑なテーマへと、一部逸れていったりもした。とはいえ、一九九〇年代に開かれた展望は、一般原理として肯定的に受け止められている一つの地平を、今なお描き続けている。キャス・サンスティーンの『リパブリック・コム[85]』のような有名な著作は、この点において問題に対する新たなアプローチ、より省察に満ち、より明晰なアプローチを描き出している。

とはいえ、インターネットの政治利用に関するこうした企図や省察は、個別のあらゆる違いを越えたところで本質を捉え損なっているように思われる。公的活動の選挙・代議制の次元に応用することだけにひたすら注力しているのである。論者たちはそのような参加と討議の面にのみみずからを位置づけ、民主主義の進展を論じてきたのだ。一方、インターネットの実際の主要な役割というものはそこにはない。それはむしろ、警戒、告発、評定の機能への自発的な適合にこそ宿っている。

さらに言えば、インターネットはそうした権力の「現実化した」表現なのである。ブログはそのような権力を無限に回折させていく。最もよく組織化されたサイトは、みずからその方向で対話を促し続ける。ゆえに、バーチャル書店がその訪問者に、購入した書籍の評価とコメントを求めることは強い印象を与えるのだ。それによって批評の観念にも、抜本的な変容が導かれるからだ。そのことはまた、政治分野でインターネットが実現しつつある事象のメタファーにもなっている。すなわち警戒と評価が一般化した世界空間である。単なる「道具」であるどころか、それは監視の機能そのものとして「在る」のだ。そうした機能を、その潜在性ばかりか、そこに含意される偏向、さらには操作をも含めて、きわめて適切に定義づける運動なのである。まさしくこの意味において、インターネットは「政治形態」と考えてさしつかえない。

その一方で、監視を組織する別の様式もまた台頭してきている。新たな種類の制度、独立した権威が多くの国で誕生している。その目的は数多くの分野における公権力の活動を統制することにある。

賢慮による機能的な監視

監視の民主主義は、現代においてもう一つの形態を借用している。すなわち独立した権威という形態である。そのような性質をもった機関は、この三〇年来、あらゆる社会で増殖してきた。この現象も幅広く分析されコメントされている。そうした機関の正当性の根拠については、とりわけ幅広く議論されている。法的・政治的省察でとくに考慮されてきたのは、情報通信、金融市場、視聴覚メディアなどの規制機関だった。

一方、それに似た別種の機関もまた存在する。警戒と監視を機能とする機関である。一般にそれは「オンブズマン」や「仲裁機関」の役割とされ、それらの機関は場合により、硬直的で自閉的な官僚制度に、市民の要求や個人的な問題を取り上げてもらう可能性をもたらしたりもする。だがより意義深いのは、警戒と監視の機能が、たとえば警察権力が任務上課されている倫理的・法的要請にきちんと従っているかどうかを監視するような機関における事象でもある、ということだ。警察を問題にするとき、私たちは国家の実践と表象の中心に立ち入ることになるからだ。警察の第一の任務は、個人の安全を保証し、基本的権利を擁護することにある。英国では一九八四年に、そうした目的で「警察苦情処理機関」が発足した。職業倫理の統制を役割とし、警察権力の行動についての調査を、直接監視したり「事後的に」チェックしたりする。このほか、ケベックの治安活動監視評議会や、ベルギーの警察業務管理常設委員会なども挙げられる。

フランスでは、同じ目的で安全保障関連業種倫理国家委員会が二〇〇〇年に創設された。同委員会は法律によって独立行政当局として規定されている。立法者が定めた目的は、「共和国の領土において治安活動に従事する者の、職務倫理規定の遵守を監視すること」(86)となっている。委員会は主に議会と国の主要な司法機関によって指名されたメンバーから成り、かなり広範な調査権限をもっている。その活動をまとめた年度別の公式報告書は、提出された案件について委員会が示した見解の、後追い調査についても触れている。そこでもまた、「委託された公民的監視」の機能とでも称しうる活動がなされている。この委員会の設置を取りまとめた議会での審議も注目を集めた。審議に際して数多くの声が寄せられたからだ。通常の司法と警察の内部監査が正しく機能するなら、そのような委員会には存在意義がない、したがってむしろそうした通常の機関の予算を増額するほうがよいのではないか、などと考えられたのだ。ある議員は唐突に、この種の機関を置くと「司法当局ばかりか、警察権力、さらには議会や政府についても失策を認めることになる」と指摘した(87)。

この指摘は考察に値する。仮に行政と代議政体が「完全に」機能していたら、監視を行う修正的権力は事実上まったく不要だっただろう、というのだ。だが問題は、たとえ周辺部にすぎないとしても、それらが機能不全に至る「構造的」傾向がまさしく指摘できる点にある。そのことゆえに、公的機関が正しく機能することを保証するためには、監視する第三者が必要となるのである。[88] また、そのような監視する外部の権力の存在には、諸機関の信頼性を間接的に高めるという利点もある。「公共サービスには内部統制のシステムがあるとしても、それらが自身に課す自己統制は疑わしく、効果的な介入は可能にはならない」と、フランスの立法者は強調している。[89] ゆえに構造的な対抗民主主義が、こうしてその種の機関とともに確立されたのだ。

監査と評価を担う内部関係者

公的機関・政府機関における、内部監査・内部評価担当部署の著しい増加は、大半の民主主義国に見られる現象になっている。それらの部署は、まさに評価の「産業」と言ってもよいほどだ。英国の事例についてまとめられた統計が明らかにしているが、同国の行政機関では、監視・統制・評価・監査を担当する組織ないし部署がおよそ一三五もある。[90] そのような組織のほとんどは、すでに指摘したように、行政運営の合理化という至上命令の遂行がその起源になっているが、「ニュー・パブリック・マネジメント」の時代に突入したせいで、課せられる要請は著しく増大した。

だがそれら「内部の」統制・規制手段は、その直接的な機能だけを尺度に理解するわけにはいかない。それらはいたるところで次第に変化を遂げ、既存の他種の監視権との透過性も示されているからだ。国ごとのモデルの間に際立った違いがあるにせよ、それらの装置は、いたるところで社会の要請に対し開かれる傾向にあり、[91] 最終的には当初の設置意図に部分的に沿わなくなってさえいる。その機能も機械的に拡大する方向にあり、事実上いっそうの自立に向けて変化している。[92] 形式や制度にはかなりの隔たりがあるにせよ、現代社会にあっては、いずれもこのような様式のもとで「民主主義的な監視の精神」が育まれているのだ。その精神は、監視の機能を担う公的な関係者、自立し活動家的でもある関係者が相互に行使する、互恵的な鍛錬の結果として生じている。異なる集団同士の間で、次第に同じ言葉や同じ参照元が見いだされるようになるのである。持続的な信頼関係を打ち立てる必要に迫られる集団もあれば、組織的な懐疑を抱く集団もあるわけだが、このように、それらは機能面で収斂する傾向にあり、全体として、民主主義体制における「警戒する第三者」という形象が描き出されている。

信頼性と有効性という至上命令は、これら異なるやり方を相互に結びつけ、全体的利益の代表機能をそうした様々な「警戒する第三者」に二重写しにする。それはつまりこういうことだ。民主主義は今や、機能不全のリスクをその定義に組み入れ、自己批判の手段をその制度内に備えていなければ花開くことができないものと理解されるのである。

警戒する第三者には三つの顔がありうる。まずそれは「機能性」として存在することができる(公共圏の内部機関の場合がそうだ)。またそれは「倫理」として(独立した権威が置かれる状況だ)、あるいは「社会活動」としても存在しうる(この三つめの場合には、メディアが用いる警戒の様式に則った拡散的な「専門的」警戒、あるいは先に触れたような小集団が駆使する「活動家的」警戒がありうる)。とはいえ、増大する相互交流によって、結局は同じ輪郭が描かれることになる。

3　歴史の糸

三つの時間

制度化された民主主義に対して対抗民主主義の形態や特性を区別することは、自由と集団的主権の歴史のための全体的な枠組みを描き出すうえでも、有益な概念化をもたらすだろう。そこでは三つの段階を区別できるだろう。一つめは、二重の次元において部分的な監視の権力を獲得する段階である。すなわち自由主義的次元(既存の権力に限界と一定の統制を課す)と民主主義的次元(代表議会による統制を図る)だ。先に触れたように、これらの権力自体が、組織化された正規の国家の出現に結びついている。「合理化」の観点から見た国家自身による国家の統制、および「民主化」の観点から見た社会による国家の統制の問題は、絶えず相互に交差し結びついてきた。かくして民主主義的形態の登場は、監視と審査をなすための競合の運動に根ざしてきたのである。

このような観点から各国における公的機関の歴史を探求しようとするなら、実に膨大な量の情報を手にしなくてはならないだろう。ここで素描することはもちろんできないが、社会的権力の最も基本的なレベルである市や小教区の諸機構の歴史に、限定的な探査の手を伸ばすなら、その内実を大まかに示唆することはできるだろう。中世ヨーロッパの自由都市には、市長の活動を統制する諸条件をめぐり、数多くの衝突と要求の実例が見られた。オーヴェルニュの文献集成を見ると、有力者と同業組合の数多くの構成員たちの間に常時争いが存在していたことがわかる。組合の側は、権力の座につく限定的な集団の間で、都市の会計収支の検証が独占されないことを要求していた。両者のやりとりの末、ときには単なる住民に、地元の行政官の活動を統制する権利が認められることもあった[93]。

市民意識の形成は、そうした権利の行使に直接結びついているように思われる。職業人たちはこうして、自分たちを活動的な主権者の共同体と見なすようになる。かれらは、その目前で権力の側が釈明をしなければならないような存在なのだ。イタリアの自由都市における「行政長官」の市政運営の調査が、どのような条件で行われていたかの研究からも、同じ事実が導かれている[94]。

同じ時代、もちろん規模は小さいが、農村の集落でも同様の行為がしばしば見られた。そうした集落では、住民総会が諮問機関をなし、共同生活の組織作りに関する実践的な意志決定を行っていた。また、決定事項の執行を担う「市長」「行政長官」「市民代表」を、実に様々な手続きで指名することができた。たとえば抽選、輪番制、任期が明ける担当者による互選、直接選挙、二段階の選挙などである。だが、かれらが集落の総会で活動報告を行う際には、ほぼ常に同種の手続きが取られていた[95]。そこでもまた、まさしく統制こそが、自治体運営の正当性にとって真の試練をなしていた。

「いわんや」そのことを物語る次のような事実すらあった。会計検査の技術的条件は慣例的に、行政官そのものの指名に用いられる手続きよりもはるかに定式化が進んでおり、より厳密に適用されるのだ[96]。小教区運営の研究も同じ結論にたどり着く。そこでもまた、「市民代表」もしくは「教会財産管理委員」の選出は、かれらの活動の集団的検証手続きの実施と時を同じくしていた。意義深いことに、一六世紀のプロテスタントの共同体は多くの場合、管理運営の統制の強化と民主化を、自分たちのアイデンティティを際立たせる一要素としていた。[97] 代議制統治の前史はこのように、それら初期の統制形態、まだ部分的で脆弱な形態の発展から成るのである。

第二の段階になると、台頭し始めていた様々な統制と監視の権力は、近代的な議会制度の確立を通じて制度化・合理化・構造化されることになる。その途を開いたのは英国だ。きわめて早い段階から組織化されていた議会による会計検査のほかに、権力側の行為に関する独立した調査権もまた、議会が最も念を入れて行使する権限の一つをなしていた。議会調査権があることで、英国では数多くの改革案を審議でき、代表たちには独自の判断を練り上げる可能性が与えられ、技術的には内閣の立場に反対することもできた。

フランス側からの理解として、この監視システムは一九世紀初頭に、最も進んだ共和主義者や自由主義者たちの賞賛を得た。[98] かれらにとって議会は、まずもって大がかりな監視者だった。そのことを証し立てる事例として次のような文言がある。フランスの下院に議会調査権が認められたとき、その機能を称すべく下院で用いられたものである。この問題の報告者はこう強調していた。「下院の権利と義務は、国の望みや必要を検証し、法律を制定し、税を定めることにとどまらない。深刻な無秩序によって行政の悪が示されても、国民の代表が憂慮することもなく、その悪の原因に詮索のまなざしを向けることもせず、いかなる影響があろうと自身の調査結果を公表することもしない、ということがあってはならないと認識される必要もある」[99]。探求し、暴露し、告発する。権力の行使を監視し、それらを日の光のもとに晒すことに比べれば、代表権と立法権はまさしくそこで、二の次でしかないようにさえ思えるのだ。

このように第二段階においては、議会こそがあらゆる手段を駆使し、権力への監視と異議申し立てを行う。調査、反対表明、議論の常態化、政府の行為への日常的な注視、場合により行う不信任投票などである。一九世紀のフランスでは、こうした反権力はいわば社会によって「取り戻され」たのだった。革命期のある一時期、社会はそれらを行使していたのである。報道の自立的権力は確かに存続していたとはいえ、自由主義者らの議会偏重主義は、なによりもまず監視の権力を独占しようとする試み、したがって権力行使の文字通り民主主義的な目的から距離を置こうとする動きだったと見なすこともできる。

ジョン・スチュアート・ミルは、著書『代議制統治論』において、この観点を最も見事に示してみせた。その論証は行動と統制との非対称性原理に立脚しており、ミルにとってはまさにそれが権力分立の真の動因をなしている。ゆえに彼はこう強調する。「統治の苦役を統制することと、それを現実に達成することの間には、一つの根本的な違いが存在する。同じ人間、あるいは同じ集団がすべてを統制する権能をもつこともありうるが、すべてを実行することはできず、きわめて多くの場合、みずから動こうとしないほうが、あらゆる事物に関するその統制はより満足いくものとなる(100)」。

統制はより広範な場に対して行われる。それは拡張的権力だと言ってもよい。反面、統制の直接的作用はその熾烈さによって特徴づけられる。ミルの眼には、この非対称性は行政権と立法権の間の非対称性であると映った。「代表議会の真の務めは統治することにあるのではない。それは根本的に非固有の役割である」と、ミルはその意味で断定している。「そうではなく、政府を監視し統制すること、その行為をすべて白日のもとに晒し、それらの行為が異議申し立ての対象となりうる場合には説明と正当化を求めること、それらが断罪の対象となりうる場合には断罪すること、政府の構成要員が職務を濫用する場合、もしくは国民が表明する意志に反して遂行する場合にはその者を罷免し、明確もしくは実質的に後継者を指名することにある」[101]。

議会による統制権は、ミルからすれば受動的なものにすぎない。その機能は基本的に否定的なものだ。一般意志の命じる力に連結していないという意味で、それは民主主義的な次元のものではない。他方、この自由主義的な議会偏重主義の理論家には、監視と統治の、ほとんど社会学的とも言える区別が見られるが、そこでもまた、民主主義本来の見方からはかけ離れている。つまりミルからすると、統治行動には統制の能力を超えた能力が必要とされるのだ。この機能的な区別はミルの場合、明らかにエリートと大衆の距離感から派生したものである。彼はぶっきらぼうにこう記している。「統治行動は多数の集団の任務ではなく、そのための訓練を受けた個人の任務である。議会の真の務めとは、それら個人が誠実かつ知的に選出されるよう監視することにあり、それがなされた後は、かれらの行動を批判したりかれらに考え方を提示したりするため、あるいは国としての同意の官印を与えたり拒んだりするため以外には、かれらの行動に関わらないことにある。そうした分別ある慎みがないがゆえに、国民議会はよくできもしないことをする羽目になってしまうのだ。すなわち統治と立法である[102]」。

ミルの理解においては、議会とは世論の中心的な声なのだ。彼は具体的な形容詞を用いるところまではいかないが、それが「信じるに足る」唯一の意見を表明すると考えてはいる。「苦情処理委員会」「世論合同会議」を設置することで、議会は一般世論を十分に体現できるとされるのだ。

こうした議会偏重主義の考え方はごく自然に、民主主義を最も小さく見積もる考え方へと入れ子構造的に組み込まれていく。すなわち、調整的権力と自由擁護的権力の考え方だ。ミルは確かに、なにがしかの民衆の介入が必要であることは認めていた。だが民衆の介入は、政治参加には似ても似つかないものなのだ。そうした介入は、ある種の「上位統制権」「最終的統制権」[103]としてのみ理解されていた。このようにミルの場合、代議政体の本質は一連の統制の組織化にこそある。代表を指名するための投票の実施は、行為の端緒をなすにすぎないのだ。

民主主義的権力の直接行使(選挙)が、「機能的に否定的である(統制権しか生み出さない)」と同時に「構造的に副次的なものにされている」という、二重の性質を示すこのような政治形態を、「自由主義的」と名づけてよいのかもしれない。代表の選出と、それら代表による政府の指名に暗に含まれる正当化の形式は、ピラミッド型に広がる統制のシステムによって制限される。ミルはこのように、それ以前に素描されていた双対型の民主主義の放棄がたどり着く、理論的終着点をなしている。ミルにおいては、議会が間接制民主主義の権力の全体を吸収してしまうのだ。

ジャコバン派の共和制も、議会が監視権を占有するという同じ観点にとどまっている点が逆説をなしている。有権者としての民衆を賞賛し、普通選挙を集団的組織化の「聖櫃」とする点で、「より民主主義的」ではある。だがジャコバン派の共和制は、制度的な組織化の枠でしか対抗民主主義を理解していない。その意味でこれは、根本的に議会偏重主義なのだ。同派とともに、選挙制の原理と民主主義の一元論が勝利するのである。ロベスピエールとボナパルトがそれを具現化し理論化してみせ、その後一九世紀の共和主義者たちが、文化的には精彩を欠くも哲学的には忠実なバージョンを示すことになる。英国流の自由主義的な議会偏重主義の理論に見られるように、社会の側からの政治的に活発な介入は斥けられたのだ。

両者いずれにおいても、出来上がったのは「民衆不在」の体制だ。フランスの場合、その不在は過剰な抽象化によるものだった。英国の場合には、距離感と慎重さからもたらされた不在だった。民衆はそこでは不在だが、実際にはじっとしてなどおらず、投票以外の方法でみずからの声を届けようと模索を続けた。ゆえに、社会闘争と不機嫌さの「粗野な」領域で、世論の苛立ちから発せられる対抗民主主義が、ときおり姿を現している。それは路上や「センセーショナルな報道」において表明され、一九世紀末以降、既存の権力の変調を公然と指弾するようになった。

第三の段階は一九七〇年代に始まった。議会偏重主義が弱まり、より進んだ自治が可能な市民社会の到来と合わさって、様々な形の間接民主主義を表す、より社会化された表現が導かれるようになる。監視の権力も発展し再編されていく。位置づけが変わり、一九世紀から二〇世紀にかけて議会の秩序の中に埋没してしまっていた警戒[104]、調査、評価の各種形態を、幅広く再占有する運動の様相を呈したのである。

民主主義的二元論——長い歴史を紡ぐ要素

民主主義が、選挙・代議制の手続きと監視権という二つの支えに立脚しているとするなら、この後者を強化するためには、それを制度化する形式を探る必要があるのではないか？　そうしたやり方でこそ、十全な成熟を特徴とする、民主主義の歴史の第四段階への移行を実現できるのではないか？

こうした疑問は、単なる思弁にのみ属する問題ではない。それは民主主義的二元論という長い歴史の糸を捉え直すものだからだ。私たちの考察を前に進めるためには、広く忘れ去られている歴史を、その大筋において蘇らせる必要がある。その諸段階を辿り、動因を理解するには、そもそもの起源、すなわち古代ギリシアにまで遡らなくてはならない。

古典期のアテナイでは、行政官は選挙よりも抽選で選ぶのが民主主義にふさわしいと考えられていた。後者の手続きがより抜本的に平等だと見なされていたのだ。すべての市民に、公務をこなす同等の能力があることを前提にしているからである。この点については幅広い文献資料があり、議論も盛んになされてきた(105)。だが、同等に基本的でありながら、同時代人たちから二次的特徴と見なされた事象があり、そちらは忘れられることがあまりに多かった。すなわち、公務を担う者、共同資金を管理する者の行動を組織的に統制する機関である。ヘロドトスは著書『歴史』において、こうした観点をいち早く強調している。彼はこう記す。「民衆の政治体制においては、くじによって職務が決まり、行政官はその活動について報告を行い、あらゆる意志決定は民の前に差し出される(106)」。任期末の会計計算書の提示が、この種の統制の基本的な形だった。

アリストテレスは、プラトンが統治者の指名に関して示す貴族的・「テクノクラート」的慎重さとは一線を画している。民主主義の定義を理解するうえで、アリストテレスが重視したのはその点ではなかった。市民による行政官の緻密な監視こそが、アリストテレスにとっては鍵をなす要素なのだ。『政治学』は民主主義の別様のアプローチを提唱している。アリストテレスは、優れた体制の定義をめぐってはときに躊躇もするが、この民衆による統制の原則は常に強く打ち出している。市民に限定的な権限しか認めない場合ですら、アリストテレスは行政官を検分する市民の権限に制限を課してはいない。結局はその権限こそが、アリストテレスが願う各種「混在的組成」の、まさに主軸をなしているのだ。民主主義というものがまずもって平等による体制であるなら、それゆえに市民の主権はその「修正者（エウテュノイ）」としての資格、すなわち「立て直し役」「監視役」としての資格[107]から派生するのである。

ギリシアにおけるそうした統制の様態を探る方法はいくつもある。アリストテレスが語る古典期のアテナイでは、複数の種類の行政官（抽選で決められる）が、執行担当者（それらもまた抽選、もしくは選挙で決められる）の統制を担っていた。かくして、執行審査官（エウテュノイ）、会計検査官（ロギスタイ）、監査官（エクセタスタイ）、さらには市政監督官（シュネゴロイ）が区別されていた[108]。ギリシアのほかの都市も、任期末の会計報告か、現職の行政官の監査かは異なっても[109]、ヘレニズム時代の終わりまで大半は同等のメカニズムを採用していく。そうした手続きの様式、さらに一般市民が行政官らの要請に従って果たす役割が、各都市の民主化の度合いを示す最良の指標をなしていた。またそれらが次第に弱まり、やがて消滅することが、民主主義の衰退を最も明確な形で物語ることにもなる。

この本来の「監視する民」という観点から、なぜ抽選による行政官の選出というやり方が、いともたやすく定着したのかも理解できるだろう。統治者が単なる執行者で、厳密で正当な統制に服するのであれば、かれらの個人的な資質など、どちらかといえば副次的な変項にすぎないと考えられるからだ。「正しい統治」が存在するかどうかは、統治者の徳やその才能にのみ依存するわけではない。監視の手順の有効性こそが、牽引役を務めなくてはならないのだ。抽選による「弱い」正当化と監視の

「強い」権限は、このようにアテナイにおいて一貫性のある制度的仕組みを構成していた。

この点に関して、アダム・スミスをこう言い換えてもよいだろう。ギリシア人が共通善の実現を期待したのは、政府の善意や徳からではなく、むしろ統治者が「是正」されずにすむことをよしとすること(罰則はきわめて重くなりうるからだ)からである、と。

こうした政治観がどのように練り上げられたのか評価する手立ては私たちのもとにはない。だが、次のように考えてもあながち不条理ではないだろう。つまり、腐敗という現象に政治体制が曝されてきた歴史的経験によって、統治者の責任に試練を課すことを最も効果的な介入手段とするよう、徐々に導かれていったのだ。他方、まさしくそれがアリストテレスの見解だったように思われる。アリストテレスは、スパルタの長老会議員らの腐敗を批判する際、基本的にその現象を行政官たちの統制の欠如に帰している。「周知の事実だが、集団的にこの責務を負う人々は、贈与によってみずからの腐敗を許し、多くの共通の事案において身びいきに走る。だからこそ、かれらは無責任ではないほうが望ましいとされたのだ。実際かれらは無責任ではないのだから[110]」。

こうした観点からすると、指導者を民衆が単純に指名するという以上に、市民の統制こそが民主主義を定義づけることになる。だがこの二重性は、次第に近代人の眼には判読しがたいものになっていった。それほどまでに選挙制度が、統治者の選択技法、市民と権力の信頼関係の構築様式、そして公的活動の規制システムを同時に兼ね備えた、ある種の十全なる民主主義的制度として定着したからだ。民主主義の歴史を再解釈し、それによって現代政治の不全の最も深い根を理解する決め手は、その二元性がいかほどのものだったかを見極めることにある。

アテナイに注がれた一八世紀の視線は、私たちのまなざしとは異なっていた。監視権の問題が中心を占めていることは、当時はよく理解されていた。プルタルコスの読解が時代を育み、古代の制度はコレージュに通う全員に馴染みがあった。ローマの検閲官やスパルタの執政官への言及は、あらゆる著者に見いだすことができる。モンテスキューは「執政官たち〔エフォロイ〕」を重視している。語源的には、現行の権力を「眺め、観察し、監視する者」である[111]。ルソーもまた、それらの者の役割を評価し、公会計の監査を担当し司法上の案件について固有の権限を享受していたローマの検閲官に、『社会契約論』の一つの章をそっくり費やしている。ド・ロルム〔スイスの憲法学者〕やフィランジェーリ〔イタリアの軍人〕も、「検閲権」の重要性を強調している[112]。ディドロとダランベールの『百科全書』も、かれらの表現によれば、統治者の権限に「拮抗すること」を担う諸機関について、詳細な項目を立てている。

これらの著者たちはいずれも、同時にその願いとして、代議制の発展と、古代のモデルを着想源とする監視権の設置を訴えている。すると、このような性質をもつ対抗民主主義を活用するという観点は、民主主義的であると同時に自由主義的でもあるということになる。それが本質において自由主義的であるのは、ごく自然に専制主義に傾いていく疑いのある政体の行動を、囲い込むことにつながるからだ。君主権の統制こそが目的だとはいえ、『法の精神』の著者は、民衆の権力が場合により逸脱する際に、それをうまく誘導することにも腐心している。モンテスキューは、スパルタでは執政官が「王、名士、市民の弱点を責め立てる」[113]ことができたとしてこれを賞賛してみせる。

監視へのこうした「自由主義的」アプローチは英国にも見いだすことができる。しかもそれは一八世紀を通じて定式化されていく。当時の共和主義的精神を代表する偉大な声の一つだった『インディペンデント・ホイッグ』もまた、監視と保護的譴責の行使をその基本的な存在理由としていた[114]。

一方、この監視の民主主義的本質を理解し、それが民衆の介入様式を拡大すると考えている人々もいた。それはルソーの理解でもあり、またルソーやモンテスキューから語り口を借り受けているリチャード・プライス〔ウエールズの哲学者〕の理解でもあった[115]。

とりわけそのアプローチを象徴することになるのは、一七七六年のペンシルベニア憲法の採択だった。この文書は、アメリカ全州において最も民主主義的な政治体制を確立したものと認識されていた。一院制の議会、金額にかかわらず納税者全員に与えられる選挙権、下院議員について組織化された輪番制などが明記されている。だがその最も独特な規定は「監察官評議会」[116]の設置（第四七条）にある。異なる町や郡から選出された人民の代表者で構成されるこの評議会は、行政権・立法権が正しく「人民の保護」機能を果たしているかどうか検証することを責務としていた。公共の場で討議を行い、譴責する権限をもち、法的な訴訟を起こしたり、誤ったと判断された担当者を更迭したり、憲法に反すると判断された法の撤廃を勧告したりできた。また議員総会の招集を決定することもできた。

当時のアメリカ人は、ヨーロッパ人と同様、ローマやスパルタ、アテナイなどに盛んに言及していた。ケネスの『古代ローマ時代』は、どのカレッジでも読まれていた。論説記者や風刺文作者らは、誇らしげに「カトー」「カッサンドラ」「スパルタクス」などと署名していた。かれらはペンシルベニア憲法をもとに、行動に移っていた（バーモント州も少し後に、同じような性格の評議会を採用した）。同様の施策はヨーロッパでもいたるところで広く議論されていた。ベンジャミン・フランクリンの支援のもと、ラ・ロシュフーコーは一七七七年の初めごろ、この憲法の本文をフランス語に訳している。『体系的百科全書』はただちに、長い記述をその憲法に当てた。ブリソーも、ペンシルベニア憲法に関する準活動家的な著作をものし、監察官評議会の創設を熱く賞賛している。[117] コンドルセ、マブリー、ミラボー、テュルゴーなども、その評議会の機能について議論するために筆を執っている。[118] こうして代議制原理の活用と監視の制度化の展望が、ともに賞賛されていたのである。

それから二〇年もしないうちに、統治者監視機能の組織化の草案がフランスの憲法議論においても取り沙汰されるようになった。一七九一年以降、そのような性質のいくつかの提案が、セルクル・ソシアルやコルドリエ・クラブにおいて練り上げられた。ラヴィコントリはその政治綱領的な著作『人民と王』(一九七二)で長い一章を割いて、監察官集団を創設する有用性を説いている。ボンヌヴィルも『ラ・ブッシュ・ド・フェール』紙において、各県から一二人の護民官を選び公権力の監視に当たらせることを提案している。また、同じ刊行物において、「国民譴責局」を設置する計画も取り上げている。[119] 一七九三年春、監察官職または執政官職の考え方は、国民公会で審議中だった多数の憲法草案において復活した。そこでは、「調和的に組織された、主権による監視」(ドヌー)、「執政官の法廷」(統一自治区での市民の演説)、統治者の怠慢、手落ち、不誠実、奸計の告発を担う「人民の演説者」(プルティエ)、「人民の良識の法廷」(プリュネル・ド・リエール)、代議制の傍らに置かれ、「立法院および執行評議会での侮辱により虐げられた市民の報復」を目的とする「国民陪審団」(エロー・ド・セシェル)、「統制的第三の権力」(ベイコン)、「執政官集団」(ルーゼ)、「監察官の法廷」(ケルサン)[120] などの設置が議論されていた。

見てわかるように、国民公会の議員らの想像力はそういう面ではきわめて豊穣だった。多様な呼称やそれぞれ大きく異なる様式のもと、現れているのは同じ関心である。社会的な警戒機能を制度化し、どちらも人民に端を発する代議権と監視権との、動的でときに対立的な接合部として主権を理解しようとする関心である。フランスでは一七九九年、ドヌーやカバニの筆において類似の草案が再び記される。(121) 同じ時代、「姉妹共和国」の形成時期にも、やはり再びその痕跡が見いだされることになる。共和暦八年憲法でも、護民院の設置にその特徴が残る。だがこれは不発に終わる。一方、ペンシルベニアとバーモントの憲法もやがて改正され、それらの監察官評議会の規定は削除されることになる。英国に眼をやるなら、そのような用語での議論は始まってすらいなかった。こうした失敗と不在は、同時に理解しなくてはならないものだ。

不可能な制度化

ペンシルベニアの経験から始めよう。一七七六年に設置されたペンシルベニア監察官評議会は、一七八三年に初会合を開いた(七年ごとに長期の会議を開催することが規定されていた)。ところがその後、再度の会合は開かれず、一七九〇年に採択された新憲法によって同評議会は撤廃されてしまう。確かにその撤廃には、直接的に「政治的な」類の動機があった。独立期の革命志向の感情は衰えていたからだ。一七八七年から八八年冬の合衆国憲法草案の批准プロセスでは、同州で開かれた代表者会議が、穏健派の連邦主義者らの考え方を味方につけた。(122) この運動を継承する形で、同様に一院制も一七九〇年に撤廃された。人民の熱情が高揚した場合に、それをせき止めるものがないのではないかとの嫌疑がかかったからだ。

監察官評議会の撤廃はこのように、慎重派の自由主義の表現が支配的となった、反動の文脈に位置づけられる。だがそうした指摘にばかりとどまってもいられない。この後退劇には、文字通り制度的な理由もあった。評議会の会合は、急進派と穏健派との対立に終始していたのである[123]。同評議会の公正な役割、つまり機能的な種類の対抗権力を存在させるという役割には、そうした内部対立がつきまとっていた。監視と提案の機構が有効であるためには、制度として十全に存在できるような統一性が必要であり、そのことはそうした機構の特徴をもなしている。一般的な公共の場と代表議会とが拮抗するばかりの政治の闘技場と化してしまうと、その機構の任務は判読不能に、そして事実上不可能になるほかない。それゆえ一七九〇年には、次のような感覚が多数派を占めることになってしまった。一方では与野党の直接的な関係を信頼し、他方では権力の内的均衡の機能(二院制、憲法裁判所の存在)を信頼するほうが、結局はよりシンプルなのではないかという感覚だ。だが、それとともに民主主義のある次元は排除されてしまった。その意味において、この失敗の歴史は範例的だ。別の事例、つまり一八〇〇年のフランスの護民院の事例で、この分析は継続することができる。

共和暦八年憲法は、きわめて複雑な構成にもとづいていた。それはシエイエスの想像力とボナパルトの性急さの両方を備えていた[124]。そこでは三議会が制度化されている。上院、立法院、護民院である。上院の主要な機能は、法律が憲法に則していることの監視だった。立法院は、法案や予算案の採決を行うところだが、審議や修正の権限はなかった。それはいわば「無言の院」であり、事実上、判断する権限だけを行使するものだった。ボナパルトはこの点において、自身の痕跡を文面に残していた。

政府にきわめて広範な権限を与えており、たとえば法案の策定はすべて政府に帰されている。護民院はというと、そうした法案の審議を担い、提示された法案について勧告する権利をもっていた。加えて、「公共行政全般について、正すべき濫用、着手すべき改善[125]」に関する見解を述べることもできた。嘆願の処理にも当たっている。さらに、立法院に閣僚を告発すること（その場合、立法院は上級審への告訴について採決を取る）や、憲法を一時停止とする事案について審議することもできた。

見てわかるように、この制度は、多少緩和されてはいたが、一七九一年ないし九三年に監視権の組織化について発せられた所見の一部を取り込んでいた。護民院という呼称それ自体が、古代世界を着想源とした先行する草案への、直接的な残響をなしていた。とりわけ、ルソーが『社会契約論』でことさらに区別した機構に呼応している。護民院には民主主義的な共示的意味があり、一七八九年以来役割が賞賛されてきた「護民官」のイメージを彷彿とさせた。「ル・トリバン・デュ・プープル（護民官）」は、ボンヌヴィルやバブーフの権威ある革新的な新聞が相次いで掲げてきたタイトルでもある。だがそこでもこの経験は挫折している。歴史的なその敗因は明らかであり（第一帝政の成立と、共和暦一〇年以降の終身の執政政府の創設）、ここで詳細に述べる必要はないだろう。だが、より興味深いのは、第一執政の野心によって押しつぶされる以前からすでに、その制度には基礎が備わっていなかった点だ。護民院の最初の会合から疑問や議論の数々が巻き起こったことからも、問題の大きさが窺い知れる。

憲法が可決されるとほどなく、（国民投票が行われることにこだわっていた）ボナパルトは、この議会が機械的に一種の組織的な反対派の温床に転じてしまうことを恐れ、その口を封じることを決意した。

ボナパルトが護民院に提出した最初の法案は、かくして「法の成立」を改革する内容だった。審議の条件と期間をきわめて厳しく制限するというもので、議会が「政府の指定する日」に決定を表明しなかった場合でも、議会は同意を与えたと見なされると明記されているほどだった。それは事実上、政府を支配者に仕立て、真の審議を物理的に無効にして、議論を単なる査読会へと貶《おとし》めてしまうことにも等しかった。すると今度は、制度の精神を論じるための記事や演説が相次いだ。ボナパルトが掲げた決定的な問題とは、監視の機能と反対派の理念との関係という問題だった。

元の憲法制定議会議員で、ブリュメール一八日のクーデターを承認した人物でもあったロエデレは、護民院について、『ジュルナル・ド・パリ』紙掲載の激しい論調の記事でこう擁護している。「護民院がいかなるものであるかきちんと知られているだろうか？ それが「組織的な反対派」だというのは本当だろうか？ 同院のメンバーが、理由も節度もなく常に政府に反対してばかりで、政府のすることすべて、提案することすべてを攻撃し、その行為に最も同意できるときでさえ政府を論難し、良いことずくめであっても誹謗するというのは本当だろうか？（中略）それが本当にメンバーの職務であったのなら、それは最も卑しく、最も醜悪な職務であろう。私からすると、同院については別様の考え方を抱くこともできる。私は護民院を、国務院の所作を監視し、見直し、純化し、完全なものにするとともに、人民の幸福のために国務院と競うことを任務とする国家の要人の集まりだと見なしている。真の国務担当者とは、最上位の権威の傍らに置かれる護民官のことである。真の護民官とは、人民の間に置かれる国務担当者のことなのだ[126]」。したがってロエデレの眼からすると、監視の「機能的」行使を、より「政治的」本質をもった、権力への組織的な反対表明と機械的に同一視することはできなかった。だが、ロエデレは区別こそ示してはいるものの、その違いを議論として確立しているわけではない。

護民院の議員だったバンジャマン・コンスタンも、この議論に参入している。コンスタンは同院において、同じテーマで重要な演説を行っている。[127] 彼もまた、「護民院を恒常的な反対派の集団と考える」ことを自らに禁じ、そう考えてしまうと、同院の信頼と影響力を損なうことになると認めている。だが、次のような意外な事実もある。ようやく名をなし始め、すぐさま第一執政から執拗に敵視されるようになったこの若い政治記者は、政治的な反対派と、護民院の機能に秘められた制度的な統制との区別を、知的に洗練していくことにおいてもしくじっているのだ。

コンスタンは自身の発言で否認を繰り返し、慎重さを積み上げていく。「反対派には力はないが、一方で見識を欠いている」「護民院は、論壇での反対のみがその役割であるような演説家の集まりではない」。コンスタンは「常態的で見境のない反対派という理念」を激しく斥ける。だが、その機能の原動力を肯定的に定義づけることはうまくできておらず、ありきたりな道徳的な言葉で「勇気ある粘り強さ」やその「独立性」に訴えることに終始している。問題は、コンスタンが事実上、統制権の概念を民主主義の構成に組み入れることができていない点から生じている。一方、そのような権力が考えられうるのは、それが二重の人民主権として目標の一部をなす限りにおいて、その本質の観点からのみでしかない。したがってコンスタンの場合、まさにその点が盲点になっているのだ。

コンスタンは、護民院の民主主義的な潜在性（代議制のエントロピーを減じて、社会的な権力を増大させること）と、その自由主義的な活用法（政府の悪習から保護すること）とを分けて考えていない。したがって、このスタール夫人の共犯者が後に、このような本質的曖昧さを特徴とする制度への言及を捨て、みずからをより限定的に、明確に自由主義的な機能しかもたない「中立的権力」の理論家に仕立てていくのも、驚くべきことではない[128]。その中立的権力は、いまだ立法権と執行権の間で「第三の権力」と称されてはいるものの、実際には、基本的に憲法裁判所の特性を示すものだ。コンスタンは、まさにこの意味において、それは「ほかの権力に対する法的権力[129]」をなすのでなければならないと強調する。それはまた、シエイエスが共和暦三年以降、憲法審査会というみずからのアイデアを素描していたその精神と同一でもある[130]。

別の観点になるが、護民院に対するボナパルトの焦燥は、本人の行動志向の性急さによっても募っていった。一八〇〇年の夏、彼はこう述べている。「すべてうまく行っているときには無益かつ無意味で、何か不備があるときには妨害をなす一〇〇人の集団が、なにゆえに真の警鐘でありうるのか?[131]」。だが、肯定的な反対派と積極的な統制という考え方を斥けたのは、むしろ厳密なジャコバン主義者としてだった。第一執政からすれば、一極に集中する形で明示されるのでなければ、国民主権に意味などなかった。ボナパルトにとって、権力を構成するすべての権威が国民から発せられさえすれば、権力に対抗できる保証など国民には必要ないことは明らかだった。ボナパルトはそのような形で、当時のフランスにおいて支配的だった反・複数政党制を体現していた。彼の眼には、民主主義は反自由主義的なものとしか映らなかった[132]。一八〇二年、彼は激情に駆られこう述べている。「主権者たる人民に対して反対派をなそうというのか? 護民院議員に貴族などいないのに?[133]」。いまだ反対派という一単語の背後に姿を見せていた革命的闘争のイメージとカオスの亡霊によって、ボナパルトの任務が容易になっていたのは確かである。

監視権を活性化しようとした護民院の失敗によって、フランスでは決定的に一時代が画されてしまったが、その理念自体が放棄されたわけではまったくない。それは一八三〇年代に、急進的共和主義者らの間で執拗に取り上げられてさえいる。人権協会はその『趣意書』において、人民主権の完全な行使には、とりわけ「公的制度の見直し」を役割とする「調査改善常設評議会」の設置が必要だと強調している。[134] ロベスピエールの継承を謳っていた当時の山岳派の新聞『トリビューン・デ・デパルトマン』も、やはり同様の提案を行っている。ビュシェやシャルル・テートのような黎明期の社会主義の要人たちも、代表議会とは別の、統制と提案のための機関を構想している。

シャルル・フランソワ・シュヴェは一八四〇年の『民主主義綱領』において、「改善・調査委員会」に帰することのできる任務について長々と詳細を記している。同会の委員は、ある種特別な能力が反映されるよう、選抜試験によって選出もしくは選定されることになっている。そのような機関の目的は何だろうか。シュヴェにとっては、「一切の政治的権威を脱した、党や情勢の外にある権力」を打ち立てることだ。「それは（中略）恒久的な調査機関であるとともに、改善を目指す勤勉なる工房、人民の要求の窓口となる一大部局、絶えず将来の改善を担う研究施設[135]」でもある。したがってその委員会は、代議、提案、統制など、立法府に帰される任務から切り離された機能を一手に引き受ける。

一八四八年にも、それに近い着想の計画の痕跡が見受けられる。たとえば社会主義者ピエール・ルルーは、各県で抽選によって決められた三〇〇人の市民からなる「全国審査会」の設置を提案している。全国の代議士たちの監視と審判を任務とし、報道（監視のため）や選挙（権力側の行動の審判のため）に帰される機能を、特殊な形で補完するものだ(136)。著名な共和主義の政治記者も、「監査機関」の組織化を提案している。普通選挙で選ばれ、「行われるすべてのことに目を向ける、あるいはなされるすべてのことを監視する」のを任務とする、古代世界の制度を参照元とした機関だ(137)。そこでもまた、「継続的監視」の実施を可能にすることが目的となる。継続的監視は「共和制において不可欠」とされる。なぜならそれは人民の主権的意志の表明に対応しており、「検事局」の法的理念の民主化および拡大をもたらすものだからだ(138)。

こうした様々な企図が示すのは、ある形での監視権の制度化をめぐる考察が、一九世紀前半のフランスに常に存在していたということだ。ところが、第二共和政憲法の起草という決定的な局面では、いずれも真剣に取り上げられることはなかった。一八四八年以降、ジャコバン派の一院制の考え方と、自由主義者もしくは保守派の慎重論とが事実上結びつき、積極的に民主主義的であろうとした監視の観点は斥けられてしまう。一七九八年から一八四八年までの、監視の美徳に関する初期の熱狂的理解には、多大な素朴さがつきまとっていた。曖昧さも多々見られた。革命期の集団の行き過ぎは当時、全体主義的編成の辛辣な予兆を、ときにその言葉にもたらすほどだったのだ。

とりわけそこには多くの不明瞭さがあった。創意工夫に満ちた自由の戦士たちは皆、祖国愛的な熱情を抱き、ゆえにかれらはときに理想的な無欲の人民を夢想しもした。いずれの場合にも、そこには強烈な直観が働いていた。それは近代政治の独自の理解への道を開きはした。旧来の政治的取り決めの目次に、新たに重要な一章を付け加えたのである。とくに、警戒する市民という古来のイメージが復興し、肉付けされた。それは議論の余地なく、行動する市民という呼称に値するものだった。あらゆる事象の隅々にまで眼を光らせよという推奨が遍在し、そこから当時、民主主義時代にとってのある種の公共の倫理が描き出されようとしていた。

とはいえ、それはやがて密かにうち捨てられることになる。世論が果たす役割への信頼はそれほどまでに、不安に駆られた既存の秩序の擁護者たちと、新たな時代の到来を肯定的に吹聴する人々から、同時に疑いの目をもって見られていたのだ。群衆の数や不明瞭な熱情を顧みない権力側の同じ理解によって、一九世紀の水脈は、保守派の自由主義、あるいは科学的社会主義といった、同じように静まりかえった水面へと誘導されていった。共和主義者は普通選挙を、民主主義にとって十分な聖櫃へと仕立て上げればそれでよかった。

監視の理念はその後再利用されていく。すでに述べたように、それは代議政体と議会制の正規の機能という、単一の観点の一部をなすようになる。一九世紀にそのモデルを世界にもたらしたのは英国だった。法律の合憲性を統制する仕組みの採用を例外とすれば、権力の自由主義的な統制の鍵をなす三つの様式、つまり反対行動、議会機能、世論の介入は、英仏海峡の向こう側で、その活用法の完成と熟慮とを見いだしたのだった。直接民主主義を思わせる社会的監視の各種形態は、当然その後も現れることになり、私たちはそれらについて記述してきた。だが、その制度化という観点は、その役割が真摯に考察される以前に消え去ってしまうことになる。

4　正当性をめぐる争い

監視権の多様化は、決定的な帰結として、「民主主義体制同士の競合」とでも称しうる事態を引き起こした。選挙・代議制が対抗民主主義の各種形態と対立してしまうのだ。それは機能面での競合関係にほかならない。たとえば議会による統制と、独立した権威による統制との対立である。それはまた、各カテゴリーの当事者間、つまり、とくに代議士、活動家の諸団体、そしてメディアの間での競合でもある。そこから、代表性ならびに正当性の争いが生じてくる。制度化された権力とメディア、議員とジャーナリストの緊張関係はその好例だ。他方、それはことさらに新しい事象でもない。

ペンと演壇

一七八九年当時に言われていたように、人民とは世論のことであるとするなら、その代表機能をめぐる問題は争いのもとになる可能性がある。一方の側には有権者としての人民がおり、投票で指名された人々がその代表となる。もう一方の側には、その分身として、世論としての人民がおり、不完全であるにせよ、世論調査を行う機関を通じて声を上げる。そこから、議員とジャーナリストそれぞれの人物像の間で潜在的な競合が生じるのだ。フランス革命はこの点において並外れた経験の場となった。このペンと演壇との競合関係の、最も深淵な動因が理解されたのだ。一七八九年、フランス国民は声を上げて筆を執ると同時に、バスティーユ監獄を占拠した。国民は、自由に意見を表明するという新しい権限にも、代表者を指名するという権限にも、同等の重きを置いた。

そのような条件のもと、新聞は、観察し、検閲し、告発することを担う、真の政治的機関として認められた。数多くの紙面の表題そのものが、そうした意図を要約している。「民衆の番兵」「告発者」「愛国の批判者」「パリの詮索者」「フランスの放浪者」[139]。英国のジュニアス〔一八世紀によく使われた投稿用のペンネーム〕の記憶も広く讃えられていた。マラーの初の刊行物は、表題を『フランスのジュニアス』としている。また、ボンヌヴィルは『ル・トリバン・デュ・プープル〔護民官〕』を刊行し、「不詳の愛国者」が同時代人に向けて体現した「英国の公的な警告者を模範」とするとしていた[140]。控えめなものから名高いものまで、こうしたありとあらゆるペンによる信条告白は、この点において驚くほど反復的だ。いくつかを引用するだけで、その精神を要約するには十分なほどである。カミーユ・デムーランは世論による「監察官の帝国」の設立を呼びかけ[141]、一方で「監察官の台帳」を携えた者としてジャーナリストを讃えていた[142]。『フランスの愛国者』紙においてブリソーは、「報道の自由は人民にとって、代表を監視し、解明し、検閲する唯一の方途である[143]」と強調している。「自由な新聞は、民衆のためにたえず番をする番兵である」と、同紙の題辞は高らかに宣言している。

と同時に、ジャーナリストの地位も変わった。もはやかつてのように、平凡な三流文士や、力のある出資者に賃金をもらって働く奉仕者ではない。政治の中心を担う人物、触れることのできない、ほとんど神聖なる人物として幅を利かせるようになったのだ。さらに言えば、ジャーナリズムは真の制度をなすに至ったのである。カミーユ・デムーランが当時、この新たな役割を理論化している[144]。「今日では、ジャーナリストは検察官の職務を担っている」と彼は記している。ジャーナリストが担っているのは「真の官職」なのだ。ジャーナリズムがこの時代、「公務」として認められるようになったことをミシュレも強調している。[145] 文士たちが当然のようにみずからを世論の表明であると主張するのは、かれらがそれ以上のことをなしていたからだ。主権を代表すると同時にその一翼を担っていたのである。かれらはまず、来る日も来る日も社会の期待を表明することで、選挙で選ばれた代議士たちと競合していた。「私は人民の目であり、一方のあなた方はせいぜいその小指でしかない」と、マラーはパリ・コミューンの代表たちに嘲笑と侮蔑をこめて言い放った。[146] デムーランもまた、幾度となくジャーナリストを議員のライバルとして紹介し、議員に対する優位すら主張している。

ジャーナリストに固有の権限とは何だろうか？　それは監視の権限だ。革命期の言葉遣いにおけるこのキーワードが示しているのは、まさに古来の監察官、執政官、審査官の役割であり、同時代人の多くがそこに、あらゆる制度的な支えから独立した直接的な内実を与えたいと考えていた。この場合、新聞が行使する監視権は、民主主義的な類の権力であると理解される。したがってかれらが様々な「見えざる制度」のもとで行使するのは、政治主権の一つの形なのだ。かれらは単に自由を活気づけるための手段であるだけではない。「束縛のない新聞は、元老院、拒否権、そして英国国教会の基盤そのものにも匹敵する」。当時の著名なジャーナリストの一人は、ぶっきらぼうにそう語ったほどだ。[147]

とはいうものの、そこから生じる主権の二重性がもたらす根本的な問題は、革命期には取り上げられることがなかった。その二重性は、分かちがたいほどに、一般的な公民活動を拡大し代議制を規制するための手段であるかのように思われる。だが、そのような政治観は法的には確立されていない。

議員の権力と、みずからを政治制度として考えている新聞の権力の共存などというものは、二つの努力を効果的に重ね合わせようとする全体的な動きへと、同時代人たちが位置づけ直したものにすぎない。

この二重性は革命期にはほとんど感じられず、政治の権利が獲得されるべきものにとどまっている文脈においてはなおさらだった。だが、その二重性から生じる正当性の潜在的競合関係は、普通選挙制が安定的に運用されて以降は、逆におおっぴらに示されるようになった。フランスの第二帝政期はこの新たな布置の模範的な実験場だった。体制の側が、投票で示される主権への煩瑣な注視から反自由主義が派生していると主張するようになると（一八五一年一二月二日のクーデター後、完全な普通選挙が確立されたことは、その象徴となった）、その語気はいっそう急進的になった。報道の自由に課した制限を正当化するために、ボナパルト主義者たちが用いた中心的な議論は、報道は代表制による勢力ではないがゆえに、民主主義的な正当性をまったく欠いているというものだった。

体制側の主要なイデオローグの一人、グラニエ・ド・カサニャックは、この議論を詳細に語っていた。「新聞の影響力の主要な性格とは、委託をまったく欠いていることにある。わずかなものであろうと憲法にその根拠と委託を宿している、あらゆる正規の権力とは裏腹に、報道は自発的な、意志にもとづく権力であり、おのれ自身、みずからの関心、気まぐれ、あるいは野心にしか属していない。公権力の種類は制限されているが、新聞の数はそうではない。公権力の割り振りは規定されているが、新聞の割り当てにはルールもなければ節度もない(148)」。とりわけ鮮烈な別の表現によれば、たとえ報道がいかなる正当性・代表性の制約を引き受けていなくても、報道とは事実上「公権力に敵対するもの[149]」なのだとされている。カサニャックが言うには、報道が抑制されないならば、それは「公権力への完全かつ明白な侵害[150]」になる。彼はこうも強調する。「選択する権利がないため、それは選挙を主導しようとする。議員団に加わる権利がないため、その審議に影響を及ぼそうとする。主権者の評議会に臨席する権利がないため、政府の行為を挑発したり妨げたりしようとする。一言で言うなら、報道はおのれの行動でもって、既成の合法的なあらゆる権力の行動に取って代わろうとするが、厳密な意味での権利を実際に与えられることはないのである[151]」。

新聞はこうした観点から、「国家の中にある数百もの小国」と受け止められている。一つの新聞は個人の手の中にある一つの公的な力だ。ジャーナリストはみずからの良心や個人的関心を唯一の委託元として介入する。誰からも選ばれたわけではないが、それでいて真の社会的権力を体現する[152]。新聞とは私的な制度なのだろうか？　ボナパルト主義者たちは新聞を、資本主義の機関だとして容赦なく糾弾しようとしていた。グラニエ・ド・カサニャックが新聞に与えた次のような定義は、近代のメディア批判者らによっても否認されることはなかった。「才能ある一定数の書き手を周りに集わせる、資本主義の一企業[153]」。

したがって結論は論理的に導かれる。新聞は部分的な利益しか代表しないが、全体的利益に従属すべきなのであって、一般性の力として世論を表明するために普通選挙に取って代わることはできない。ジャーナリストの選挙はありえず、構想することもできない以上、ジャーナリストを統制し、議員の言動を対置しなければならない。議員は一般意志から輩出されているのだから、その一般意志を適切に表していると考えられる[154]、と。こうして、皇帝政治の観点からは公共概念そのものが問題に付されるのである。公共的なものが、集団と個人の相互作用・考察がなされる空間として理解されることは一度もなかった。合法的制度の定着済みのものとしてしか理解されないのだ。

フランスの共和主義者たちは、ナポレオン三世の治世を公然と非難するに足る強い言葉をもつには至らなかった。同体制による度重なる自由への侵害に立ち上がりはしたが、厳密に民主主義的な観点から批判するには無力であることは明らかだった。一八五一年一二月二日の当初の武力行使だけで第二帝政の信頼を失わせるのには十分だとかれらの眼には映り、皇帝政治の様式を解体するための、法的・哲学的な真の議論は行われずじまいとなったのだ。かれらは結局、皇帝の悪事を自由主義的に非難するにとどまり、そのため、悪の深部にある根っこが見えていなかったのだ。

しかし問題は、ナポレオン三世と側近たちがジャコバン派的な民主主義的一元論の見方を急進化したにすぎず、そこから最終的に反・多元論を帰結させた点にあった。共和主義者たちが実際に困難から脱するのは、このジャコバン主義の穏健的で精彩を欠いたバージョンを推奨することによってだった。かれらはそれを、古来の貴族の慎重さでもって緩和し（オルレアン王朝主義〔右翼の政治活動〕から継承したものだ）、慎重派の自由主義と交配させた。この妥協の産物は、実利的な均衡の条件を定めることになるのだが、とはいえ、そこに真に知的な基礎づけがなされるわけではなかった。

そのため、フランスではときおりある種の反自由主義が浮上してくるのだった。実際に古い皇帝政治の様式で現れるわけではないにせよ、反面、イデオロギー的には、投票によって確立されたものではない社会の表明をすべて正当ではないとする主張が温存されるのだ。人々が団結する事実に対する古くからの警戒感も、また市民社会の介入者たちに政治的正当性を認めようとしない拒否の姿勢も、まさにそこから生じている。市民社会は常に、それが体現する特殊性の限界へと押し戻されてしまう。「自由として受け入れられるものは、同時に制度としては拒絶される」。団体の制約的な地位から、嘆願もしくはデモを行う権利の様式まで、まさに同一の、狭い意味での法的な民主主義観が、フランス史の全体を通じて見いだされるのである。

それはつまり、監視の権力はジャコバン派の枠組みでは民主主義的権力とは認識されえないと言うにも等しい。知的収斂を招く決定論的な観点から、監視権は論理的にも失効することになる。カール・シュミットは自著のなかでも最上位の鮮烈さを誇る箇所で、自身が願う政治的統率(フューラートゥム)概念に事実上対立する「反概念」であるとして、監視(アウフジヒト)概念を糾弾している[155]。この議論をもとに、シュミットはワイマール憲法に最も激しい攻撃を加え、ドイツ国民に、軽蔑すべき「間接的勢力」の主張を退けるよう奨励している。シュミットにとっても、主権というものは不可分の単一の様式でしか表現できないものなのだ。二一世紀の黎明期になり監視権が発展してきたことで、その正当性をめぐる問題を知的に刷新することが促されている。ジャコバン派の決定論的観点にとどまりたくないなら、ということだが、そうした観点については、現代の経験からしても、不安定な突出部であることが十分に感じ取られている。本書ではそのことを発展的に扱うわけにはいかない[156]。だが、少なくとも、それを理解する枠組みを、概略的に素描しておくことは重要だ。

三つの正当性

市民社会のなんらかの団体もしくは組織は、その機能ゆえに、それぞれの介入領域にもたらしうる実利的貢献によって「経験的正当性」を享受する。それらについて「有用性による正当性」と称することもできるだろう。各種団体の行動は、このような形で社会的には十全に認知される。だが、倫理的・機能的なものであるこの種の正当性は、政治に固有の正当性からはかけ離れている。というのも後者の場合、関係するのは別種の性質、何よりもまず一般性という性質だからだ。間接的権力に政治的な種類の正当性を認める可能性を探る私たちの考察を進めるためには、あらかじめこの一般性のカテゴリーについて深めておく必要がある。きわめて図式的だが、それが現れる三つの種類を区別することができる。すなわち数、独立性、道徳的普遍性だ。それぞれの次元に、特殊な種類の制度化が結びつく。

数による一般性は、民主主義的領域において最も明白なものと認められる一般性である。多数派の人々が明示する同意を得た体制が、正当なものと考えられる。その多数派は事実上、理論的に上位をなす全会一致での同意の一形式と慣習的に同一視される[157]。したがって普通選挙はこの正当性を組織する制度ということになる。この場合を「社会・手続き型の正当性」と呼ぶこともできる。

独立性による一般性はというと、非・特殊性として否定的に理解される一般性を定義する。公正さで定義される集団とは、みずからの有用性に適応した機関のことを言う。それはとりわけ裁判所だったり、独立した権威だったりする。普通選挙はいわば「あらゆる人」が株主であるような体制を構築し、原則として権力が特定の者によって独占されないことを保証する。一方、この場合もそうした私物化を払いのけるが、そのやり方はまた異なる。つまり、「いかなる」集団も所有者を名乗れないような制度を確立するのだ。権力に関与する当事者すべてが同じ距離感を保つことで、その権力の完全

正当性の種類	対応する一般性の形式	適用される制度
社会・手続き型の正当性	全会一致と同等の多数派	普通選挙
公正さによる正当性	あらゆる関係者に対する等しい距離感	司法または独立した権威
実質的正当性	価値もしくは理性の普遍性	各種の私的権威

な公共性を保証するのである。したがってそれはまさに、言葉の強い意味での「公正さによる正当性」である。

一般性の第三のカテゴリーである道徳的普遍性は、あらゆる者が認める価値の顕現に対応している。それもまた法が表現するような、認識論的な種類の普遍、理性の普遍、「道具的な普遍」によって定義できる。この三番目の形式の一般性を表す機関は、社会的に認められた権威(象徴的個人、宗教組織、慈善団体など)から、より知的な性質の権威まで、物事の理解のされ方に応じて多岐に渡りうる。この場合を「実質的正当性」と呼ぶことができる。

この分類を上の表にまとめておこう。

この分類は、正当性の形式を表すだけにとどまらない。それは歴史にも対応している。実質的正当性は最も古く、その起源から、最も広義の神聖なるものの領域に権力が埋め込まれていることを表している。一七世紀に自然法の理論が導き入れた決定的な断絶以後、それは徐々に世俗化していった。

今日では、人権、正義の哲学、道徳など、様々な種類の参照先において姿を現している。公平さによる正当性の見方は、権力が基本的に司法の機能によって定義されるという中世のアプローチにおいて定着した。その後は、近代の様々な法治国家のもとで合理化され、さらに後には、様々な形の独立した権威の特徴として展開している。

この点に関しては次のことも指摘しておくことができる。正当性という言葉がフランスの政治用語に登場したのは一九世紀で、上記の意味で法によって優先的に定義される(暗黙裏に民主主義の見方に対立する)政治制度を称するためだった[158]。より近年になって、今度は社会・手続き型の正当性の理解が、こうした異なるアプローチに重なり、普通選挙によって規制される体制を特徴づけるようになった。それらの定義は相互に排他的な形象を描き出しているわけではない。三種類の正当性は、階層化をめぐって互いに競い合いながらも、たえずもつれ合い、重なり合ってきた。それぞれが体現しようとする一般性の形式的区別のための最初の枠組みを超えて、それらはいくつかの点で相互に一致する。たとえば投票による正当性と理性による正当性は、数にもとづく主権についての二つの解釈を示す。前者においては、数にもとづく主権は凡庸なまでに算術的であり、後者の場合には、あらゆる人々の統一性に対応すると主張され、明証性という観念で表される[159]。ほかにも多くの一致があることも強調できるだろう。

正当性の新たな方途

監視の権力と選挙・代議制の民主主義との現代的対立は、このような一般的な枠組みにおいて解釈されなくてはならない。だが同時にそれは、政治的・社会的な二つの基本要因によって変化を被ってきた。まず一つめは端的に、多数派概念の社会学的・政治学的な新しい見方によるものだ。多数派は、階級的支配の古くからの形式に反対する際、あるいは納税額に応じた制限選挙制と戦う際に、その存在感がいや増すことになった。多数派の主権という理念は当時、ある種の明証性をともなって、集団的解放のための闘いを体現していた。多数派という表現はこの場合、全会一致と事実上同等で、明らかな全体的利益の表明に対応していると考えることができる。だが実際には、もはやそのようには理解されない。少数派という概念も、もはや圧政者の集団という概念には結びついていない。逆に、今日最も圧政に苦しんでいると考えられているのは、多くの場合少数派だったりする。ゆえに全会一致になってはいないことも、よりいっそうはっきりと感じられるようになった。

実質的な種類の正当性への参照は、このような意味において、排除された市民や少数派集団の状況を代表するため、また、全会一致の概念が担う、まとまりのある共同体という第一の理想に意味を与え直すために必要とされている。別の言い方をするなら、全会一致の概念によって描き出される規制の地平は、今や上述の二形式の正当性に連接され、もはや一つだけではなくなった、と考えることができる。

二つめの要因は直接的に政治的なもので、正当性の問題を理解するための用語の変化を導いている。それは選挙がもつ意味の相対化・非神聖化だ。代議制統治の古典的理論では、実践においてもそうであるように、有権者は統治者を正当化する役割を担っていた。統治者の側は、きわめて広範な自律的行動の権能を認めてもらっていた。だがもはやそういうものではなくなっている。

その大きな理由は次の点にある。選挙による委任は今や、政治的に「予測可能性」が減じた世界に組み込まれているのである。世界を構造化するのはもはや、規律をもった組織、きちんと定義づけられた政策綱領のある組織ではない。そうした組織は従来、あらかじめ対立が明確に描き出されていた場に根差していた。今や統治者の正当性とその行動の正当性との間には、従来以上に際立った区別が生じている。かつて選挙はそれら二つの次元を結びつけていたが、現在の選挙の影響範囲はだいぶ制限されている。選挙は今や、単に統治者の「指名」の様式にすぎないと言うこともできる。統治者が進める政策の正当性はというと、それは絶えず試練に曝され、日々ケースバイケースで勝ち取られなくてはならないのだ。そのため、ここでもまた、実質的な種類の正当性が占める範囲が大きくなっている。共通善をなすサービス、社会的繫がりの基本的価値の尊重は、もはや選挙という事象からのみ派生するとは見なされない。私たちが探求してきた監視の権力が行使されるのは、まさにそれら二つの正当性の溝を埋めるためなのである。したがって監視の権力は、このような形で、さらなる正当性を獲得するようになった。

現代の対抗民主主義の実践における、正当性の「増補分」もまた、人民を代表する難しさというより古い問題の枠組みに位置づけ直されなくてはならない。私たちは多数派の表明の、法的・物理的地位の問題を示唆したが、それは、代表制の問題のより社会学的な次元に戻ることが必要だからだ。すでに述べたように、近代の民主主義はその起源から、政治的原理（人民主権）と社会学的性格（個人から成る社会を形づくる難しさ）との緊張関係に貫かれている。世論の表現の自由は、そうした文脈で理解されなくてはならない。世論というものは、社会的なものの可読性を高めることに貢献するのであり、したがって代表機能の性質を帯びる。ここでは監視権の様態として考察している報道の役割も、それに伴い、機能的に正当化される。

だがそれを「民主主義的に正当化する」、つまり一般意志の表明という特徴をもつものとして（単にほかの自由の保障としての「自由主義的」方途にとどまらず）正当化するにはどうすればよいのだろうか？

報道は世論を代表し、世論の器官をなすというのが一般的な考え方だ。ここでの器官とはまさに言葉のことであり、また同時に問題のことでもある。かつて一部の法学者たちが、代議士たちを国民の器官であると考えたのと同じ様式で、報道は世論の器官をなしている[160]。というのも、世論とは国民主権と同様に、分割もできず、永続するものだからだ。誰もそれを真に所有するとは主張できない。この所有不能・回収不能という一般性の特質こそが、それを正当な権力に仕立てているのだ。

ドヌー〔一九世紀の政治家〕はこの特徴について、次のような強い言い方でコメントしている。「世論の基本的な特徴の一つは、あらゆる高圧的管理から身をひくということだ。それは統治不可能なのである。世論を抑圧したり、締め付けたり、無力化することはおそらくできるだろう。だが、世論を支配することはできない[161]」。彼はそう強調する。つまり世論は、一時的にそこに帰属させられる表明を常に超越し、誰も単独でそれを体現するとは主張できないということだ。

報道と代議士、監視の権力と統治者の権力との対立は、このように代表機能の異なる様式相互の対立でもある。結局はメディアとそれに匹敵する組織が、器官的な代表機能の法的理論を真に示している。世論とはそれ自体で存在するものではなく、各種機関によって考察され、世論調査もしくはアンケート、集団的行動、さらには釈明要求のプロセスなどの形で組織されてはじめて内実のあるものとなるのである。代議制という概念そのものに内在する緊張、つまり厳密な委任という「古い」見方と、器官としての「新しい」見方とで引き裂かれている状態は、監視の権力と統治者の権力の、正当性をめぐる表沙汰にならない対立のただ中において再生産される。器官の概念はしたがって、狭義の意味に理解するわけにはいかない。それは開かれ永続する「作用」の表現として、動的である以外に意味をなさない。そこには実質的なものなどいっさいないのだ。[162] メディアとは世論の、「運動し、不完全で、常に近似的な器官」なのである。

他方、まさしくこの特徴こそが、フランス革命を通じて、新聞が行使した監視権、愛国的結社によって用いられた監視権のあいまいな特徴を、次第に際立たせることにもなった。[163] その愛国的結社は、内部監査のメカニズムを恒常的に作動させる、比較的閉じた装置として構造化されていた。差異を縮めることを役割とする規律の原理に則って組織され、直接的な強制力をも行使できた。逆に報道機関は、「報道の自由」の理念と切り離すことができない。報道機関がその役割を果たせるのは、ある種の多様性と、恒常的な自己省察のもとででしかない。各種の監視の権力は、そのような性質をもった開かれた作用を、様々に変化させ拡大していくものなのだ。したがってそれを休止状態において理解してはならない。その正当性は活動から派生するものだからだ。集団に常にみずから試練を課すよう促す活動である。不信はこうした様式の上にこそ、要求の多い建設的な政治観を育むことができるのだ。[164]

原　注

（1）　*Archives parlementaires de France*(以下 *A. P.*), 1re série, t. IX, p. 61.
（2）　n°70 の別冊。21 juin 1791, p. 1.
（3）　ロラン夫人の一七九一年七月三一日付け書簡、*Lettres de Madame Roland*, Paris, 1902, t. II, p. 354. 夫人はさらにこう強調している。フランス国民は「全幅の信頼を置くことで自由を失ってしまいます。そうした信頼が果てしなくお人好しであることは確かです。それによって、警戒し、考え、判断するという配慮が免除されてしまうのですから」(同)。

(4) 以下による引用。Lucien JAUME, *Le Discours jacobin et la Démocratie*, Paris, Fayard, 1989, p. 197.

(5) この点については以下を参照。*Le Peule introuvable, op. cit.*

(6) FRÉRON, *L'Orateur du peuple*, n°XXXVI, 7 frimaire an II, p. 284.

(7) Anacharsis CLOOTS, *Écrits révolutionnaires(1790–1794)*, Paris, Champ libre, 1979, p. 110.

(8) François JULLIEN, *Traité de l'efficacité*, Paris, Grasset, 1997; *Conférence sur l'efficacité*, Paris, PUF, 2005.

(9) 拙著(*Le Moment Guizot*, Paris, Gallimard, 1984)で示した「内的統治」と「精神の統治」の観念についての議論を参照のこと。統治性に関する自由主義的理論の誕生については、以下も参照のこと。Michel FOUCAULT, *Naissance de la biopolitique*, Paris, Gallimard-Seuil, 2004, et *Sécurité, territoire, population*, Paris, Gallimard-Seuil, 2004(ミシェル・フーコー『生政治の誕生』慎改康之訳、筑摩書房、二〇〇八、同『安全・領土・人口』高桑和巳訳、筑摩書房、二〇〇七). この後者でフーコーは、「司牧的権力」という理念を、警戒と監視の機能で定義される「個別化の権力」として発展させている(p. 130–134)。また、フーコーが統治とは「他者の行動を導くこと」であると記していたことも思い起こそう。

(10) Mathew D. McCUBBINS et Thomas SCHWARTZ, «Congressional Oversight Overlooked: Police Patrols versus Fire Alarme», *American Journal of Political Science*, vol. 28, 1984.

(11) それは前述の論考の結論でもある。

(12) Abbé Nicolas BAUDEAU et Pierre-Samuel DUPONT DE NEMOURS, *Avis au Peuple sur son premier besoin, ou Petits traités économiques*, in *Éphémérides du citoyen*, t. V, 1768. 引用文中の「監視」という語の強調は原著者。

(13) Abbé BAUDEAU, *Première introduction à la philosophie économique ou Analyse des États policés*(1771), in *Physiocrates*, Paris, édition Daire, 1846, t. II, p. 683.

(14) Guillaume-François LE TROSNE, *De l'ordre social*, Paris, 1777, p. 88.

(15) とりわけ次の著書における議論を参照。*Des moyens de gouvernement et d'opposition dans l'état actuel de la France*, Paris, 1821.

(16) 一七九〇年一月一日付け。p. III.

(17) 以下に再録されている。*La Bouche de fer*, n°1, octobre 1790, p. 9.「執行権は議員に、行政権も議員に、代表

権も議員に。だが検閲権はすべての個人に」と、次の新聞も強調している。*Le Tribun du peuple*, mars 1790, t. II, p. 134.

(18)　Cf. *Le Patriote français*, n°45, 2 août 1791, p. 232.

(19)　ロバート・グッディン(Robert GOODIN)はこの観点から、選出された代表と検査官の人物像との示唆的な比較を行っている。両者は情報伝達の二つの様態を体現するとともに、それに並行して、社会の利益を考慮する二つの方法を体現してもいるからだ。Cf. «The Good Inspector», *in* Eugène BARDACH et Robert A. KAGAN, *Going by the Book: The Problem of Regulatory Unreasonableness*, Philadelphie, Temple University Press, 1982.

(20)　Cf. Bryan D. JONES, *Reconceiving Decision-Making in Democratic Politics: Attention, Choice and Public Policy*, Chicago University Press, 1994.

(21)　以下の先駆的な論文を参照。Roger W. COBB et Charles D. ELDER, «The Politics of Agenda-Building: An Alternative Perspective for Modern Democracy Theory», *The Journal of Politics*, vol. 33, n°4, novembre 1971; Maxwell McCOMBS et Donald SHAW, «The Agenda-Setting Function of Mass-Media», *Public Opinion Quarterly*, n°36, 1972.

(22)　この問題に関する最近の書誌については次を参照。Cf. Jacques GERSTLÉ, «Démocratie représentative, réactivité politique et imputabilité», *Revue française de science politique*, vol. 53, n°6, décembre 2003.

(23)　Cf. Christopher WLEZIEN, «The Public as Thermostat: Dynamics of Preferences for Spending», *American Journal of Political Science*, vol. 39, n°4, 1995.

(24)　一九六三年のファン・ヘント・エン・ロース判決。Cf. Louis DUBOUIS et Claude GUEYDAN, *Les Grands Textes du droit de l'Union européenne*, Paris, Dalloz, 2002, t. I, p. 440–442.

(25)　Cf. Jacques GUILHAUMOU, «Fragments of a Discourse of Denunciation(1789–1794)» *in* Keith Michael BAKER (ed.), *The French Revolution and the Creation of Modern Political Culture*, vol. IV, *The Terror*, Oxford, Pergamon, 1994. L・ジョーム(L. JAUME)が引用する次の章も参照。L. JAUME, *Le Discours jacobin et la Démocratie*, Chapitre «La dénonciation».

(26)　Marcel AYMÉ, *Silhouette du scandale*(1938), Paris, Grasset, 1973, p. 34.

(27)　*Ibid.*, p. 15.

(28)　*Ibid.*, p. 102.

(29) 以下の論集を参照。Arthur WEINBERG et Lila WEINBERG(eds.), *The Muckrakers: The Era in Journalism that Moved America to Reform. The Most Significant Magazine Articles of 1902–1912*, New York, Simon & Shuster, 1961. 次も参照のこと。David Mark CHALMERS, *The Social and Political Ideas of the Muckrakers*, New York, Simon & Shuster, 1964.

(30) Cf. Stanley K. SHULTZ, «The Morality of Politics: The Muckraker's Vision of Democracy», *The Journal of American History*, vol. 52, n°3, décembre 1965.

(31) "Turn the waters of a pure public spirit into the corrupt pools of private interests and wash the offensive accumulations away": 上記の論考による引用。p. 530.「民衆の弁護人」として著名な『ハーパーズ・ウィークリー』のルイス・D・ブランダイス(Louis D. BRANDEIS)は、同じような熱意でもってこう記している。「太陽光が最良の消毒剤として知られているように、報道の光は最も効果的な警察をなす」。*Other People's Money and How the Bankers Use It* (1913), n^elle^ éd., New York, Stokes, 1932, p. 32.

(32) 最初のアプローチとして次を参照。John B. THOMPSON, *Political Scandal: Power and Visbility in the Media Age*, Londre, Polity Press, 2000. さらに次の二著作も参照。Géraldine MUHLMANN, *Une histoire politique du journalisme, XIXe–XXe siècle*, Paris, PUF, 2004, et *Du journalisme en démocratie*, Paris, Payot, 2004.

(33) 一九世紀末の英国で、公共政策の策定において報道が果たす役割の重要性を初めて説明したのは、『ペル・メル・ガゼット』紙のウィリアム・T・ステッドだった(上記のトムソン(Thompson)の著作を参照。p. 53–58)。

(34) そのような名称で指されているのは、経済・政治分野での少数支配の偏向に批判的な、二〇世紀初頭のアメリカの政治運動である。

(35) この点について重要な指摘を行った次の著書の序文を参照。Andrei S. MARKOVITS et Mark SILVERSTEIN, *The Politics of Scandal: Power and Process in Liberal Democracies*, New York, Holmes and Meier, 1988. この社会学的アプローチへの該博なコメントとしては、以下をも参照のこと。Damien de BLIC et Cyril LEMIEUX, «Le scandale comme épreuve, Éléments de sociologie pragmatique», *Politix*, n°71, 2005.

(36) 次の基本論文を参照。Éric de DAMPIERRE, «Thèmes pour l'étude du scandale», *Annales E. S. C.*, juillet–septembre 1954.

(37) Cf. Max GLUCKMAN, «Gossip and Scandal», *Current Anthropology*, vol. 4, n°3, juin 1963.

(38) Cf. Hannah ARENDT, *Juger. Sur la philosophie politique de Kant*, Paris, Seuil, 1991(ハンナ・アーレント『完訳

カント政治哲学講義録』仲正昌樹訳、明月堂書店、二〇〇九)。

(39)　この点については、ヤン・エルスターの分析を参照のこと。

(40)　Jean BOUVIER, *Les Deux Scandales de Panama*, Paris, Julliard, 1964, p. 204.

(41)　この点は次の著作によって的確に強調されている。J. B. THOMPSON, *Political Scandal, op. cit.*, p. 111.

(42)　次の分析を参照。Suzane GARMENT, *Scandal: The Crisis of Mistrust in American Politics*, New York, Times Books, 1991. 醜聞出現に固有の、危機の力学の諸条件については、次の分析を参照のこと。Hervé RAYNER, *Les Scandales politiques: l'opération «Mains propres» en Italie*, Paris, Michel Houdiard éditeur, 2005.

(43)　この点については、以下の優れた指摘を参照。Luc BOLTANSKI et Laurent THÉVENOT:「「秘密」の放棄は(中略)偉人の称号を得るために支払うべき代価なのである。「有名になる」には、何も隠すことなくすべてを大衆の前に「さらけ出す」覚悟が必要だ」とかれらは記している(*De la justification. Les économies de la grandeur*, Paris, Gallimard, 1991, p. 226)。

(44)　緊密さを特集した次の雑誌の特別号を参照。*Mots*, n°77, mars 2005. また、次も参照のこと。Christian LE BART et Rémi LEFERVRE(éds.), *La Proximité en politique: usages, rhétoriques, pratiques*, Presse universitaire de Rennes, 2005.

(45)　Bernard MANDEVILLE, *La Fable des abeilles*(1714), Remarque C, Paris, Vrin, 1974, p. 58(バーナード・マンデヴィル『蜂の寓話』泉谷治訳、法政大学出版局、一九八五)。

(46)　『法の精神』第三編第五章、第六章

(47)　恥の効果については以下を参照。Martha C. NUSSBAUM, *Hiding from Humanity: Disgust, Shame, and the Law*, Princeton, Princeton University Press, 2004; John BRAITHWAIT, «Shame and Modernity», *The British Journal of Criminology*, vol. 33, n°1, hiver 1993(同著者は、公的に烙印を押す処罰が犯罪の抑制に与える影響について、広範な議論を始めている)．「恥の権力」が、とくに人権上の告発に関して、国同士の関係に及ぼす文字通り政治的な影響については、次の議論を参照。Jack DONNELLY, *International Human Rights*, 2e éd., Boulder(Co.), Westview Press, 1998.

(48)　ジュニアスの序文。*Lettres de Junius*, Paris, Champ libre, 1977, p. 43. ジュニアスは「検閲的権力」という表現をド・ロルムの新聞から借用したと認めている(その当人は一七七八年の自著『英国の成立』で同表現を用いている)。

(49)　トマス・ホッブズ『リヴァイアサン』第一部第一〇章「権力、価値、威信、栄誉、資格について」を参照。

(50) Jonathan MERCER, *Reputation and International Politics*, Ithaca, Cornell University Press, 1996, p. 6–9. この要因の重要性と、経済的アプローチよりも広範な見方の展開については、以下を参照。Geoffrey BRENNAN et Philip PETTIT, *The Economy of Esteem: An Essay on Civil and Political Society*, Oxford, Oxford University Press, 1994.

(51) Cf. David M. KREPS et Robert WILSON, «Reputation and Imperfect Information», *Journal of Economic Theory*, vol. 27, n°2, août 1982.

(52) 以下の議論を参照。D. M. KREPS, *A Course in Microeconomic Theory*, New York, Harvester, 1990(cf. chap. XIV, 5, «Reputation»).

(53) フランスならばゲマール事件(メディアによって、六〇〇平米の業務用マンションを利用していたことを暴かれ、それが世論によって行き過ぎと判断されて、財務相の職務の辞任を余儀なくされた)を参照。この種のケースで実際に目的とされているのは、行動のモラルの面に烙印を押すことである。

(54) 以下による引用。L. BOLTANSKI, «La dénonciation», *Acte de la recherche en sciences sociales*, n°51, 1984, p. 4(次に再録。Reinhart KOSELLECK, *Le Règne de la critique*(1954), Paris, Minuit, 1979, p. 84–95).

(55) Cf. Mary GRAHAM, *Democracy by Disclosure: The Rise of Technopopulism*, Washington, Brookings Institute, 2002. 告知の政治的・社会的影響についての研究を連合しようという、ケネディ・スクール(ハーバード大学)の「トランスパレンシー・プロジェクト」も参照のこと。

(56) Pierre-Étienne WILL, «Le contrôle constitutionnel de l'excès de pouvoir sous la dynastie des Ming». 同著者は二〇〇七年に、刊行前の同論文の草稿を送ってくれた。ここに感謝の意を表する。

(57) 一九一二年に中華民国の初代臨時大総統となった孫文は、さらに「考試権〔教育の権力〕」をも加えた。競争をベースに公務員を選抜するというものである。こうして有名な「五権分立」論が誕生する。孫文の目には、中国の歴史的貢献はそれら二つの権力の定義にあると映っていた。また西欧に固有の貢献はモンテスキューの教えによって構成されると考えていた。Cf. Sun YAT-SEN, «La Constitution des cinq pouvoirs», annexe aux *Souvenir d'un révolutionnaire chinois*(1925), Paris, 1933. 次の議論も参照のこと。Tcheng CHAO YUEN, *L'Évolution de la vie constitutionnelle de la Chine sous l'influence de Sun Yat-Sen et de sa doctrine(1885–1937)*, Paris, 1937.

(58) Cf. Charles Homer HASKINS, *Norman Institutions*, New York, F. Ungar, 1960.

(59) Cf. Philippe CONTAMINE et Olivier MATTÉONI(éds.), *La France des principautés. Les Chambres des comptes, XIVe et XVe siècles*, Paris, Comité pour l'histoire économique et financière de la France, 1996.

(60)　この変容の意味と帰結については、以下を参照。P. LASCOUMES et Patrick LE GALÈS(éds.), *Gouverner par les instruments*, Paris, Presses de Sciences-Po, 2004.

(61)　フランスについては以下を参照。Patrick VIVERET, *L'Évaluation des politiques et des actions publiques. Rapport au Premier ministre*, Paris, La Documentation française, 1989(同著者は当時の外国での諸体験を総括している). 次も参照。Bernard PERRET, *L'Évaluation des politiques publiques*, Paris, La Découverte, 2001.

(62)　*Propos sur les pouvoirs*, Paris, Gallimard, «Folio», 1985, p. 160(Propos du 12 juillet 1930).

(63)　*Ibid.*, p. 161.

(64)　*Ibid.*, p. 204(Propos du 27 janvier 1934).

(65)　*Propos de politique*, Paris, 1934, p. 264. 彼はこうも述べている。「民主主義の偽の理念は、人民が統治するというものだ。だがこれもまた、言われているように、民主主義の誤りではない。それは民主主義についての誤りなのだ。民主主義は民に、まなざしと審判の権力をあてがう。それ以上であってはならない」(*ibid.*, p. 342)。

(66)　*Propos sur les pouvoirs*, *op. cit.*, p. 214(Propos du 12 juillet 1910). この主題については、編纂者が以下の表題で集めたプロポの全体を参照のこと。«La démocratie comme contre-pouvoir institutionnalisé»(p. 213-229).

(67)　*Ibid.*, p. 185(Propos du 26 mai 1928).

(68)　Emmanuèle REYNAUD, «Le militantisme moral», *in* Henri MENDRAS(éd.), *La Sagesse et le Désordre. France 1980*, Paris, Gallimard, 1980.

(69)　Cf. «Devenir militants», numéro spécial de la *Revue française de science politique*, février-avril 2001.

(70)　Cf. le volume *La Politique ailleurs*, édité par le CURAPP, Paris, PUF, 1998. また、デモの実践の変容に関する多数の文献も参照のこと(フランスについては、ダニエル・タルタコウスキ(Danielle Tartakowsky)の著作)。

(71)　Cf. Oliver FILLIEULE(éd.), *Sociologie de la protestation. Les formes de l'action collective dans la France contemporaine*, Paris, L'Harmattan, 1993.

(72)　次の論文が部分的に例外をなしている。Daniel MOUCHARD, *Les «Exclus» dans l'espace public. Mobilisations et logiques de représentation dans la France contemporaine*, Paris, Institut d'études politiques, 2001.

(73)　この点に関しては、刺激的な以下の研究を参照。Francis CHATEAURAYNAUD, *Les Sombres Précurseurs. Une sociologie pragmatique de l'alerte et du risque*, Paris, éditions de l'EHESS, 1999; «Qui est garant de la vigilance collective», *Environnement et société*, n°23, 1999; «Incontournables présences: l'exercice de la vigilance», *in* Claude GIL-

BERT(éd.), *Risques collectifs et situations de crise*, Paris, L'Harmattan, 2003.

(74) 次の優れたまとめを参照。Daniel BÉLAND et Jean-Philippe VIRIOT DURANDAL, «L'expertise comme pouvoir: le cas des organisations de retraités face aux pouvoirs publics en France et aux États-Unis», *Lien social et politiques*, n°50, automne 2003.

(75) Cf. Lisa YOUNG et Joanna EVRITT, *Advocacy Goups*, Vancouver, University of British Columbia Press, 2004(研究対象がカナダに限定されてはいるものの、興味深い一般論的な分析が収録されている).

(76) www.tranparency.org/surveys を参照。

(77) Cf. William L. E. FELSTINER, Richard L. ABEL et Austin SARAT, «The Emergence and Transformation of Disputes: Naming, Blaming Claiming...», *Law and Society Review*, vol. 15, n°3-4, 1980-1981.

(78) Cf. Érik NEVEU, «Média, mouvements sociaux, espaces publics», *Réseaux. Communication, technologie, société*, n°98, 1999.

(79) アクト・アップの責任者。*Vacarme*, n°31, printemps 2005, p. 23.

(80) 長い間誤解されてきたが、社会学者のガブリエル・タルドには、社会的なものを相互作用のメカニズムから考察するという独自性があった。そのメカニズムをタルドは、模倣、反復、対立、適応というキーコンセプトで捉えている。

(81) *Sur la manière dont il convient de limiter le pouvoir législatif et le pouvoir exécutif dans une monarchie*, septembre 1789, reproduit in *A. P.*, 1re série, t. IX, p. 119.

(82) この主題を扱った初期の著作のうち、たとえば次のものを参照。Benjamin R. BARBER, *Strong Democracy: Participatory Politics for a New Age*, Berkeley, University of California Press, 1984(ネット礼讃者側); Christopher F. ARTERTON, *Teledemocracy: Can Technology Protect Democracy?*, Beverly Hills, Sage Publications, 1987(ネット懐疑派).

(83) このテーマは、ポピュリストの指導者ロス・ペローの、一九九二年大統領選挙キャンペーンの中核部分をなしていた。また、同じ方向性を謳った活動家の文書も多数存在していた。

(84) フランス語の文献では、電子民主主義を扱った次の特集号を参照。*Hermès*, n°26-27, 2000.

(85) Cass SUNSTEIN, *Republic. com*, Princeton, Princeton University Press, 2001(キャス・サンスティーン『インターネットは民主主義の敵か』石川幸憲訳、毎日新聞社、二〇〇三). 同著者は、自由、討議、政治参加の分野におけるインターネットの可能性と危険を、事例にもとづきバランスの取れた形で総括している。

(86)　二〇〇〇年六月六日付け法律第一条。

(87)　ブリュノ・ル・ルー議員による、一九九八年二月二五日付け報告書。Cf. le *Rapport fait au nom de la Commission des lois sur le projet de loi portant création d'un Conseil supérieur de la déontologie de la sécurité.*

(88)　Cf. Reinier H. KRAAKMAN, «Gatekeepers: The Anatomy of a Third-Party Enforcement Strategy», *Journal of Law, Economics and Organization*, vol. 2, n°1, printemps 1986.

(89)　前掲の報告書。

(90)　Cf. Christopher HOOD, Colin SCOTT, Olivier JAMES, George JONES et Tony TRAVERS, *Regulation inside Government: Waste-Watchers, Quality Police and Sleaze-Busters*, Oxford, Oxford University Press, 1999.

(91)　Cf. Steve JACOB, «La volonté des acteurs et le poids des structures dans l'institutionnalisation de l'évaluation des politiques publiques», *Revue française de science politique*, vol. 55, n°5–6, octobre–décembre 2005.

(92)　次の専門論文の結論部を見よ。Oliver BENOÎT, «Les chambres régionales des comptes face aux élus locaux. Les effets inattendus d'une institution», *Revue française de science politique*, vol. 53, n°4, août 2003. この種の変化が古典期の中国における「監視の権力」の鍵をなす特徴だったことに留意せよ。

(93)　Cf. le chapitre «Le contrôle des comptes dans les villes auvergnates et vellaves aux XIVe et XVe siècles», *in* Albert RUGAUDIÈRE, *Penser et construire l'État dans la France du Moyen Âge(XIIIe–XVe siècles)*, Paris, Comité pour l'histoire économique et financière de la France, 2003.

(94)　まずは全体像について以下を参照。Daniel WALEY, *Les Républiques médiévales italiennes*, Paris, Hachette, 1969.

(95)　次に所収の研究論文が提供する情報を参照。les *Recueils de la société Jean Bodin*, «Les communautés rurales», vol. 43 et 44, 1984 et 1986. 次も参照のこと。*Les Structures du pouvoir dans les communautés rurales en Belgique et dans les pays limitrophes, XIIe–XIXe siècles*, Bruxelles, Crédit communal de Belgique, 1988.

(96)　この点については以下に興味深い指摘がある。Henry BAREAU, *Les Assemblées générales des communautés d'habitants en France, du XIIIe siècle à la Révolution*, Paris, 1893.

(97)　Cf. Michel REULOS, «Ressources financières et règles de gestion dans les Églises réformées françaises au XVIe siècle», in *L'Hostie et le Denier. Les finances ecclésiastiques du haut Moyen Âge à l'époque moderne*, Genève, Labor et Fides, 1991.

(98) Cf. Léon FAUCHER, «Usages du Parlement britannique en matière d'enquête», *Le Courrier français*, 13 janvier 1835. さらに一八四二年にパニェールが編纂した『政治辞典(*Dictionnaire politique*)』の見出し「調査(Enquête)」も参照。次も参考になる。Alain LAQUIÈZE, *Les Origines du régime parlementaire en France*(*1814-1848*), Paris, PUF, 2002, p. 317-329.

(99) マルタン(ノール県)による一八三二年四月一〇日の報告。*A. P.*, 2e série, t. 77, p. 416.

(100) *Le Gouvernement représentatif*, trad. française, Paris, 1865, p. 102(J・S・ミル『代議制統治論』水田洋訳、岩波文庫、一九九七)(第五章「代議機関の本来の職務について」).

(101) *Ibid.*, p. 119.

(102) *Ibid.*, p. 121-122.

(103) *Ibid.*, p. 900 et 100.

(104) そうした動きにもかかわらず、平行して多くの国で議会の特権そのものが広がっていった。この領域では他の民主主義国に大幅に遅れを取っていたフランスでも、調査権の拡充(cf. Élisabeth VALLET, «Les commissions d'enquête parlementaire sous la Cinquième République», *Revue française de droit constitutionnel*, n°54, avril-juin 2003)もしくは野党による政府への尋問の可能性の整備が見られた(cf. Guy CARCASSONNE, «La place de l'opposition: le syndrome français», *Pouvoirs*, n°85, 1998)。

(105) 最近のものでは、以下を参照。Bernard MANIN, *Principes du gouvernement représentatif*, Paris, Calmann-Lévy, 1995.

(106) *L'Enquête*, III, 80, *in* HÉRODOTE et THUCYDIDE, *Œuvres complètes*, Paris, Gallimard, «Bibliothèque de la Pléiade», 1964, p. 255.

(107) 語源に関しては次の議論を参照。Pierre FRÖHLICH, *Les Cités grecques et le Contrôle des magistrats*(*IVe–Ier siècle avant Jésus-Christ*), Genève, Droz, 2004.

(108) Cf. *La Politique*, VI, 8, 1322b 7-12(アリストテレス『政治学』山本光雄訳、岩波文庫、一九六一).

(109) 以下で収集されたデータを参照。P. FRÖHLICH, *Les Cités grecques..., op. cit.* この主著は、碑銘に関する最新の研究成果をもとにしており、さらにアテナイだけの事例に調査範囲を限定していない点で興味深い。同書では、二つめの、任期途中での監査が強調されている。

(110) *La Politique*, II, 9, 26, 1271a 3-6, traduction de Jules Tricot revue par P. Fröhlich(p. 35).

(111) 執政官の役割の歴史的解釈については以下を参照。Nicolas RICHER, *Les Éphores. Éudes sur l'histoire et sur l'image de Sparte*(*VIIIe–IIIe siècles avant Jésus-Christ*), Paris, Publications de la Sorbonne, 1998.

(112) Jean-Louis de LOLME, *Constitution de l'Angleterre*(1778), Paris, 5e éd., 1819, p. 297, et Gaetano FILANGIERI, *La Science de la législation*(*1780–1785*), livre I, chap. VIII, «De la nécessité d'un censeur des lois».

(113) *Id.*, livre V, chap. VIII.『百科全書』も「執政官」の項目を、「王の権威も貴族の権威も長く続かず、暴政に至らないようにし、また民衆の自由が放埒と反抗に至らないようにするための、行政官の特権」を強調して終えている。

(114)「彼はあらゆる公的施策を検査する権利と、それらが譴責に値する場合、譴責を行う権利を求めている。多くの権力を所有する者がそれを濫用しなかった例などまったくなかったことから、彼はそうした権力を手にする者を観察することを、またそれらの者が権力を国の善のために適用するのか、それとも自分の歪んだ目的のために適用するのかに応じて、それらを無罪にしたり晒し者にしたりすることを、おのれの責務としている」。これはジョン・トランチャードとトマス・ゴードンがジョージ一世の治世に刊行したパンフレットの集成『インディペンデント・ホイッグ』からの一節で、以下に引用されている。Caroline ROBBINS, *The Eighteenth-Century Commonwealthman: Studies in the Transmission, Development and Circumstance of English Liberal Thought from the Restoration of Charles II until the War with the Thirteen Colonies*, New York, Atheneum, 1968, p. 120.

(115) 監視についての見方において「自由主義的」語り口は以下に見られる。*Observations on the Nature of Civil Liberty*(1776)。「権力以上に多くの監視を要するものはない。権力による侵害以上に断固とした決意をもって反対すべきものもない。モンテスキューが言うように、ある状態で眠りについてしまうと、やがて隷属が待っている」(*in* Richard PRICE, *Political Writings*, Cambridge, Cambridge University Press, 1991, p. 30)。他方、バークに反対して刊行したフランス革命の擁護論、*Discourse on the Love of our Country*(1789)においては、権力の濫用に対する抵抗の理念を、基本的権利として取り上げている。また、「われわれ自身のために政府を設立する権利」(*ibid.*, p. 190)について語り、さらに「民主主義的」な方向へと突き進んでいる。

(116) この機関については以下を参照。Lewis H. MEADER, «The Council of Censors», *The Pennsylvania Magazine of History and Biography*, vol. 22, n°3, octobre 1898; J. Paul SELSAM, *The Pennsylvania Constitution of 1776: A Study in Revolutionary Democracy*, New York, Di Capo Press, 1971; Donald S. LUTZ, *Popular Consent and Popular Control: Whig Political Theory in the Early State Constitutions*, Baton Rouge, Louisiana State University Press, 1980.

(117) BRISSOT DE WARVILLE, «Réflexion sur le Code de Pennsylvanie», *Bibliothèque philosophique du législateur, du*

politique et du jurisconsulte, t. III, Berlin, 1783(voir p. 253–257).

(118) 以下を参照。J. Paul SELSAM et Joseph G. RAYBACK, «French Comment on the Pennsylvania Constitution of 1776», *The Pennsylvania Magazine of History and Biography*, vol. 76, n°3, juillet 1952; Christian LERAT, «La première Constitution de Pennsylvanie: son rejet à Philadelphie, ses échos en France», *in* Jean-Louis SEURIN *et alii, Le Discours sur les révolutions*, t. II, Paris, Economica, 1991; Horst DIPPEL, «Condorcet et la discussion des constitutions américaines en France avant 1789», in *Condorcet, homme des Lumières et de la Révolution*, Paris, ENS éditions, 1997.

(119) 「ブッシュ・ド・フェール(鉄の口)」という題名は、市民が権力に対する糾弾や苦情の書状を入れることのできた、ベネティアの古い「石の口」の事例から借用されている。

(120) 次を参照。Volumes 63 à 67 des *A. P.*, 1re série.

(121) たとえばマリオ・パガーノがナポリにおいて示した提案を参照。Mario BATTAGLINI, *Mario Pagano e il progetto di Costituzione della Repubblica napoletana*, Rome, Archivio Guido Izzi, 1994.

(122) Cf. *The Documentary History of the Ratification of the Constitution*, vol. II, Merryll JENSEN(ed.), *Pennsylvania*, Madison, State History Society of Wisconsin, 1976.

(123) この歴史については次を参照。L. MEADER, «The Council of Censors», art. cit.

(124) Cf. Jean BOURDON, *La Constitution de l'an VIII*, Rodez, 1942.

(125) 同憲法第二九条。この条項の誕生については、憲法問題に関してボナパルトからタレーランに宛てた一七九七年九月二一日のきわめて重要な書簡を参照。in *Correspondance générale*, nelle éd., Thierry Letz(éd.), Paris, Fayard, 2004, t. I, p. 1196–1198. ボナパルトはそこで、監視を担当する官職について語っているが、実に限定的な意味でそうしている。というのも、実際に彼にとって問題だったのは、きわめて制限された介入領域における立法権だったからだ。ボナパルトがタレーランに、同書簡をシエイエスにも見せるよう求めている点も注目できるだろう。

(126) «Du Tribunat», *Journal de Paris*, 15 nivôse an VIII(5 janvier 1800). Reproduit in *Œuvre du comte P. L. Roederer*, Paris, 1867, t. VI, p. 399.

(127) 共和暦八年雪月一五日の演説。B. CONSTANT, *Discours au Tribunat, Œuvres complètes*, t. IV, Tübingen, Max Niemeyer Verlag, 2005, p. 73–84.

(128) この観念の洗練されたバージョンを、コンスタンは次において示している。*Fragments d'un ouvrage abandonné sur la possibilité d'une Constitution républicaine dans un grand pays*, établi par Henri Grange, Paris, Aubier, 1991. 以

下の全体も参照。livre VIII, «D'un pouvoir neutre ou préservateur nécessaire dans toutes les constitutions».

(129) *Ibid.*, p. 390.

(130) 次の分析を参照。Pascale PASQUINO, *Sieyès et l'invention de la constitution en France*, Paris, Odile Jacob, 1998. 同時期のフランスにおける第三の権力という理念の台頭について、全体的な見通しを得るには以下が参考になる。Marcel GAUCHET, *La Révolution des pouvoirs. La souveraineté, le peuple et la représentation, 1789-1799*, Paris, Gallimard, 1995.

(131) ロエデレによる報告。*Œuvres, op. cit.*, t. III, p. 335-336. ティボードーの指摘によれば、ボナパルトはもっと露骨に「形而上学者など水に放り込んでしまうがいい。服にたかる虫なのだから」と語っていたという(*Mémoire sur le Consulat*, Paris, 1827, p. 204)。

(132) Cf. P. ROSANVALLON, *Le Modèle politique français. La société civile contre le jacobinisme de 1789 à nos jours*, Paris, Seuil, 2004.

(133) ロエデレによる報告。*Œuvres, op. cit.*, t. III, p. 427. この言葉を一七九一年の意義深い文章と比較することができる。『国民の友』紙はこう記している。「われわれの政府には反対派は一切必要なく、権力相互の均衡の必要について再三語られてきたことは、同政府にはいかなる観点からも有益に適用できない」。同じ勢いでもって同紙は、反対派を「法の執行に反対するしか能のない、奸計を弄する党」として糾弾している(以下に引用。Ferdinand BRUNOT, *Histoire de la langue française*, Paris, Armand Colin, 1968, t. IX, *La Révolution de l'Empire*, 2e partie, p. 821)。

(134) *Exposé des principes républicains de la Société des droits de l'homme et du citoyen*, Paris, s.d.(1832), p. 6.

(135) Charles-François CHEVÉ, *Programme démocratique, ou Résumé d'une organisation complète de la démocratie radicale*, Paris, 1840, p. 4-5.

(136) 次の第四章および第五章を参照。*Projet d'une Constitution démocratique et sociale*, Paris, 1848.

(137) Auguste BILLIARD, *De l'organisation de la République française*, Paris, 1848, p. 272.

(138) 上のビヤール(BILLIARD)の著作の第一一章«Complément de l'organisation politique. De l'inspection ou du Ministère public»(「政治機関の補完――検察官または検事局について」)が興味深い。検事局は、国家と、社会の全体的利益をそれぞれ代表する行政官によって構成される。

(139) 次の参考書がある。Claude LABROSSE et Pierre RÉTAT, *Naissance du journal révolutionnaire*, Lyon, Presses universitaires de Lyon, 1989.

(140) 原著者による強調。Cf. son «Adresse à l'Assemblée nationale», dans le Prospectus de juin 1789(*Le Vieux Tribun du peuple*, réédition, Paris, 1793, t. I, p. 88).

(141) *Les Révolutions de France et de Brabant*, n°1, 28 novembre 1789, p. 3.

(142) *Ibid.*, n°2, 5 décembre 1789, p. 47.

(143) *Le Patriote français*, n°X, 7 avril 1789, p. 3.

(144) Cf. Jean-Claude BONNET, «Les rôles du journalisme selon Camille Desmoulins», *in* P. RÉTAT(éd.), *La Révolution du journal 1788–1794*, Paris, éditions du CNRS, 1989.

(145) Jules MICHELET, *Histoire de la Révolution française*, livre II, chap. 7, Paris, Gallimard, «Bibliothèque de la Pléiade», t. I, p. 240.

(146) 次による引用。C. LABROSSE et P. RÉTAT, *Naissance du journal révolutionnaire*, *op. cit.*, p. 197.

(147) A. CLOOTS. 次による引用。J.-C. BONNET, «Les rôles du journalisme...», art. cit., p. 180.

(148) 一八六六年三月一六日の演説。*Annales du Sénat et du Corps législatif*, Paris, 1866, t. 3, p. 138.

(149) *Ibid.*, p. 139. 彼はこう続ける。「既存の権力の傍ら、皇帝、元老院、立法府の傍らに、巨大でしかも新しく、今やおのれの領域で独立し、万人によって築かれた正規の政府に肩を並べるだけの、制限のない明確な権威をもつ政治権力を、必要もないのに善意から創設するという考え方に、良識は反抗しないのだろうか？」(*ibid.*)。

(150) Adolphe GRANIER DE CASSAGNAC, *L'Empereur et la Démocratie moderne*, Paris, 1860, p. 21.

(151) *Ibid.*

(152) 彼はこのように問う。「定期刊行物の通常の設立において、政治的権利と国の委託はどこにあるのだろうか？　みずからの関心や便宜以外に繋がりをもたないそれら資本家や著述家にとって、自分たちを政治集団の執政官、統制官、政府の判事にする信認はどこにあるのだろうか？　一部のジャーナリストがときおり語る聖職とはどこにあるのだろうか？　定期的刊行物がわずかな特権も有さずに、なにゆえ公権力を支配しうるかについてどう言われているだろうか？」(*ibid.*, p. 22)。これはすでに王政復古時代に、報道の自由に敵対する側が用いた中心的な議論だった。一部の人々はこう述べていた。「議員になるには、有権者によって選ばれなくてはならない。ジャーナリストは、恐るべき検察官になる信任をみずから得る」(以下による引用。Émile OLIVIER, *Solutions politiques et sociales*, Paris, 1894, p. 114)。

(153) *L'Empereur et la Démocratie moderne*, *op. cit.*, p. 22.

(154) したがって体制側が一時、そうした精神から、公的な発言を全面的に取り上げる格安の新聞を刊行したのも驚くには当たらない(この点については以下を参照。Émile GIRARDIN, «L'État journaliste», in *Force ou richesse. Questions de l'année 1864*, Paris, 1865, p. 575–582.「ジャーナリスト国家」という表現を用いた嚆矢は、野党の共和主義系新聞『ル・シエークル』社主アヴァンだった)。

(155) Cf. Carl SCHMITT, *État, mouvement, peuple. L'organisation triadique de l'unité politique*, Paris, Kimé, 1997, p. 53–57.

(156) この問題は次回作で取り上げる対象となるだろう。

(157) 上位の全会一致の原理から多数派の実践的原理への移行については、次の論文が示唆的だ。B. MANN, «Volonté générale ou délibération? Esquisse d'une théorie de la délibération politique», *Le Débat*, n°33, janvier 1985.

(158) その用語をそうした意味で用いた嚆矢はタレーランだったように思われる。ティエールはゆえに、その元高位聖職者が、ナポレオンに仕えた後、「法を代表する」ことを願っていたと強調している。「幸福という言葉で彼が定義づけ、絶大な成功を収めたもの、それが正当性だった」(*Histoire du Consulat et de l'Empire*, Paris, s.d., t. XVII, p. 445)。

(159) これは一八世紀のフランスにおいて重農主義者らが展開した政治的合理主義の観点である。メルシエ・ド・ラ・リヴィエールはこう強調する。「明証性こそが権威の原理そのものであるべきだ。なぜならそれは、意志の集合の原理なのだから」(次の拙論を参照。«Political Rationalism and Democracy in France in the 18th and 19th Centuries», *Philosophy and Social Criticism*, vol. 28, n°6, 2002)。

(160) フランスとドイツの公法における器官説については、次を参照。Raymond CARRÉ DE MALBERG, *Contribution à la théorie générale de l'État*, Paris, 1922, t. II, p. 227–243.

(161) *Essai sur les garanties individuelles que réclame l'état actuel de la société* (1819), Paris, Belin, 2000, p. 107.

(162) ジェリネックによる有名な表現を参照。「代表の背後にはほかの誰も存在しない。器官の背後には何もない」。以下による引用。R. CARRÉ DE MALBERG, *Contribution..., op. cit.*, t. II, p. 288.

(163) 二つの形式の監視は、一七九一年にこの主題を扱った多数の文献では同等のものと考えられている(ブリソーやラントナスは、この点についてロベスピエールと同じことを述べている)が、革命暦三年には、その違いが大いに強調されるようになる。前衛派の実践や、人民結社の多くがなした武力行使は、そうした結社の所産だった社会的権力の、押収プロセスを明確に示したのだった。それゆえ、報道の制限なしの自由という原則(なぜなら誰も所有不可能だからだ)は、社会そのものに取って代わろうとしているのではと疑われた人民結社の承認問題から切り離された。

世論の監視権や代議政体の限界を是正するどころか、人民結社の活動は、それらの影響範囲を狭めるものと見なされた。活動家を自任する人々の様々な小集団が普通選挙による表明に取って代わろうとしていたのだ。

(164) この結論は私をフィリップ・プティへと近づける。とはいえ私の場合、それによって市民の監視とその作用を支える民主主義への信頼との緊張を乗り越えることも可能になる。プティの場合、監視は自動的に不信の姿勢に結びつくのではなく、逆に信頼関係に根ざすものだからだ。ただしその信頼関係を、「きわめて要求の多い、期待の水準」によって構造化されたものと理解するとの条件つきではある(*Républicanisme. Une théorie de la liberté et du gouvernement*, Paris, Gallimard, 2004, p. 354)。だが、まさにこの点においてこそ、彼の議論は最も脆弱になっていると考えることもできる(«Confiance et vigilance» の章を参照, *ibid.*, p. 352-355)。

第2章

阻止する主権

1　抵抗の権利から複合的主権へ

2　自己批判的な民主主義

3　否定的政治

「みずから秩序立てる権利、あるいは他者によって秩序づけられたものを修正する権利を、私は「制定する権能」と呼ぼう。また、他の誰かによって決定された決議を無効にする権利を、私は「阻止する権能」と呼ぼう」。モンテスキューによるこの区別は[1]、現代政治の変容を理解するうえでの基本をなしている。というのもその区別は、ほとんど分析されることのない政治の否定的側面を強調してみせているからだ。その重要性が増していることは明らかだ。個別的な反応に限定されるどころか、阻止行動は真に特殊な場を描き出し、対抗民主主義の世界における第二の主要な形象をなしているのである。

この側面もまた長い歴史に帰される。主権への参与を主張するはるか以前から、一般の男女は自分たちに課される権力に対して、抵抗できる権能を示してきたからだ。無反応、撤退、規則の巧みな迂回などを通じて、かれらは支配側の締め付けを緩める方途を探ってきた。様々な著作がそうした行動の様式と成果を記述してきた。たとえば、税務への密かな抵抗などがたびたび研究されている。権威に対する社会の抵抗も、正面切っての政治的行為にほかならなかった。蜂起、農民一揆、その他の荒々しい反乱はかくして人類の歴史を彩り、権力の正当性に異議を申し立てるための「抵抗の権利」を、法的にも道徳的にも考察できるとの考え方は、投票権がまだいかなる意味ももっていない時代に形成されてきたのである。民衆の介入はこのように、まずは否定の様式で考察されてきたのだ。他方、民衆の同意は対照的に、抵抗の欠如によって証されると考えられてきた。

阻止の権能への新たなアプローチが、普通選挙の到来とともに登場した。肯定的な選挙の権力と反対する組織的な権力との間で、人民主権を二重化しようという企図が、フランス革命期に盛んに議論の対象となったのだ。そこでの考え方も次のようなものだった。自分たちが割り当てた権力に必要に応じて反対できるよう、ある種の「不信による留保」を手にしてこそ、人民は自由であり続け、指揮官にとどまることができるのだ、と。

この領域でも、阻止の権能の自由主義的解釈、民主主義的解釈が区別されることになった。立憲政体となっていれば二院制型の民主主義体制にも見えたと思われる形式は、その後放棄されてしまうわけだが、阻止のメカニズムの役割自体は、別の様式において強い影響力を保ち続けることになる。各国の民主主義体制は、まずは政治的正当性と社会的正当性との、階級闘争に端を発する緊張状態によって練り上げられていく。投票によって十分に正当化された持続的権力という本来の認識から離れたところで、問題を問い直す機能をなんらかの形で統合することによって構造化されていったのである。政治的・議会的な構造化された反対勢力の発展と、不従順・不協和な声による恒常的な介入は、「批判的主権性」とでも称することのできる理念を強化していった。そこには民主主義体制の実像の、まさしく見失ってはならない基本的側面が見いだせる。

現代において支配的になっている事象として、その批判的主権性、すなわち民主主義の対立的な活力という性質を肯定的に示すものだったその主権が、純粋に否定的な主権へと堕落したことが挙げられる。かくして民衆の実効的主権は今や、一貫した企図の表明を通じてというよりも、むしろ繰り返される突発的な拒絶という形で、はるかに多く示されるようになっている。たとえば選挙は、基本的に現役議員を罰する機会になっている。それまでの過去にこだわるあまり、将来の選択を表明するという度合いが小さくなっているのだ。有権者の側も、多くの場合「拒絶者」のようにふるまい、一方で社会生活も、事実上、継続的な一連の拒否権の錯綜によってますます規制されるようになっている。将来に対する不確実さと、複合的な民主主義を考察する難しさとが相まって、この現象を加速している。いきおい、対抗民主主義の活力も、狭義の協調組合主義、あるいは純粋に反動的なポピュリズム的反応へと劣化している。そこから、政治領域に奥深い変容が生じているのであり、そうした変容によって密かに定着してきている類の体制を、周到さをもって記述していなくてはならない。阻止権の長い歴史は、その動因についてよりよく理解するために必要な距離感を与えてくれる。

1　抵抗の権利から複合的主権へ

抵抗と同意についての中世の理論

民衆の同意なしに正当な権力はないとする考え方は、自治体が設置し規制する秩序という民主主義的理想が出現するはるか以前からあった。中世、それも一三世紀初頭以降になって、それは広く認められるようになり、次の有名な格言で表されるようになった。「万人に関係することは、万人によって承認されなくてはならない[2]」。当時の名のある著述家は皆、哲学者も神学者も含めて、そのことを神聖視していた。だがこの格言は、悪しき解釈に付されてはならない。近代の民主主義観でもって理解されてはならないのだ。そのような解釈では、緊張感に乏しい憲法議論的な共示的意味を宿してしまうからだ。その格言は明確に規定された手続きに帰されるものではなく、とくに投票の理念などまったく含み持っていない。③そこに見られるのはとりわけ道徳的な意味であり、共通善に奉仕する統治という至上命令を、君主に対して与えている。共同体こそが政治的権威の源であり、それが目的をもなしていることを、端的に確言しようとする文言なのだ。

仮になんらかの人民主権の考え方がここで表明されているとしても、ゆえにそれは純粋に受動的なものにすぎない。原理の高らかな主張にこそ力点が置かれているのであり、その活用の諸条件については比較的無関心だ。中世のすべての著者たちにとって何よりも重要なのは、善の考察とその定義であり、善の実現はというと、君主の徳を基礎とするものでしかなかった。良き統治者と悪しき統治者の違いを考えること、共同体に対して献身的な君主を、臣下の必要や意志を顧みることなくおのれの善のために統治する暴君から区別するのは何かを示すことが、その基本だった。

同意の概念が重要なのは、その概念こそが、暴君と共通善への奉仕者との実際上の差異を推し量る、基準をもたらすからである。同意の概念はそのような形で、一種の政治的限界を決定づけているのだ。だが、では実際にそれをどう追跡すればよいのだろうか？　おそらくそれは否定的にのみなされるだろう。民衆の同意は、反対がなされないという形でしか評価されない。それゆえに、中世の政治思想においては、暴君と暴君暗殺の概念が中心をなすのである。政治の表象を組織するのは、まさしく悪の定義と、悪に対抗するための諸条件にほかならない。

悪とは欠如、喪失、破壊であることから、悪は善よりも容易に定義・認識できる。バルトルスやソールズベリーのジョンから、パドヴァのマルシリウスやオッカムのウィリアムまで、中世では徐々にこうした方向で否定的な政治理論の大筋が形成されていった。[4] そのような反転・転覆の諸点においてこそ、政治というものは理解される。そのため政治体制は、暴君へと変質する傾向を基準として主に判断されるのだ。また、それと平行する形で、そうした危険を遠ざけることを目的とする行動について省察を巡らすことが、道徳哲学・政治哲学の大きな関心となる。ゆえに、暴君殺害という極端な問題が中心に据えられるのである。ゆえにまた、より広範に、抵抗の権利の理論が重視されるのだ。そのために「阻止」の権能は、政治の領域を真に形作る本来の行動様式となる。

こうして、否と言う権能、君主もしくは管理者を罷免する可能性こそが、政治の領域へと社会が介入する際の、正当で実現可能と見なされる初期形式をなすのである。[5] そのような介入は、もちろんごく限られた場合にしか想像しえない。なぜなら、主権者の行動にみずからが加わる切実な動機が、ほかには見当たらないからだ。フランスにおいて初期の全国三部会が要求した権限を検証してみると、国務会議の一部メンバーを忌避する権利のほか、簒奪者的摂政もしくは暴君的国王を罷免する権利もしばしば言及されている。その頻度は、財政管理の報告を求める「監査権」、あるいは税制への同意の原則を敷くための権利[6]への言及とほとんど変わらない。歴史的には、阻止権への言及も監視権の要求に平行して進展していったのである。

宗教改革期

一六世紀の宗教改革期、カトリック陣営において国王の特権を絶対視する見方(支配的宗派の擁護者たちはそれをもとに、改革派に認められた高位聖職者を、権力の共同責任から遠ざけた）が形成されると、それへの反動として、抵抗の権利という概念が深まった。宗教改革の支持者たちは当時、自己弁護のため、人民の同意と抵抗の権利に関する中世の理論をわがものとした。カルヴァンは『キリスト教綱領』（一五三六）において、市民の統治を扱った第四編第二二章でその議論を開始し、「国王の暴挙や残忍さに反対し抵抗する[7]」義務を強く押し出した。そうした教えの再活性化には、このようにまずは宗教的な動機があった。けれどもそれはすぐさま政治の領域にも及ぶことになる。英国でもフランスでもしかりである。

英国ではジョン・ノックスが、自由の破壊者と判断された権威に対する不服従について、かなり過激な解釈を示している。著書『プロテスタントの弁明』（一五五七）でノックスは、メアリー・チューダーが「あらゆる公正さと正義に反して罪なき者を弾圧し、加えて神にも逆らっている[8]」として、激しい抗議の声を上げている。その一年後には、女王は偶像崇拝的だとしてさらにいっそう激しい非難を突きつけ、反乱を呼びかけている[9]。ロチェスターとウィンチェスターの司祭だったジョン・ピネットは当時、やはり同じような精神で、ただしより知的に整った形で、『政治権力小論』（一五五六）を上梓した。良識の面における世俗の権威の限界を強調しつつ、ピネットは政府がその権威を濫用する場合に、抵抗と不服従の権利を民衆に対して認めている。英国とスコットランドそれぞれの宗教改革の重要人物だったクリストファー・グッドマンとジョージ・ブキャナンも、そうした方向での論考を多数著した。ブキャナンの手になる『スコットランド人における国法についての対話篇』（一五七九）では、次のことを精力的に説いている。「人民には王に勝る権力があり、その権力は人民からのみ、人民が要求するあらゆる権利を引き出すのである。その結果、王が人民の成員一人に対してもつのと同じ権力を、市民の全体は王に対してもつのである」[10]。

ここで言及した英国とスコットランドの著者たちは、抵抗の権利と人民の同意という至上命令に、中世の哲学者や神学者よりもいっそう明確に政治的な次元を付している。かれらの著作は理論を扱った論文ではなく、当時の政治討議・政治闘争に直接介入する手段をなすものだった。かれらはもはや、問題の道徳的な理解でよしとはしていない。だが一方で、そこに真の立憲的な思想があったわけではない。フランスの「モナルコマック」が踏み出すものこそが、決定的な一歩となる。この新語は、文字通りには「王政と戦う人々」という意味だが、基本的に、権力簒奪者もしくは自由破壊者である政府に対して抵抗の権力を振りかざすユグノーの評論家たちを指している。サン・バルテルミの虐殺の後に刊行されたいくつかの有名な文書が、この流れに大きな知的反響を与えている。たとえば『フランス国民の目覚まし時計』(一五七四)、オトマン『フランコ・ガリア』(一五七四)、デュプレシス・モルネに帰される『僭主たちに対する自由の擁護』(一五七九)、あるいはテオドール・ド・ベーズがジュネーヴで刊行した概論『臣民に対する為政者の権利について』(一五七五)などを挙げることができる。それらに「『社会契約論』の先駆的存在」を見ようとする長い伝統もあった。それほど著者たちは反復的に、人民の権利を賞賛し、政府に対して公共の善をなすよう求め、絶対主義の主張を厳しく非難してきた。

とはいえ、かれらの観点はルソーのものからはいまだほど遠い。かれらには民衆の能動的な主権という考え方がなく、知的には、民主主義的な個人主義の世界よりもむしろ中世の思想家に近いのだ[11]。

かれらはまた、ノックスやその同輩たちよりもはるかに穏健であり、カルヴァンのような語調の過激さも見られない。それらユグノーの理論家たちはまた、ドイツの宗教改革初期を彩った農民戦争や各種蜂起の、再洗礼派の終末思想を唱える指導者たちからも、注意深く距離を置いていた。一方でかれらには、抵抗権の文字通り立憲的な思想を育もうとする共通点があった。それこそがまさしくかれらの独自性だった。

それら「モナルコマック」の文献が、三部会の役割に重きを置いていることも驚くには当たらない。オトマンの『フランコ・ガリア』は他方、立憲主義的立場からフランスの起源について記した歴史書としても紹介されており、フランク族とガリア人との融合(それが同著作のタイトルのもとだ)の後、初期の正真フランス国王は代表が集う総会によって任命されたことを論じている。そのような古来の議会偏重主義の「復元」から、オトマンは抵抗権を構造化した正規の組織を、また同時に同意の機構をも待望している。ベーズもまた、「下位の為政者」にも君主を統制する機能があると示唆している(彼が言う下位の為政者とは、「高貴な血筋」の貴族のカテゴリーと、大都市で選出される一部の行政官を指している)。

最も独創的なのは、『僭主たちに対する自由の擁護』の逸名著者だ。同著者は、国家内部に、ある種の二重の権力を打ち立てようとしているからだ。一つは直接働きかける国王の権力、もう一つは統制機関の権力で、両者が一つになった場合にのみ、国事の行政は成立するとしている。したがってこの著者には、権力の共有という理念、あるいは少なくとも相補的で連接する権力という理念があった。[12] そこで使われている言葉はきわめて示唆的だ。彼は「執政官」「公的監査官」について語っており、それは王政に対する民の「後見人」と見なされている。古代についての教養で培われた精神にはなじみ深い、ラケダイモン〔スパルタ〕の執政官の制度[13]に帰着させることで、『僭主たちに対する自由の擁護』は、活動的な政府に対峙できる阻止権の制度化を理解する道を開いている。

ただし次の点に留意が必要だ。ラ・ボエシーの『一者に逆らって[14]』は後に、抵抗する権利の象徴的なテクストとして知られるようになり、今日に至るまで休みなく再刊されるようになるが、一方の『僭主たち……』のほうは、たとえカルヴァン派の関係者が複数の海賊版を出版して自分たちのもとに取り込もうとしたにせよ、そちらの文献からは区別して考えなくてはならない。同著作は、立憲そのものに関する提言をいっさい含んでいないからだ。

それから数年後、かなり異なる知的文脈、つまり自然法理論の初期の定式化がなされる中で、アルトゥジウスは自著『政治学』(一六〇三)のまるごと一章を割いて、その考え方を展開してみせた。「普遍的集団の行政官には二つの種類がある。執政官と最高官である[15]」。前者に関連してアルトゥジウスは、制限し阻止する権力について語っている。最高官が怠惰でもなく、動きが鈍くもなく、またその個人的性向から公共の善をないがしろにして行動することもないよう、監視するのである[16]。この観点からすると、阻止権の性質は一変することになる。もはや単に極限としての介入、つまりそれ自体極限をなしている権力、すなわち圧政の権力への、究極かつ過激な抵抗の形としてのみ理解されるのではなくなるのだ。

アルトゥジウスはそれを、権力の通常の構造、近代的な民主主義の構造ですらあるものの一部と考えている。というのも同著者は、人民全体による執政官の選挙を呼びかけているからだ[17]。アルトゥジウスの言う執政官は、正規の自由の保護者、最高官に対する人民の利益の擁護者として、空位期には摂政を務め、その固有の活動領域で各種権力の維持を保証する。したがって、暴君と化した覇者を罷免する権利を行使するだけではない[18]。この場合、中世の古風なアプローチからは大きくかけ離れる。アルトゥジウスは断絶を体現し、ルソーと民主主義的主権思想の到来を告げているのだ。しかも彼は同時に、ボダンが擁護した一体かつ不可分の主権という観点とも袂を分かつのだ[19]。この二重の理由から、彼はまさしく二元論的民主主義の初の思想家となっている。その二元論的民主主義では、政府と阻止の権力とが、国の適正な運営に向けてせめぎ合うのである。

啓蒙思想、否定的権力、護民官

一八世紀の政治哲学においては常に、抵抗権の問題が関心の中心をなしている。ただし以後それは、明確に立憲の観点で理解されることになる。まずそれは、権力の境界を厳密に定めるという自由主義的関心の一部をなした。次いでそれは、人民主権の最も適切な形式の、民主主義的な探求へと送り返された。そうした問いかけの答えをなしうるモデルを探すには、今や古代ローマのほうに向き直らなくてはならない。「護民官」の役割の検討は当時、阻止権について考察するための歴史的参照先とされた。もちろんここでは、啓蒙思想家たちが制度について記した記述が、歴史的な真実に合致するかどうかを評価することが問題なのではない。唯一重要なのは、思想家たちがそれをどう理解したのかだ。

かれらの著書においてスパルタの執政官やローマの護民官を取り上げた議論では、次の事実を考慮しなくてはならない。一八世紀においてそれらの制度は多くの場合混同されていたのである。私たちが区別を試みている監視と阻止の権力は、当時は頻繁に重ね合わされていたのだ。共和暦八年の護民院はむしろ執政院に似ているし、アルトゥジウスはみずからの言う執政官に、ローマの護民官のものに近い職務をあてがっている。大半の著者に、「市民の護民官」と「平民の護民官」との混同も見られる(この後者は別の社会階級を構成している)。

「私は拒否し、介入する」。一八世紀に注目を集めたのは、ローマの護民官のそうした基本的な役割だった。[20]「その権力は、働きかけるよりも阻止することにある」と、ディドロとダランベールの『百科全書』はまとめている。[21]『体系的百科全書』は次のように詳述する。「人民の護民官は、人民を権力者の弾圧から守り、執政や元老院の企てに対して人民の権利や自由を擁護することを任務とする行政官である」。[22]モンテスキューとルソーは、それぞれ『法の精神』と『社会契約論』の一章をそれらの行政官に当てている。[23]制度の逸脱は結局、行政権を単に抑制する代わりにそれを簒奪してしまうのだが、この二人の著者は当然ながらそれを糾弾した。一方で両者は、いずれもこの護民院なるものに魅力を感じていた。それは否定的領域に属する権力を合憲化するものであり、護民官は一人であっても、「拒否」という一言を発するだけですべてを停止させることができるのだ。「何もなすことはできないが、あらゆることを阻止できる」。それこそが、まさにルソーが取り上げる特質だ。護民院は厳密には都市国家の権力を構成する部分ではない(それは「ほかと集合体をなさない特殊な官職である」とルソーは記している)。だが一方でそれは、「それぞれの部署をその本来の関係に置き直す」という意味で、全体が適正に機能するための条件をなしてもいる。

逸脱の可能性を防ぎながら、制度の利点を温存することはできるだろうか。それがルソーの掲げた問題であり、そのような権力が姿を現すのは断続的にでしかないことを示唆している。『社会契約論』では議論を尽くしてはいないが、その議論は数年後、『山上からの手紙』において再度取り上げられている。[24] 今度は確かにまったく違った観点からだ。ルソーはこのテクストで、「否定的権利」の行使に反対しているのである。その権利の行使は、ジュネーヴにおいて、市民から県議会への建言の法制化ないし通達に関し、プティ・コンセイユ（行政権を担う）が簒奪しようとしていたものだからだ。したがってこの場合、阻止権は完全に倒錯していた。なにしろそれは行政権の強化を導いていたのだから。それが作り上げる惰性の力は、人民の自由にも権利にも役立つものではなかった。『手紙』が参与した論争にはすこぶる技術的な面があり、ジュネーヴの制度的機能の細部に立ち入らずに説明するのは難しい。[25] ゆえにここではそうした議論を展開することはできない。私たちの探求の道筋を継続するうえで重要なのは、当時の否定的権力という観念そのものの中心性について、この逸話が明らかにしていることを強調しておくことだ。

人民主権の拡大と実現の手段として、ルソーは民主主義的な本質をもった否定的権力の探求にこだわる。しかしながら一八世紀末にその否定性が基本的な考察対象になったのは、権力の分割を規制するという観点からだった。そのうえ、「拒否権」という言葉自体が意味を変えている。一七五〇年から七〇年にかけて、『百科全書』はその言葉を、ローマの歴史との関係でのみ考察していた。

その二〇年後、この言葉は異なる立憲的な意味を宿していた。アメリカではこの言葉は「大統領拒否権」の同義語として用いられる。立法府によって可決された法律の執行を停止するという、建国の父たちによって大統領に与えられた権利を示す語だ（この拒否権は、上下両院の三分の二の多数決で回避できる)。フランスではこの言葉は、法を停止させることのできる「国王裁可」原則に一般的に与えられる名称だ。一七九一年憲法によって行政府に認められている。

フランスやアメリカでこうしたメカニズムが導入されたのは、立法権と阻止権の連結というモンテスキューが検討した観点からだった。したがっていずれの場合も、明らかに権力の適正な均衡作用に貢献することが問題だったのであり、そこには、それらの権力が相互に抑制し合えるという「自由主義的」な配慮もあった[26]。だがフランスの革命家たちは、こうした阻止権の賢明な理解を継承してはいない。かれらはそれを、ローマの護民官への参照に結びついた民主主義的目標において取り戻すことになるのだが、とはいえそこに立憲的な形を与えることに真に成功したわけではない。

フランス革命の経験

護民院の問題は一七九〇年の春以降、フランスで再浮上する。セルクル・ソシアルやコルドリエ・クラブにおいて、代議制よりも広範なメカニズムに人民主権を根付かせようとしていた人々によって取り上げられたのだ。『社会契約論』の最も詳しい注解者の一人だったフォーシェ神父は、議員による「抑制権」の確立を示唆している。一般意志に反すると判断される行動計画や法文書を執行停止とし、主権者の判断を仰ぐという特殊任務である。神父の説明によれば、その目的は「万人が万人を見守る」ことにある[27]。ラヴィコントリもまた、その民主主義論『人民と王について』(一七九二)の一章を割いて、近代的な護民官がどのような者になりうるかを記述している。それは「人民主権の守護者」であり、委任された権力の簒奪の試みに先んじる者だ[28]。そのような司法官は、既存の権力の「調整うな機構が阻止の権能をある種の全体化する権力へと変転させてしまう危険についても、ラヴィコントリはルソーと同様に意識していた。

では解決策はあるのだろうか？　彼はルソーの言葉を取り上げて、その権能が様々な組織体に対して絶対的に独立している必要性を強調している。とりわけその「暫定性・解任可能性」を組織することで、かれら自身がその権力を濫用する危険性はゼロになるだろうと言う。制度をなさない権力、純粋に機能的で非人称的な権力。それこそがラヴィコントリの考える、役割から逸脱しない近代的な護民官設置の基本条件となる。そのような職務はまっとうできるだろうか？　革命の経験はこの問いかけに否定的に答える。一七九三年の立憲議論の進展から、その知的・政治的な理由が理解できる。また、まさにそこから、阻止する主権の長い歴史を解明することもできるのだ。

私たちはすでに前章で、統治者を監視する社会的権力を制度化しようとする一七九三年当時の様々な計画に言及した。一方で阻止権を確立しようという考え方も同じく多数存在した。国民公会の議論の基礎となった、エロー・ド・セシェルの企てがその痕跡を湛えている。[29]「人民主権について」と題された法文書の二つの条項がそれを証言している。「第一条。人民は第一議会でその主権を行使する。第二条。人民は直ちにその代表と、国民陪審団のメンバーを指名する」。あらゆる市民がこの陪審団に訴えることができ、陪審団は、既成の権力の行為を罰し、その執行を阻むことを目的とする。「立法府ならびに行政府による弾圧から市民を保護する」ためである。陪審団は各県選出の者から構成される。したがって、人民の表明から直接に二つの平行する権力が派生することになる。代議制とその統制である。ゆえに提案されている機構は実に民主的なものであり、主権の特徴を備えたものとなる。それは自由主義的な類の、権力に枠組みを設ける保護用の盾であるだけではないのだ。

人民主権についてのこうした双頭的な理解は、国民公会によってはっきりと拒否され、ジャコバン派によるある種の全体性の崇拝は、乗り越え難いものだったことが示されたのだった。フランスでは、主権が真に定義されるのは、あくまでなんらかの「一者」のもとでだった。立法権と同時に、同じ形式で選ばれる統制の機構を設置することは、二元論をもたらすとして非難された。そこには混乱と、人民主権の価値の低下が萌芽として含まれているとされたのだ。「あなたがたは立法機関が主権を行使することを宣言した。その横に、さらに上位の権威を打ち立てるのは滑稽なことである」と、エロー・ド・セシェルへのある反対者はそうした方向で議論をまとめている[30]。

同じような考え方を、すでにロベスピエールも打ち出していた。護民院の設置に反対するためである。「暴君の権威に均衡をもたらす組み合わせが、私たちにとっていかに重要なことか！　根絶すべきは暴政である。人民がわずかな間息をつく特権を求めるべき先は、支配者同士の争いではない。自分自身の力にこそ、その権利の保障を位置づけなくてはならないのだ(中略)。私が認めることのできる護民官は一つしかない。それは人民自身である」[31]。これらの議論は、単一の権力とは別に主権を考えられないという、フランスの公法に古くから見られる問題を再度蒸し返している。いかなる分解・縮減も、機械的に脆弱化を招くものとして理解されるのだ。結局、フランスの革命家たちにおいては、代議政体という最も正当な形式の擁護が、指導者が適正に体現するとされる人民の、高揚した政治観に重ね合わせられるのである。

コンドルセ[32]やエロー・ド・セシェルのように、複合的な主権の構築を思い描いていた人々の目的は、公権力の組織化に阻止権の一形式を統合することにあった。それらの人々は、まさにその様式に、市民が受動的な合意と反抗との間で揺れるだけのそれまでの政治に対する、可能な代案を見て取っていた。その意味で、かれらのすべての努力は、蜂起に代わる「抵抗の手段」の確立を素描することにあった。エロー・ド・セシェルはこの点について、こう指摘している。「社会集団が立法府によって弾圧される際には、蜂起こそが抵抗する唯一の手段となる。だが蜂起を組織化するのは不条理である。蜂起の特質や性格を定めることなどできない。人民の才覚に身を委ね、その正義や慎重さに任せなくてはならないのだ。しかしながらもう一つの場合がある。立法府が一部の市民を弾圧し、一方でその市民が人民のうちに抵抗の手段を見いださなくてはならないような場合である[33]」。

この問題を位置づける最も際立った表現を、フランソワ・ロベールが見いだしている。彼もまた、当時示唆された第四の権力の理念を取り上げ、路上での示威行為と投票との中間的な行動様式を見いだそうと試みている。立法府がかれらの権利を簒奪するなら、「どうすればよいだろうか」と彼は問う。「人民はそこに大挙して集ってはいないし、そもそもありえない。では蜂起が必要になるのだろうか。いや、そうではない」。彼はそう答える。「蜂起してはならない。その代わりとなる制度が必要である。それは人民の代わりをなし、人民そのものと見なされ(原文どおり)、既成のすべての権力の行動・無為を鼓舞・抑制するのである[34]」。人民と蜂起の代わりをなす制度。この驚くべき明言は、民主主義の具現化の争点をまさにその根本において見事に定義づけている。

ロベスピエールとその仲間たちは、こうしたアプローチに反対した。「弾圧への抵抗を合法的な形式に従属させることは、暴政の最後の仕上げにほかならない」、と廉潔の士ことロベスピエールは歯に衣着せずに概括している。[35] それはつまり、政治が当時、通常の中心と例外的な周縁との間で引き裂かれたものとしてのみ考察されていたことの現れである。別の見方をすれば、既存の秩序への従属と反抗との間には、介入・対立・交渉のいかなる場もないと考えることでもある。[36]

確かに蜂起という言葉自体、当時はありふれたものになっていた。「神聖なる義務[37]」として言及されるがゆえに、蜂起はほとんど一つの通常の政治的カテゴリーのようになっていた。共和暦二年のころのサンキュロットたちが語っていたような蜂起は、必ずしも武力行使に帰されるものではなく、抵抗運動や各種の発議、監視もしくは警戒の姿勢などの全体をより曖昧に称する言葉で、一部の人々は「平和的な蜂起[38]」という表現すら用いたほどだった。

だがいずれにしても、様々な意味論的変異を超えてここに働いているのは、政治の同じ非制度化の作用であり、まさにそうした言い方においてこそ、恐怖政治の一時期全体を理解しなくてはならないのである。したがってジャコバン派の眼からすると、世論の散漫な圧力と、抵抗や暴君殺害の権利の近代的呼称である蜂起との間には、合法的に組織される阻止権の場所などまったく存在しないのだ。

フィヒテと近代的執政官職の理念

一八世紀の終わりに、阻止権の合憲化をめぐる考察が最も深みのある表現を見いだすことになるのは、パリにおいてではなくイエナにおいて、フィヒテの筆のもとでだった。哲学者フィヒテは、『自然法の基礎』(一七九六~九七)の一章を、近代的執政官職の設置計画に当てている。[39] それぞれの領分で直接に能動的である法定上の三権に対し、フィヒテが考える執政官職は、「絶対的に禁止する権力」、「政治権力者の行動を継続的に規制する権力」[40]をなすべきものとされている。フィヒテの眼からすると、その目的は、個々の決定に反対する可能性を見越すことにはない。それはむしろ法律上の行動に属すだろうからだ。目的はむしろ、包括的な中断の権能を据えることにあった。執政官職は、「しかるべき時にすべての手続きを無効とし、公権力をすべて、その細部に至るまで中断するために」存在するのである。かくして執政官職には「国家禁令」を命じる権限があるとされ、フィヒテはそれを教会の禁令の形式に近いものと考えている。教会はそうした禁令に、教会を必要とする人々をおのれのもとに従わせる不謬の強制手段を見いだしていた。

フィヒテからすると、そのような権限の正当化は二重になされるものである。まずその権限は、直接民主制と代議制との二者択一から脱することを可能にする。代議制は選挙による貴族政治へと劣化する危険があり、直接民主制は人口構成の急激な変化や実務面での問題などによって脅かされる。執政官職は両者の間にあって、第三の道を開く。すなわち、みずからを絶えず問い続ける作業に根ざした、「反省的民主制」だ。執政官職はまず、代議制の対応の遅さを是正する。人民は統治者を選ぶことでその統治者への信頼を寄せるわけだが、一方で常に、執政官を通じて介入と処罰の可能性を保持することになる。執政官職はまた、なんらかの形で人民を二重化し、直接民主制の曖昧さをも是正する。一方の側に市民・有権者の抽象的な全体的コミュニティを、もう一方の側に限定的な問題に対峙する個別のコミュニティの連なりを作り上げるのだ。したがって執政官職を設置することは、より民主主義的であると同時により自由主義的でもある体制の成立を導くのである。民主主義においては民の姿が見いだされないというアポリアを、異なる二つの顔と二つの表現を人民に与え、民を民主主義にいっそう近づけることで解消するのだ。[41]

さらに、そうした表現にはそれぞれ固有の時間性がある。ゆえに、人民は一者の形で具現化すると主張するような、民主主義の一形式が導き入れる混乱を避けることにもなる。当事者兼判事、支配者兼臣下となることで、みずからに容赦なく牙を剝く危険をなす混乱である。

フィヒテはこのように、複合的主権の発展に関するコンドルセの直観をさらに押し進めた。[42] その表現を急進的なものにすると同時に、その条件を明確化してみせたのだ。フィヒテの民主主義の二元論は、まずもってより極端ではある。それはコンドルセのように、代表主権(代議制立法権)と統制主権(合憲性の統制権、もしくは総会において復活する憲法の制定権)の区別を考えるだけにとどまらない。フィヒテは権力の分割の問題を、簡素化することで急進化させる。フィヒテの場合、「絶対的に肯定的な権限」と「絶対的に否定的な権限」との間に基本的な区別がなされる。フィヒテは、行政、立法、司法はいずれも能動的であり、相補的だ。ゆえにフィヒテは、それらの分立は見かけだけのもの、さらには虚構にすぎないと考える。真に中心的な権力は行政府にあるのだ。権力分立の自由主義的な理論は、それゆえに相対的に効果が薄いと彼の眼には映った。

ただし、これはモンテスキューの立場に近いところだが、その理論が、民主主義、貴族政治、王政の、均衡の取れた混合体制の観点(この政治観は、後に自由主義と民主主義の均衡概念によって実現したと言ってもよい)に呼応している点は除かれている。したがってフィヒテにとって真に有効な分立は、肯定的権力(行政権を中心に組織される)と否定的権力(自律した批判的介入による)の間に位置づけられる。そこから、執政官職の制度化がぜひとも必要になるのである。

とはいえ、フィヒテの議論展開が興味深いのはこの点だけではない。そのような執政官職の形式的な存在条件についてフィヒテが提示する分析もまた興味深い。執政官はまず、十全に正当な権限を体現すべく、人民によって選出されなくてはならない。だが同時に、そのような職務には誰も立候補しえない。フィヒテは次のような形で、フランス革命期に主要な至上命令と見なされたものを再定式化してみせた。すなわち、奸計を重んじるとの嫌疑、最も能力のある人物を見極めるというなすべき選択の本質を変質させてしまうとの嫌疑がかかった者には、選挙への立候補を禁じるということである。[43]立候補者のいない選挙は、遂行される職務を前に、個々人の姿を消し去ることを可能にするというのだ。[44]

他方、執政官の責務は時間的に制限を受ける。阻止権の力はそれゆえ、それを行使する者の任期の短さによって制御される(行使者はさらに、最終報告書の提示をも義務づけられる)。これもまた、人物と職務とを分離する別のやり方だ。その同じ目的の探求から、フィヒテは並行的に次のことを提案するに至った。適切に計算された処罰と報酬の体制を敷けば、執政官はおのれの職務の履行を強いられ、結果的に法ならびに公共善への配慮がかれら自身の利益に結びつくようになる、というのだ。

禁止権の保有者はまた、行政執行者から絶対的に独立していなくてはならない。ゆえにかれらには厳密に、執行権をもつ者とのあらゆる「交際関係、親戚関係、友人関係」を禁じるべきだとまでフィヒテは考える。[45]こうした各種措置の全体によって、執政官職に就く者は極端なまでに非人格化され、結果的にそれらの者は、もはや「純粋な職務」としてのみ存在するかのごとくになる。

そこに、二つの権限の間の明らかな非対称性が見て取れる。肯定的権限はその定義上、常に個別的行動に関わり、様々な形の腐敗に脅かされる。そうした特性ゆえに、その反対物として否定的権限の配備が必要になる。否定的権限は、その存在を正当化するため、構造的に責務と同一視されなくてはならない。フィヒテは当然、執政官もまたその使命を怠ることがありうると考え、ゆえに「執政官職の補完」の可能性をも温存している。それは権力統制の最終的様式として、各種の民衆蜂起の形を取る。『自然法の基礎』の著者はこのように、抵抗権をめぐる理論になおもこだわりを見せる。ただしそれは全体的に、はるかに大胆な視座に組み込まれているのだ。そのような権力のアレンジメントの実行可能性について、やがては本人自身が疑いを差し挟むようになるのだが[46]、とはいえフィヒテは、基本的な問題の様々な表現を実に見事に明らかにしてみせている。今や、いっそう複合的になったがゆえにより完成に近づいた主権が用いる各種形式について、そうした議論を参照せずに省察することはできない。

忘却の意味

民主主義的な批判的主権を設置しようとする革命的草案が相次いだ一時期は、フィヒテとともに終わりを告げる。そのような理念は忘れられてしまう。思想史の著作ですら、大半はそれを取り上げなくなる。そのような考え方を基礎づけていた関心そのものはもちろんなくなってはいない。だが以後それは、権力を制限しようとする自由主義的措置によってとりわけ表明されることになる。憲法裁判のほか、大統領拒否権の技法、議会の解散手続きなどを中心に、対抗権力の様々な形式が組織されていくのである。

こうして一種の視野狭窄が生じる。私たちが先に、監視権の制度化計画の失敗において見たのと同様だ。自由主義的な議会偏重主義の諸制度が二重の統合を果たしていくのだが、その際、民主主義の複合的な体系の各種定式化を基礎づけていた問題意識の射程は、極端なまでに狭められていったのだ。まるで人が黙殺もしくは隠蔽したいと思う民主主義の一側面、一形態があったかのようだ。安心を請け合う代議制統治の理論、あるいは単純化をもたらす直接民主制への祈りのもとにとどまるために。

示唆的なことだが一九世紀において護民院の問題は、ローマ法の専門家においてすら過小評価され、全体的に価値が低下していく。モムゼンの一大著作がそのことを明快に証言している。モムゼンは、護民官の特殊な権限を消し去ることに骨を折っている。著書『ローマ公法』では、護民官の否定的活動を「異常」行動と同一視し、一種の古風な逸脱行為、機能不全を表すものと考えている[47]。モムゼンは、忘れられた階級としての平民の代表が担った初期の社会的機能、すなわち護民官のものだった役割を十分に認識していた。しかしながらモムゼンは、批判を加えるという制度上の役割に、政治本来の利便性があるとは考えていない。いきおい、誰も排除することなく万民から構成される「ローマ市民」が明確に認知されるようになると、護民官は対象すら失った存在に成り下がった、と見なしている[48]。

一九世紀という時代はこのように、モムゼンを越えて、「共和制」や「民主主義」といったカテゴリーの古代から近代までの歴史を再構築しようと努力した時代だった。その際、自由主義的な代議政体の厳正な構築との調和を損ないかねない要素は、注意深く除外されていった。では阻止権は、それ以降、抵抗権にならって自由主義的民主主義では無用となった「暫定的概念」[49]として理解されなくてはならないのだろうか。一九世紀から現在に至るまで、普通選挙の確立とそれに続く全体主義的悪魔への抵抗によって、「基本的民主主義」は貴重な財となり、そのために人々が闘うもの、そのために地球上の数多くの地点で今なお闘い続けるものとなった。それは確かである。「反面」、次の事実もまた、独自のやり方でそのことを証言している。つまり、合憲的な抵抗権の問題は、かつてのファシズムあるいはナチズムの国々で復活し、二〇世紀における激しい議論の対象になったということだ[50]。イタリアの一九四八年憲法はこれを最終的に斥けることになったが、その後ドイツの基本法には取り入れられている。ギリシアもポルトガルも同様だ。だが、そうした例外的なケースを越えて、二一世紀初頭を特徴づける失望感は、それら忘れられた省察へと立ち返り、弔旗が掲げられた民主主義的理想に、弾みと内実を再び与える試みを促してくる。

2 自己批判的な民主主義

代議制の制度設計はどの国でも、一九世紀の前半に、限定的な権力を打ち立てようとする自由主義的配慮を中心に組織されてきた。だが民主主義的要求の要点は、合憲的な制度設計の領域には位置づけられてこなかった。普通選挙の確立こそが、最優先の闘いとして明確に幅を利かせていたからだ。当時それは、もちろん各国に固有の年譜に則ってではあるけれど、民主主義の歴史を構造化する主軸とされていたのである。この闘いの長い年月の間、普通選挙にはあらゆることが期待されていた。誰にでも居場所のある社会が実現し、腐敗には終止符が打たれ、全体的利益の意味がごく自然に勝利を収めることになる、と思われていたのだ。数の支配からおのずと「民主主義社会」が到来すると考えられていた。

一八四八年のフランスにおいて、万人が投票できる制度の到来を讃えた『ビュルタン・ド・ラ・レプビュリック』紙の言葉が、この精神状態を端的に示している。「この法律ができたときから、フランスにはもはやプロレタリアートはいない」[51]というのだ。「今や政治学が見いだされた(中略)。これからはそれが、大々的に、かつ端的に応用されることになるだろう」。ルドリュ・ロランは叙情的にそうコメントしている[52]。だが、そうした無邪気な期待は決して満たされることがなかった。ゆえにこの時代以降、社会の問題が、文字通り政治的な代表をどう定式化するかという議論の中心を占めるようになる。ブランキの表現によれば、労働者階級は自分たちが「外部にとどまっている」と感じるからこそ、みずからの適正な距離を積極的に要求することにおいて、尊厳を求める社会勢力として姿を現すのだ。かれらの眼からすると、分離主義へのなんらかの熱意があればこそ、その階級を集団的に、政治的主体として構成できるのである。

それと平行して、反逆者、抵抗者、不穏分子といった人物像が、自由主義的な悪しき民主主義の世界に批判的な、道徳的勢力の輪郭を描き出していく。こうして、ある種の「批判的主権」の実践的地平が構成されるのだ。革命期に一部の人々が民主化プロセスの中心に政治的に据えようとしていた二元論は、一九世紀以降、そのような社会的・道徳的外在性の様式において表現されることになる。もちろんそれは到底同じものではありえない。だが批判の力学はそのような様式においても同様に社会を構造化し、社会を肯定的に動かすとともに、恒常的に社会にみずからを問い直させるのである。

否定的政治としての階級闘争

フランスでは一八四八年以降、労働者が投票権を得たが、周縁に追いやられているとの感覚はそれでもなくなっていなかった。まず一つめの理由として、かれらが、自分たちは共和制のエリートらによって代表されてはいないと感じていたからだ。そこから、労働者のアイデンティティに特化した代表擁立の道を見いだすべく、長きにわたる闘いが生じていく[53]。また別の理由として、かれらが経済的繁栄から排除されていたからでもある。プロレタリアートという用語は当時、分かちがたいほどに社会的・政治的な意味で用いられていた。人々の脳裏では明らかに、ローマ市民の最後の、周縁的な階級へと帰される言葉だった。

階級闘争という事象はこうして、民主主義そのものに突きつけられた根底的な問題として受け止められた。プロレタリアートとは、見るからに古風な語彙であり、奴隷、無産者、平民を指していた。当時は多くの著者が、資本主義という新世界を構造化する社会的対立の類型を称するために、その語を用いていた。結果的に、抵抗権というそれ以前の観点もまた、当時の労働者たちが自分たちのものとして再取得していくことになる。既存の秩序に対する自分たちの関係を表すためである。かれらもまた護民官の誕生を渇望しはしたが、かれらは基本的に経済・社会の領域において「不信の累積」の表明を望んでいた。搾取に抵抗すべく、自分たちの団結と抵抗の権利を求めたのである。労働者たちはこのように、「社会的分離」の様態に、真に有効な自分たちの主権の行使を思い描いたのだ。

ゆえに、ストライキには二重の重要性が付された。それは力の均衡を構築する手段であると同時に、表現の形式でもあった。政治・社会の全体的事象であると言ってもよい。ストによって一九世紀の労働者たちは、自分たちが実際に行使できる唯一の権力を獲得したのだ。それが阻止権である。「民衆をいらだたせてはならない。かれらはあらゆるものを生み出すし、かれらが途方もないことを実現するには、ただ動かずにいればよいのだから」。ジョレスが引用したミラボーのこの言葉は、その手法を見事に要約している[54]。生まれたばかりの労働運動は、ローマの平民からの離脱を進んで讃えている[55]。

その運動は中世の職人たちの実践をも参照する。かれらは自分たちの声を届けるために、都市や工房を「封鎖」していたのだ[56]。かくして一九世紀においても、既存の体制に一種の停止措置を課すために、「都市を罰する」「ブロックを敷く」といった表現が用いられていた。労働者の勢力はそうした場合、「社会的停止」を発令してみずからを表すのだ。英国のチャーチスト運動はほどなく、自分たちの希望を普通選挙の権利獲得に託すようになったが、英仏海峡のこちら側ではそれは徐々にしかなされず、フランスの労働者たちはより早い段階から失望を感じ、そうした否定的政治へといっそう邁進していった。労働者の分離を主導したプルードンから革命的労働組合運動へと続く、同じ系譜がそこから紡ぎ出され、どこにも取り込まれることのない社会的分離勢力が讃えられることになる。

一九世紀末、ゼネストという考え方が、「生産力の普遍的かつ同時的な停止」[57]の実効性への信奉に、革命への渇望を混在させた。不当と判断される生活状況を拒絶する道徳的な力と、真に批判的な主権の確立とが、ゼネストにおいて結びついたのだ。一九世紀においてはまさにそれが、社会運動の形で、古くからの抵抗権に再び内実を与え直すやり方となった。そのような見方を擁護する人々にとって、ゼネストは別様の政治の仕方、選挙戦とは根本的に異なる社会的エネルギーの活性化にほかならなかった。その運動は、単なる労働の停止を遥かに超えるものだった。まさにそのような形で、労働者の主権は最も効果的に表明できると考えられていた。

革命的労働組合運動の偉人たち、すなわちプジェ、ソレル、ペルティエ、グリフュールなどがその理論家となった。けれども、その野心を最も見事に表明してみせたのは、多才な才人エミール・ド・ジラルダンだろう。ジラルダンは一八五一年一二月二日のクーデターへの報復に、先駆者的にゼネストの開始を訴えている。「何もないところから」ルイ・ナポレオンを倒さなくてはならない、と彼は述べている。「ゼネストは、その者の周りに、孤立、孤独、空虚をめぐらすことにほかならない。国民がその者から手を引くのだ。彼を取り囲んで人々が腕を組むだけで、その者を倒すことができる」[58]。

議会主義的な社会主義はこの見方に反対する。たとえばジョレスによれば、社会主義の目的は、プロレタリアートの「途方もない否定的な力」を、選挙の際に多数派として表明される「肯定的な力」に変えることにあると説明される[59]。それのみが真に物事を動かす、というのだ。ジュール・ゲードもゼネストという考え方に異を唱える。ゲードは軽蔑的にそれを「無為なる者のバリケード」と同一視する。重要なのは「組織的プロレタリアートによる政治権力の奪回」を組織することだというのだ[60]。ブランキ主義の亡霊と、自身が担った古いバリケード文化がもたらした失望感とが相まって、ゼネストの考え方に含意される「虚無の権力」の展望は信用できないと判断されたのだ。そんなものは古い蜂起の単なる変奏にすぎない、としてゲードは拒否した。だが実はそれもまた、繰り返される無分別にすぎなかったのだ。

ゼネストはこのような経緯を経て、選挙による政治の枠組みに再度組み込まれることになったが、一方の階級闘争も、やはり社会的事象として存続することになる。結果的に、異議を申し立てる権利の行使、闘争において存在感を示すやり方、みずからの行動力の源泉を保持しているとの感覚は、日々存続することになった。工業化時代の民主主義にあっては、かくして二つの正当な形式が長く重なり合うことになる。投票に由来する政府の政治的正当性と、労働界の代表に認められる文字通り社会的な正当性である。後者の正当性は、前者に事実上の制限を加え、「実践的に」正当なるものとして認められた正当性だ。当時の普通法に逆らうという、組合に帰される制度上の特殊な役割がそのことを証している。[61]

そのときから、階級闘争は民主主義的活動を決する構造的要素となった。ときにそれが表出させる暴力そのものにおいて、階級闘争は社会に抜本的な問題を突きつけていた。社会にその基礎について問い、代議制統治が自由主義的な機構だけで完結していると考えることを妨げていたのである。政治的・社会的な二つの正当性の対立はこのように、常に社会の流転の基礎をなし、その活性化と憂慮をもたらしていたのだ。

反対勢力の変容

政界・議会における構造化された反対勢力の組織化は、阻止権を行使するもう一つの基本的・歴史的様式をなしてきた。しかしながら、その文字通りの民主主義的機能が台頭するのは、実はずいぶん後になってからだった。長い間、反対派の認知は、自由主義的な観点に組み入れられてきたからだ。それはまず、表現の自由を構成する要素の一つとして理解された。そのため、バンジャマン・コンスタンからロバート・ダールに至るまで、反対運動は複数体制の組織的な示威行為として理解されてきた。[62]同じ方向性から、そうした運動は少数派の尊重と保護の原則に結びつけられた。多数派の暴政の危険を食い止めながら、少数派の利益を代表し擁護するという役割が与えられたのだ。[63]

反対運動はまた、権力を制限する最も有効な手段の一つと見なされるようになった。世論によって形成される曖昧な対抗権力を、拡張したり調整したりするというわけである。権力からの分離を担う様々な仕組みに対して、積極的な反対運動が自由主義的に大きな有効性をもっていることを理論化した最初期の一人に、バンジャマン・コンスタンがいた。多数派と反対派の二つの勢力の競合があってこそ、社会的権威の影響力は全体的に制限がかかる、と彼の眼には映ったのだ。[64]

反対運動の役割に関する各種アプローチには、その運動を、民主主義的権力の行使を分有する一形式に対応した行動と介入の手段として、肯定的に捉えようとはしないという共通点がある。

ギゾーはそのような見方とあからさまに袂を分かった最初の人物である。反対運動を人民主権の全体的な体系に組み入れることは、ギゾーにおいてはもちろん問題とはならなかった。だがギゾーは、反対運動がその否定性において、すでに十全たる政治的機能を有していることを強調し、議論の刷新を図っている。

ギゾーの大著『統治と反対運動の手段について[65]』は、そうした運動が権力を構成する一要素であり、間接的に権力の作用に貢献することを、きわめて斬新な形で示している。現行の政府に置き代わることを目的とした反対運動は、常にその政府に試練を与え続ける。政策について説明し、政策の有効性を証し、政府の選択を公的に正当化するよう求めるのである。反対運動はそのような仕方で論証の強要を導き入れ、同時に政体の合理化にも貢献する。ギゾーは、反対運動とは「それが戦う当の権力を、立て直しつつ維持するもの[66]」とまとめている。したがってそのような運動は、現行の政府の行動をありきたりに糾弾するだけでは満足しない限りにおいて、はじめて有効なものとなるのだ。だが、もしその論証に裏付けられた批判によって、反対運動が真に対抗権力的な実践を可能にし、多数派に強い制約を課すことができるならば、翻ってそれは、その運動自身にも義務を課すことになる。すなわち、今度はその反対運動の側が、政府に反してみずからに理があること、反対派側が国をよりよく統治できることを立証しなければならないのだ。

「閣僚と同様に、反対派も体系と将来とを担う必要がある」とギゾーは強調する。「反対派は統治を行うわけではない。だがそれでも、統治こそがその必然的な目的であるはずだ。なぜなら、その運動が勝利を収めるときには、反対派みずからが統治を行わなくてはならないからだ[67]」。

反対派の阻止権は、このような枠組みにおいて、単に規制的・制限的なだけではない、実効的な政治機能を担うのである。ギゾーはそうした反対勢力の建設的なアプローチを描いてみせたが、それがフランスの実践を促すことはほとんどなかった。フランスの一元論が、反対派の基礎となっていた二元論の見方に抵抗していたからだ。

一元論の側からすると、正当性というものは一つで不可分である以外にない。ジャコバン派の古い反・多元主義はこの領域においても、ほかの領域と同様の結果をもたらした。諸政党の役割をなかなか認めず、国民を多様な構成員から成るものとして捉えようともせず、反対派という観念そのものに疑いの目を向けるのだ。そうした動きはフランスにおいて、差異や対立を政体の存続にとっての脅威と見なすような、同じ理解を特徴としていた。

英国においては、ジョン・スチュアート・ミルがギゾーの議論を数多く取り上げ、反対派の役割について肯定的に考察した。ミルもまた、批判は統治が有効となる条件の一つと見なしており、政府と反対派は動的な形での「システムをなしている」とも考えている。だがミルの場合、そうした指摘は実際の英国での経験に呼応している。かくして一九世紀には、議会における野党の役割を制度化へと導くことになる実践が、次第に発展していくのである[68]。

二〇世紀初頭、バルフォア卿は、議会の少数派と多数派が共有する「役割」の理念を理論化している。批判と運営の機能は定期的に、選挙の結果に応じて再配分されるのだ[69]。そうした理解はその後、次第にいっそう明確に制度化されていくことになる。影の内閣(フランスでは、一九七〇年代の「反政府」と称された運動の経験がそれに当たる)の最初の事例が生じたのは一九二三年、労働党が敗れた後だった。この方式は一九五五年に最終的に採択され、厳密に体系化された。まさにそのときから、英国では野党の「地位」について語ることができるようになった。野党は政府の正当性を認知しなければならず、また政府の側も野党を認め、それが十全に機能するために必要な手段を与えなくてはならない。「権利」と実践のいっさいがこうして確立されたのだ。

たとえば、与党の院内幹事は野党の幹事と定期的に協議するようになり、野党が議会審議のテーマを決定できる「野党の日」も指定されるようになった。野党は会計・法務の監査委員会の長を務めることもできるし、処理済み案件の文書をも参照できる。これら諸要素の一部は欧州の複数の国に取り入れられているが、最も徹底した形で制度化されたのは英国においてだった[70]。英国の場合については、ほとんど「ポスト多数派的」民主主義の形式と言ってもよいほどだ。そこでは肯定的な主権と批判的な主権とが結びついている。ただし、それはあくまで議会の枠組みにのみ組み込まれた民主主義ではある。

この二世紀来の政治史において、政治機構の全体の中に阻止権に相当するものを十全に統合したのは、わずかに社会民主主義体制においてだけだった。それらの体制は構造的に、階級の社会的妥協（その闘争的な性格を考慮することが前提となる）を、なんらかの形での反対派の役割の制度化に関係づけてきたからだ。ゆえにそこから、反対派がとりわけ敵対するであろう政策に関して、反対派にとって有利となる暗黙の拒否権がもたらされたのである[71]。社会民主主義の体制はこのように、社会的正当性と政治的正当性との事実上の区別を認め、組織化していた。言い換えると、それらの体制においては、自由主義的な民主主義の制度が、階級闘争という避けがたい事象の認知に明確に接ぎ木されていたのだ。

反抗者、抵抗者、不穏分子

批判的主権という表現は、個人の「態度」、拒絶の表明という形でも様々に変奏されてきた。私たちが各種形式を描こうとしてきた抵抗の政治の傍らに、反対勢力の道徳、さらにはその形而上学が姿を現すのだ。アルベール・カミュは『反抗的人間』で、その独自の見識を示してみせた[72]。反抗的人間とは何だろう？　『ペスト』の著者にとってそれは、「否と言える人間」だ。だがその「否」は介入する否であり、放棄の否ではない。反転をなす否、断絶においてみずからを示す否である。それは一つの要求を表し、世界の不正に対して立ち上がる。それは立ったままの人間であり、言葉を発し、既存の無秩序から鮮明に距離を置く人間だ。

カミュは、革命家、芸術家、詩人の人物像を区別することで、哲学的な読解をしてみせた。その観点に立ち、拒否の人物像に関して文字通り政治的な類型論を提示することで、その見識を精緻化することも可能だ。先に進むために私たちは、否定の先駆けとして、反抗者、抵抗者、不穏分子を区別しよう。

反抗者像を描くためには様々な人物を引き合いに出すことができる。一八世紀英国のジョン・ウィルクス、一九世紀アメリカのデイヴィッド・ソローやエマーソン、同時代のフランスのオーギュスト・ブランキなどだ。ウィルクスは啓蒙主義時代の欧州全域にその名が知られ、自由の闘いのシンボル的存在となった。一七五七年に庶民院議員に選出され、自前の新聞『ノース・ブリトン』紙で、ジョージ三世の政権が専制政治へと逸脱していくのをひたすら批判し続けた。名誉毀損で訴えられ、議会からも除名され、投獄と追放を受けたが、その人気は絶大だった。群衆がロンドンの刑務所入口前に押しかけ、亡命先の大陸の各都市でもサロンでの祝宴が開かれた。その後ウィルクスは二度選挙で勝利するが、その都度無効とされている。その名はこうして、弾圧的権力に対する権利と民主主義の闘いと同一視されるようになった。

ウィルクスによって示される反抗者とは、専制政治に対して自由を擁護すべく、決して断念しない人物のことだ。大義の完璧な体現者として、ウィルクスは政治制度をめぐる闘いに積極的に関わり、規則の遵守と整備を迫った[73]。このようにウィルクスは、議会尊重主義を鼓舞する第一人者であるとともに、個人的な一大闘争の体現者でもあった。

ソローが示す反抗者はまったく別物だ。その過激さは距離を置くところから生じている。ソローが有名になったのは、アメリカの対メキシコ戦争の財源となる税務を、彼が一八四五年に拒否したからだった。ソローが挑んだのは権力側の悪習に対してのみではなかった。彼は法そのものの不正に対する、断固たる抵抗をも象徴している。とはいえ、このウォールデン池畔の隠遁者[74]は、集団的行動の活動家ではない。ソローの第一の関心は都市部の生活に効果的に介入することではない。彼の筆が人民主権や普通選挙、あるいは民主主義でもよいが、そうした言葉を賞賛するとは想像できないだろう。ソローは何よりもまず、個人的な反抗の原理を擁護する。彼にとっての市民とは立ち上がる人間、自立の強固な擁護者、離脱すら辞さない者である。ソローは人民や階級の成員ではない。ゆえに、彼にとっては「市民の不服従」という概念、みずからが鳴り物入りで政治的語彙に持ち込んだその概念こそが中心をなしているのだ[75]。ハンナ・アーレントは、その人物像に惹かれつつも、そのような概念から政策を引き出すのは不可能であり、それを法的に基礎づけることもできないということを鮮やかに示してみせた[76]。

だがソローの目的はもとよりそのような性質のものではない。それはまず士気を高めることにあり、彼はそれを英雄的・個別的な行動を通じて表現しようとする。その最終的な正当化は、政治制度に投げかけられる不信にこそ宿るのだ。投票の有効性に懐疑的なソローは、行動原理として同胞たちに次のような提案をする。「あなた方の生命が、機械を止めるためのブレーキであってほしい[77]」。というのも、ソローからすれば、すべての権力は暴政的で危険なものだからだ。この反抗者はしたがって放棄者でもある。いかなる肯定的な政治も擁護できない、と彼の眼には映った。擁護に値する恒久的な正義や真理の価値と、地上世界の諸制度が実現しうる成果との間には、かくも大きな隔たりが口を開けているのだ[78]。したがってソローにとっては、個人の道徳的な転換と最小限の政府の到来をおいてほかに、革命というものは存在しない。

ここでソローを引き合いに出したからには、エマーソンについても一言触れないわけにはいかないだろう。マサチューセッツ州コンコードの隣人だったエマーソンは、奴隷解放運動における同志でもあった。というのも、エマーソンもまた独立した人間の理想、自分が唯一無二であることに忠実で、社会の約束事にとらわれず、自分の内的な真理しか信じない人間の理想を擁護する。彼もまた同じく孤高の知恵に惹かれると同時に、同時代人たちに、他人をまねようとする熱望を断ち切るよう、また世界を発見させるかのような幻想をもたらす旅に警戒するよう諭してもいる[79]。

だがエマーソンは、権力の拒否の定式化という点では、おそらくソローよりも示唆に富んでいる。同じような言葉づかいで、政府に信頼を寄せることは「自分自身への信頼の欠如である」と強調しているが、一方でより厳密に、自身の懐疑論の表現に適合した、真の政治(倫理のみならず)への道を描き出しているのだ。「人間でありたい者は、非順応主義者でなくてはならない」と彼は書き、その句はいまだに有名だ[80]。彼が心から願う精神の独立は、それに伴う抵抗の活用への呼びかけでもある。権力への絶えざる釈明要求を、建設的な民主主義的活動、充実した市民対話の原動力に変え、各人が世界におけるおのれの場所と声を見いだすよう導くのだ。エマーソンは、ある種の公的な決定は「自分たちの名のもとになされたのではない」ことを示す人々が賛同する、不和の伝統を築いた。それもまた、要求と討議をいっそう重視する民主主義を構築しようとの呼びかけにほかならない[81]。

ウィルクス、ソロー、エマーソンから離れたところで、ブランキは、既存の世界の拒絶と、その世界を根底から一変させる企てを結びつけようとする反抗者を体現する。彼はそのような形で、永続革命の初の一大理論家となった。彼の人生そのものが、反抗への決意を物語っている。あらゆる妥協に根底から逆らい、議会政治への不屈の敵対者となったのだ。生涯のうち三四年間を牢獄で過ごしているが、それだけでも十分にブランキの決意のほどが窺える。そのことゆえに「投獄者」と呼ばれたブランキは、絶えず武力行使を想像し、世界の一大騒擾の夢想を抱き続けた。それのみが、世界を変貌させる唯一の可能性だった。彼にとっては革命運動こそが、社会をその悲しいまでの重みから解き放つことができるものだった[82]。革命運動は時間と空間を凝集させ、そうすることで現実と概念とを完全に重ね合わせることができるのだ。蜂起はしたがって、単に行動様式の一つにとどまらず、一風変わった表現によるなら、それ自体において「雷のごとくに強烈な主権行為[83]」をなすものなのだ。

蜂起は最も急進的な批判的主権の形であり、と同時に最も有効なものでもある。というのも、それは旧世界を破壊すると同時に新世界への道をも開くからである。ゆえに革命運動は、黒いダイヤのごとく不穏な偶有性をすべて取り払った民主主義の理念、人民主権の主要なアポリアに対し行動することにおいてやっと見いだされた解決策を体現する。蜂起においてこそ、あらゆる厳正な制度的布置から解放された、いわば「ユートピア的民主主義」が形をなすのである。

それはまた、ブランキにとって蜂起が「技法」と考えられる理由をもなしている(この表現はマルクスが再び取り上げることになる)。蜂起は、十全に有効な形式、直接判読できる組織体、シニフィエ〔意味内容〕に完全に重なるシニフィアン〔意味表現〕だからだ。ブランキの言う反抗者には、政治の一形式、社会運動、さらには純粋なエネルギー論、そして道徳的姿勢が結びついている。だからこそブランキは、同じ視点を共有しない人々までをも絶えず惹きつけてきたのだ。

ブランキには、バリケードの上に立った人物というロマン派的イメージも結びついている。挑み続ける過激な姿勢を、たとえ儚いものだろうと、闘士たちの熱気を帯びた共同体の成立に注ぎ込んでいく人物像だ。「蜂起する者。その真の名は人間である(中略)。バリケードから同胞たちと降りてくる姿に、その者は見いだされる」。詩『インターナショナル』の著者で、ブランキの賛同者だったウジェーヌ・ポティエはそうまとめている。[84]

これら三つの形の反抗者は、批判的主権や政治姿勢の表現を様々に変えて歴史に現れる。「抵抗者」はそれとは別の領域をなしている。そちらは、外国勢力による占領や、既存の制度の枠組みでは批判的に介入できない場合など、はるかに限定的な文脈での行動に帰される。抵抗者という言葉は古くからある。本書では先に、抵抗権という中世の概念の歴史を指摘しておいた。

それが現代的な意味、象徴的な意味をもったのは、一九四〇年にドゴール将軍がその言葉を発したときからだ。[85]当時生まれた「抵抗者〔レジスタンスの闘士〕」は、既存の権力を拒絶する道徳的な決意と、新秩序の到来の展望とを結びつける者だった。したがって抵抗者とは、単に守備に回るだけでなく、「歯止めをかけ」ようとする者でもあった。意気消沈やあきらめの空気を、積極的な希望を死守して追い払う者、運命論に譲歩するのを拒む者、夜にあっても将来の炎を絶やさない者である。[86] 抵抗運動は本来、地下活動の企てを暗示し、拒否をその屋台骨としている。しかもそれは積極的・方法的な拒否、組織され動員につながる拒否である。そうした意味において、抵抗者とはまた、「政治的意志」の原則に力と内実をもたらす存在でもある。

ドゴールはそうした側面を実に鮮明に体現してみせた。その「六月一八日のアピール」は、サン・ジョン・ペルスの表現を借りるなら「電撃的な構文」に彩られており、まさにレジスタンスの精神を統合するものだった。運命に逆らう意志をもつ精神である。近年、抵抗の理念は確かにより散漫な様式でも、またときにはより混乱した様式でも表明されるようになった。[87] より幅広く、距離感、不和、拒絶を表すためである。だが、より上位の道徳的絶対命令、第一義的な正当性、主権的決定といった理念は今なおお力強く息づいている。

不穏分子はまた別の形で、批判的主権という事象を表明する。その言葉もまた古くからあり、今度は宗教史によって彩られているが、今やより直接的に政治的な意味を担っている。共産主義体制において反体制派の知識人を表すために使われたことで、そうした意味が定着した。不穏分子とは、全体主義的な企てのほころびを証言する者のことなのだ。身体と精神を支配する警察権力の体制にあっては、ことの成り行きに逆らったりそれを反転させたりすることは主張できなかった。だが、不穏分子は一つの徴候、一粒の砂であり、ただそのような者が存在していることが、万人に虚偽を押しつけようとする権力の失敗を物語っていたのだ。[88]

クロード・ルフォール〔政治哲学者〕が示したとおり、ソ連の不穏分子とは、信じることを露骨に拒む者、命令に従わない者、約束事の覆いを破る者、鏡の向こう側へと赴くよう促す者のことだった。不穏分子は「余計な者[89]」、その存在によって密かに権力を無効にする者、イデオロギーの大々的な飾り立てに小さな一角を開けておく者だった。体制の隠された所産を証したり(ソルジェニーツィン)、機構の中で不協和をなす声であったり(サハロフ)、体制を皮肉る作家や劇作家であったり(ハベルやジノヴィエフ)と、不穏分子とは疑いを導き入れる者のことだった。ゆえに、かれらは危険と見なされる。不穏分子はたとえかれらが団結せず、直接的に知覚できるような脅威をなしたりはしないにせよ。不穏分子は「反・政治[90]」の前触れにほかならず、体制の傍らで道徳の力を表明し、市民社会にみずからの解毒と、おのれに固有の内実についての自己省察を呼びかけるのだ。

民主主義における批判的側面の衰退

私たちが見てきたように、社会の分断という事実の認識、構造化された反対運動の存在、権力批判のなんらかの道徳的文化の力強さは、二つの世紀にわたり民主主義体制の歩みを基礎づけてきた。常におのれを問題視し、みずからの機能とそれが生み出す社会の類型について問うよう、それぞれの体制に強いてきたのだ。争議、阻止するためのデモ、さらには運動を貫いてきた分離主義の各種形式さえも、民主主義や共和主義の理想を真剣に捉えようとする数々の様式にほかならなかった。それらは各々のやり方で、そうした理想を生かそうとしてきた。民主主義とは常にみずからを問い直すことでしか確立しえない体制のことだという考え方に、実践的な意味を与えてきたのである。民主主義体制は、それを基礎づける諸制度によって決定的に与えられることもなければ、全体的に完成することもありえず、常に第一級の非決定性に彩られたままなのである(91)。

批判的主権はこのような観点から、選挙・代議制のメカニズムとともにシステムをなし、民主主義的経験に適切な枠組みを与えようとしてきた。誰の目にもわかる意味をその体制に与えることに貢献してきたのだ。たとえ急進的なものであろうと、批判はこの枠組みにおいて、失望の担い手ではなかった。同じ理由から、懐疑主義もまた、皮肉な見方へと舞い戻ってなどいない。批判と懐疑主義のそれぞれが、世界をより理解可能なものにすることに貢献し、したがって変革を思考することを可能にしてきたのである。

そのような批判的機能を構成する各種の要素は、ともに浸食を被り、政治の新時代への突入を早めてきた。階級闘争にまつわる表現はまず、第三次産業革命と、それに付随する集団的アイデンティティの激変によってかき乱され、同時に労働者の世界にも、旧来の阻止力が失われたとの感覚が広まってきた。階級闘争はなくなってはいないにせよ、今や闘争は迂回的・受動的な形でなされ、いかなる全体的意味も見いだされることがないからだ。

この変化は、社会的・政治的な代表制度の危機に重ね合わせられ、唐突に次のように受け止められることになった。巨大な虚無が姿を現し、社会は先読みがしにくくなり、無力感が支配的になった、と。社会的・批判的な主権と政治的・肯定的な主権。それら二つの主権は同時に沈下し、組合活動の衰退が民主主義への幻滅と隣り合わせになって効果は倍増している。

文字通り政治的な領域においては、反対勢力のもつ構造化の役割が、政党の衰退によって大幅に浸食された。社会的要求がより細かく分裂し、政党がそれらを表明し調整することがいっそう困難になっていることは、政党衰退の表れである。もちろん諸政党は依然として権力行使をめぐる競合関係にあり、一定数の期待を担ってはいる。だが、もはやそれらは未来の展望を組織してはいない。世論との真のシステムをなしてもいない。世論は今やみずからに固有の論理、分裂しあらゆる建設的な関心を欠いた論理でもって姿を現す。統治を渇望する勢力の反映というよりは、むしろ赤裸々な抗議の表明となっているのだ。そのため、世論はますます率先してその否定性を急進的に完遂させようとする傾向にある。妨害する権利と混じり合おうとするのだ。

米国では、上院の少数派議員に与えられた、演説をいつまでも終わらせない権利を称して「フィリバスター〔議事妨害〕」と言う。そうすることで法案の採択を阻止するのだ。表現の自由の究極の帰結と、責任ある野党の建設的見識とが交差する場所での、まさにぎりぎりの権利である。今や徐々にそのような極端なやり方、責任を顧みないやり方で、世論の批判的主権が幅を利かすようになっている。とはいえ、一部の国でなされている、反対勢力の権利にいっそうの内実を与えようとする努力の数々を、そうした否定的な動きが無効にすることはない。とくに反対派の権利がいまだ大幅に制限されているフランスのような国がそうである(92)。だが、反対勢力の制度化はもはや、民主主義における阻止権の構造化という展望の、十分な地平をなしているとは言えない。

反抗者、抵抗者、不穏分子といった人物像はそれぞれ、二〇世紀末に舞台の前面から大きく退いた。勇気が翳り、周りを取り巻く順応主義への従属が増大し、考えることにも疲れ果ててしまったのだろうか？　その種の要因は確かにそうした現象の一端をなしてはいる。だが、本質的なことはそこにはない。諸大陸において自由を破壊する体制が後退するに伴い、ある種の英雄的行為もまた消え去った。

ビルマの独裁体制に飽くことなく挑み続けるアウン・サン・スー・チーのような人物は少なくなった。必要性が減じたからだ。服従しない大衆は今なおときおり、嫌悪の対象となる権力の撤退を強いて歴史を動かしてはいるが、もはや一九八〇年代末ヨーロッパの動乱期ほど頻繁ではなくなった。非植民地化の達成、大多数の全体主義体制の崩壊、領土の野望を減じさせるべく強まった国際社会の圧力などによって、より開かれた枠組みの中で権力との距離を置く各種形式の「正常化」が促されてきたのだ。それらは端的に民主主義の進展なのであり、それによって政治参加や拒否を体現する人物像の存在は、以前ほど重要ではなくなった。

嘆かわしいことだが、今や実に多くの場合、そうした人物の亡霊やカリカチュアばかりが眼につく。悲しいことにそれらは、頑迷な文句屋やノスタルジーに浸るイデオローグが古い慣習に逃げ込んでいるだけなのだ。このように、不満分子が反抗者に取って代わったのである。多大な要求を突きつけていた活動家のモラルは、偏狭な部門別の志向へと道を譲ったのである。言葉もまた、事象と同じく摩耗していったかのようだ。建設的な批判的主権の時代はこうして潰えた。もちろん、懐柔的な虚偽の文言から距離を置く能力は健在だ。だが、批判的な性質の文言にとって有益だった明晰さは、もはや必須の牽引力となることなどほとんどない。明晰さは保守的なノスタルジー、あるいは虚無主義的絶望に彩られている。

社会的な阻止権を制度化しようという企ては、一九世紀初頭以後議題に上らなくなってしまっていたが、私たちが見てきたように、同等のものは登場していた。階級闘争の基礎をなす、社会・政治問題での反対運動を伴った各種の社会学、組織化した反対勢力としての役割を伴った政治的力学、さらには反抗者、抵抗者、不穏分子の三つの人物像を伴った道徳的様態である。そうした各種の代替物もまた消えてしまってはいるが、そのことは新たな政治の時代への突入を告げている。結果的に、批判的主権はもはや貧しい形でしか現れなくなった。偏狭なまでに否定的で、ときには退行的ですらある。拒絶や拒否が優勢となったわけだが、それは弱体化した民主主義の到来を示している。

3　否定的政治

「候補者下ろし」の時代

新しい形の阻止権を最も明確に示す様式は選挙の領域に見られる。現代の選挙は、方向性の選択というよりも過去についての審判になっている。いきおい、選挙の意味そのものも質的に変化した。もはや語源的な意味において候補を識別し選択するのではなく、むしろ消去法で事を進めるようになっている。そのため「候補者下ろし」と言うことさえできそうだ。私たちはこのように、「処罰の民主主義」とでも呼べるものへと足を踏み入れている。選挙での競争は、もはや単純に同等の候補同士の対立と理解することはできない。その最もありふれた事例として、「物議を醸す再選」の例がある。そこには、民主主義体制の実像の変容という一大要素が見られる。これまで十分な注意が払われてこなかった要素だ。

政治学の場合、それは選挙戦において現職議員に働く有利さの分析(もちろんそれも同じく重要ではあるが)によって粉飾されてきた。そうした方向で研究者をトレーニングするためによく利用されてきたのが、アメリカでの特殊事情である。同国の再選比率の異様な高さ(上院・下院で現在九〇%近くになっている)が、好奇心をかき立てるからだ[93]。再選議員がこの二〇年でさらに増え、逆説的に棄権率の高まりと市民の幻滅を伴っているだけになおさらである[94]。だが、そうした事実とは別に、議員の再選状況そのものにも興味深い点がある。民主主義の黎明期にはそうした状況は稀だった。

それには次のような大きな理由があった。合衆国でもヨーロッパでも、当初は委任期間の短さこそが代議制の基本的な質をなすと考えられていたのである。建国の父たちも、共和主義的エリート思想の中心にあってなお、選挙による職務は奉仕活動であり、専門職になってはならないと考えていた。そうした役職をこなす実際の条件(議会の補償の少なさ、首都への移動の困難や遅さ)のせいで、それらの役職はいかなる面でも相対的に魅力に乏しいものになっていた。そのため、アメリカの共和主義の初期段階では、抑圧的な規則がない場合でも、再選を望む候補は比較的数が少なかったのだ。ゆえに当時は、ごく自然に代議士の頻繁なローテーションが生じていた。政治活動からの引退という一連の動きが基本的にそれを支えていた。

状況はフランスでも同様だった。一七八九年の憲法制定議会は、第一国民議会のメンバーが第二議会に再選されることを禁じるところにまで行った。いずれにしても、革命期の立候補禁止の原則そのものが、その領域での見方を完全に一変させてしまっていた。政治活動にまだほとんど参入していなかった名士たちの現実的な事情と、世間から隔絶したエリート主義の平和的な見方の狭間にあって、再選の状況に関する議論はほとんど占めるべき場所がなかった。

政党によってより直接的に組織される政治活動が到来して、状況は大きく変化する。一八二九年にアメリカのジャクソンが選出されたことと、一八四八年にフランスで革命が起きたことが転機となった。「現職」候補の立場と、それに挑む新人候補の立場の非対称性の問題は、そのとき直に政治的な広がりをもった。現職候補が競争に名乗りを上げるのは、まずは政策を擁護する行為となる。それに「挑む側」は逆に、いわばその裁判の予審役となる。競合する各人は、そうした枠組みの中でおのれに固有の有利さを享受する。現職候補は情報面で優位に立つ。つまり、選挙が意味する将来をめぐる賭けにおいて、現職候補は有権者にとっての不確かな部分を減ずることができるのである。だが逆にその者は、負債の責任を負うという事実によって不利益を被りもする。新人候補にはそのような不利益はない。現職候補は構造的に守りの立場に置かれる。これら二つの要因がせめぎ合う諸条件は、時代や国によって異なる。現職議員の有利さは、米国においていっそう顕著だった。イデオロギー的対立は際立つ度合いが小さいのだが、その影響は、候補の立場によって大きく異なる物質面での変数(とくに財源の確保)に重なるのだ。英国やフランスの場合は逆に、より緩やかな政策要綱での対立が、「見直し票」と称されるものに相当する、より大きな数の離反票を導いてきた。(95)

再選をめぐるこうした戦いは、今では性質が変わってしまっている。なぜなら、いずれかの陣営への加盟の表明との結びつきが、はるかに弱いものになってしまったからだ。過去についての懲罰こそが、政治的選択において決定的な変数となったのだ。フランスの例を挙げると、一九八一年以降、驚くべきことに歴代のどの政府も、どのような種類の政策を実施したかに関係なく、有権者によって政権の座を追われている。こうした領域での状況はもちろん国によって異なるが、民主主義国において進行している全体的な傾向を、確かに反映している。現職議員の再選率が最も高い米国[96]においてさえも、最も政治的な、さらにはおそらく唯一真に政治的だとさえ言える大統領選の場合、過去との断絶傾向は同様に根強い。

二〇世紀を見渡すと、一九八〇年までは、現職で破れた大統領はわずか二人のみだった。ハワード・タフトとハーバート・フーバーである。この両者が例外的に不利な状況に立ち向かわなくてはならなかったことは、強調しておく必要があるだろう(前者の場合は党の分裂、後者の場合には一九二九年の経済危機)。一九八〇年以降、五人の現職大統領のうち三人が敗北を喫している。カーター、フォード、ブッシュ(父)である。誇張ではあるけれど、もはや真の当選者はいないと言ってもよいほどだ。統治者とはもはや、有権者が信頼を置く人物ではなく、単に競争相手や前任者を対象とした不信に、機械的に乗じた人物にすぎないのだ。

選挙キャンペーンのスタイルの変化がそうした転換を物語っている。キャンペーンは基本的に否定的なものになった。この現象は、それが著しい規模に達した米国では実に詳細に考証されてきた。キャンペーンの要をなすテレビのスポット広告は、ますます敵対する相手に向けられたものになっている[97]。政策同士の対立は二の次でしかない。メッセージの調子も、論証にもとづく批判のメッセージではない。各人が質的に価値を高めようとする、政策綱領に支えられたものではないのだ。スクリーンを占拠するのは、個人攻撃や簡潔な誹謗中傷だ。まるで各候補にとって投票の主要な争点は、まずは相手方の勝利を阻止することであるかのようだ。

テレビで流されるネガティブ・メッセージは、アメリカでは新しいものではない。ある意味それは、民主主義と同じだけ古くからある世俗の誹謗中傷の文芸を、技術的に移し替えたものにすぎない。だが、かつては周縁的であったもの、つまりポピュリスト運動の占有物、病理的な事例であるか、あるいはとりわけ厳しい戦いを特徴づけていたものが、今やルールと化しているのだ。

一九八〇年代初頭、識者たちは、ネガティブ・メッセージなど候補者の広報の二〇％に関係するにすぎないと考えていた。ところがジョージ・ブッシュ（父）を権力の座に就かせることになる一九八八年の選挙に、その閾値が突破され、そのようなメッセージは五〇％を占めるに至った[98]。その動きは二〇〇四年のケリーとブッシュの対立の際、さらに容赦なく強調されることになり、アメリカの政治学はこうした変化を表すため、新たな語彙を見いだす必要に迫られたほどだ。それが、「ポイズン・ポリティクス」もしくは「ネガティブ・ポリティクス」である[99]。

変化の理由はどこにあるのだろうか？　まずは些細な理由がある。つまり、それらのメソッドは効果的だということだ。ネガティブなアナウンスの浸透率・記憶率は、ポジティブなメッセージよりもきわめて高いということを、あらゆる研究が一致して示している[100]。したがって、競争相手を失墜させるほうが、自分自身のメリットを価値づけるよりもはるかに採算が合うのである。いきおい、倫理的なためらいがあっても、技法や議論に長けた人々の圧力によって徐々に乗り越えられてしまう。「ブーメラン効果」のリスクが結局はきわめて限定的であることが、専門家によって明らかになっただけになおさらだ。

ネガティブ・メッセージは政治的に三重の効果をもたらしている。まず一つめとして、それらは各陣営において、獲得された世論の集約装置、時代の気分の縮写装置のように作用する。敵対する側との絶対的な距離感が、熟慮にもとづく支持候補との親近感に取って代わるのだ。二〇〇四年のケリーの支持者は、「ブッシュ以外で」という道徳的に明確な考え方があったがゆえに、場合によってありえた疑わしさを一掃することができた。相手方の支持者もそれは同じだった。その後、ネガティブ・ポリティクスは現職候補の有利さを増す結果になった。というのも、誹謗中傷には非対称的な効果があるからだ。知名度が低く、陣頭指揮の実務経験もない「挑戦者」の人格のほうが、疑いが大きく膨らむのだ。逆に、たとえ批判の対象であったとしても、行動について評価ができる現職の候補に、有権者はより確かな地場を感じ取るのである。

第二に、ネガティブ・キャンペーンは場合によって決定打になることもあるが、単なる評価材料にしかならない場合もある。第三に、ネガティブ・メッセージは浮動票の気勢を削いだりもする。それら「無党派層」の有権者たちは、候補の間で迷うのみではない。政党間でも揺れ動く。かれらはまた、ある種の政治的懐疑主義を示してもいる。かれらが問題に付しているのは、票の有用性そのものだったりする。ネガティブ・メッセージは、政治全般に対するかれらの幻滅と懐疑主義をひたすら増大させていく。

アメリカはこうした変化をとりわけ鮮烈に示す観察対象だが、それは全体的な動きでもあり、あらゆる民主主義国に見いだすことができる。いたるところで「拒絶の民主主義」が、旧来の企ての民主主義に取って代わる傾向にある。こうした変化の規模を十分に見据え、そこから生じる問題に応えるには、今や新しい哲学と政治学を練り上げなくてはならない。委任・委託の問題は民主主義の理論の中核をなし、積極的に批判する人々の警戒感に連動しているが、今後は懲罰と罷免の問題が優先的に考察されなければならないだろう。国民の「否定的主権」の新たな体制こそ、探求し理論化しなければならないのだ。

他方、この現象は単なる選挙の問題を越えている。一般的な阻止権がもつ重要性は増してきている。抵抗と妨害の権能は今日、政治的・社会的な領域において最も大きな役割を果たす行動様式となっている。したがって、利益の対立と譲歩、個人の好みの集約様式、あるいは世論形成の諸条件のみを分析して、民主主義の実像を把握したと満足するわけにはもはやいかない。

阻止と拒否権

近代の市民は「拒否の通信簿」のみを手にしているわけではないが、そういう形で古代のオストラシズム［陶片追放］の実践を蘇らせている。市民はまた、政府にその企図の撤回を迫るような、よりあいまいな阻止行動にも加担する。こうして、路上のデモや世論の盛り上がりは、政府に後退を促し決定の変更もしくは撤回をさせるうえで、とりわけ有効な手段となっている。より一般的にも、拒否の表明はいっそう大きな役割を担うようになった。民主主義的な政府とは、もはや単にその承認と正当化の手続きによって定義されるものではなくなった。それは基本的に、社会の特定集団、政治・経済的諸勢力から生じる各種カテゴリーの拒否権との、恒常的な対立によって構造化されるようになったのだ。それゆえ一部の人々は、政治体制は今後、文字通りの制度的要素(大統領制、議院内閣制、二大政党制、複数政党制など)よりもむしろ、変化の条件が各種当事者の阻止の権能に依存するというそのありようによって特徴づけられるだろうと考えている。政治体制を定義づけるうえで決定的と考えられるのは、今や「拒否権の行使者」全体の特殊な力学なのだ[101]。フランスのような国では儀礼と化しているが、協調組合主義や事なかれ主義などへの嘆きは、民主主義体制の一般的な特徴になった事象を、フランス独自の病理と捉えてしまっている[102]。

このような変化をどう理解すればよいだろうか？　まずは現代世界の、グローバルなイデオロギー的枠組みの変化が重要な役割を果たした。また、これは凡庸な指摘になるけれども、ベルリンの壁の崩壊と、共産主義を事実上構造化していた機能の解消は、政治的な敵対関係の鮮明さを失わせ、と同時に政党の権力やそれが担う争点を減じさせた。抜本的に対立する社会モデルのいずれかを選び取る場こそが政治なのだという考え方は、次第に色あせてきている。もはや「偉大な夕べ（共産主義者にとっての革命の日）」の展望も市民を動員したりはしない。あたかも市民は今や、監視者としての役割と同時に、純粋な監察官としての役割を演じることだけに、自らをとどめようとしているかのようだ。先に用いたカテゴリーをもう一度取り上げるならば、まさにこのような形で、理念の政治から不信の政治への移行が生じたのだ。

ネガティブ・ポリティクスの到来は、自由主義の真の勝利をも特徴づけている。自由主義が二〇世紀末の世界において優勢となったのは、まずは経済的イデオロギー（市場の効用についての信仰）としてではなく、政治哲学としてだった。そこでは政治に関する慎重かつ限定的な見方が優勢となった。一九七〇年代、全体主義に対する闘いは、その最も要求の大きい、また最も行動的な定式化を自由主義に対して与えていた。民主主義の絶対的に倒錯した形式を非難しつつ、自由主義は民主主義の基礎を考え直すことに貢献した。一つには当時、懐疑主義の弱い自由主義（簡単に言えば、シュンペーター流のミニマリスト的な民主主義観への賛同者たち)と、新たな市民性を考える強い自由主義(ハンナ・アーレントからクロード・ルフォールまで)とが、互いの一致を見たということがあった。

それら二つのアプローチが交差するところに、ジュディス・シュクラーがいた。八〇年代、シュクラーは「恐怖の自由主義」を礼賛していた。その目的は、もはや善のポジティブな探求ではなく、全体主義的な悪への反発に根ざしたネガティブな政治を定義することにあった。[103] シュクラーからすれば、「悪の頂点」の拒否は「善の頂点」の探求に勝るのである。だが、まだその否定性そのものには、ある野望の痕跡、すなわち凡庸な反共的保守派から距離を置き、解放のために行うべき闘いの意味が読み取れた。

今日のネガティブ・ポリティクスには、もはやそうした側面はない。反テロリズムの十字軍において、反全体主義のアプローチを再活性化しようとする曖昧な試みが再び現れているにしても、今やそれは奇妙なまでに窮屈な様式で定着している。[104] 恐怖政治はもはや後退と不信の政治以外の何ものでもない。[105] 否定的民主主義の登場は、幻滅の空気によって特徴づけられるそうした文脈に組み込まれている。だが一方で、その意味するところを最も戯画的な表出へ、つまり本能的な反政治主義や、デマゴギーにもとづくポピュリズムの表出へと帰することはできない(この点については後述する)。この否定的民主主義はきわめて活動的だからだ。それは真の社会的権力の行使に対応している。まさしくこの点にこそ、その有効性があるのであり、その台頭を理解するためには、まさにその点を考察しなくてはならない。

こうした観点からすると、その発展はまず社会学的領域の要因に連動している。すなわち、反動的な連携は最もたやすく組織できるという事実である。各々の連携がもつ異質性はこの際重要ではない。連携がその役割を果たすうえで、一貫性は必要とされない。連携によって表明される反対運動においては、反動の強さが基本的な役割を担う限り、その強さに応じて連携にも多大な力が与えられる。路上のデモやメディアを通じた抗議運動、あるいは象徴的な表現において、もはや数あわせだけの問題ではなくなる。

逆に、行動する真の社会的多数派を構成するのははるかに難しい。それには肯定的でかつ討議にもとづく同意が必要になるからだ。それは選挙での多数派が生み出すものではない。政治的多数派というのは基本的に寄せ集めでしかない。それらは票の数の合算で決まるにすぎない。各人は個別の意図、もしくは固有の意味を担いうる。有権者はおのれのやり方で、賛同、懲罰、予防などの表明に重きを置く。明確に意識することさえないかもしれない。だが、回収された投票用紙は、そうした複合的な表現を、単なる累積的なデータに機械的に変えてしまう。その唯一明確な意味は、それらを数え累積できるということだけになってしまう。

一方で、拒否は最も簡単に集約できる要素である。あらゆる拒否は、その表明を導いた動機が何であれ、いずれも同一だ。反動による政治的多数派はそれゆえ、もはやイデオロギー的対立で構造化されていない世界にあって、ますます形成しやすいものになってきている。(106) そしてそれは、行動する多数派から常に遠ざかっていく。したがって今や否定性には、構造的なメリットすらあると言うことができるだろう。と同時に、正当性と統治可能性も、近代の民主主義体制においては幅広く分離している。政治的多数派の交替は、定期的にそうした緊張を和らげる安全弁を構成する。だがそれで問題が解消するわけではない。同時に、またその都度唐突に、幻滅のバネが締め直されるのだ。

ネガティブ・ポリティクスの発展を説明づける実践的な要因も存在する。つまり、そこからは直に、有効な成果が生み出されるということだ。否定的行動は、それの意図するところを十全に完遂させ、その結果には異論の余地がない。なぜなら、単純で判読しやすい事象もしくは決定と同一視されるからだ。たとえば政府の法案の撤回を求めるための動員は直に評価できる。

一方、肯定的な目的を達成しようとする行動は、目指される目標が多くの場合不明瞭であり、達成されるのも中間的な状況であったりするがゆえに、常に変動的な評価に甘んじてしまう。不公平な所得税制を撤廃しようとするほうが、「税制の公正さ」を実現する改革を進めるよりもはるかに容易なのだ。「私には、正しい法律に厳密に従わせようとするほうが、悪しき法を撤廃するよりも常に難しいと思われた」と、ディドロはすでに『百科全書』の中で、そうした非対称性について記している。(107)

これはホッブズの指摘だが、阻止行動には「劇場的な性質」もある。そのような行動は想像力を刺激し、それゆえわかりやすい成果の期待に呼応するのだ。否定的な行動はさらに、その各種形式(阻止、罷免、拒絶など)において確かな効果をもたらす。一方で政府への信頼の付与は不確定さへと道をつける。政府の要人たちの選出は、構造的に将来への賭けをなしているからだ。政党が有する社会的・政治綱領的な枠組み設定の能力が減じていけば、そうした構造的不確実さは増大するしかなかった。他方、否定的行動の時間性はシンプルだ。すなわち即時性である。逆に任期の付託という事象の場合、時間の経過に沿うという実施条件の問題を、鋭利な形で突きつけてくる。ゆえに付託する側は、恒常的に統制を図る必要性、自分たちの意志が実を結ぶよう監視する必要性を感じることになる。そのような「意志」として理解される事柄を、時間の中で展開していくことには、常に問題がつきまとう。中断や反転に脅かされるのである。だが逆の面からすると、こうした権力の統制が弱まるにつれ、即時的に効果のある否定的行動を育もうとする熱望が増していくことにもなる。

この観点から、政治的モデルの史的類型学を構築することさえ可能かもしれない。一つの極端な例としてフランスの事例がある。一般意志の行使というほとんど「呪術的な」見識に支えられた神聖なる選挙は、その地下部分では蜂起の文化、つまり一種のネガティブ・ポリティクスの急進化に接している。もう一方の例には英国の事例がある。そこでは自由主義的議会偏重主義の穏健な様式の上に、肯定的形式と否定的形式とがよりしなやかに絡み合っている。

各種形式の阻止行動の現代的な展開は、非・政治化の動きと同一視することはできないだろう。「否定的市民」は受動的な市民ではない。懐疑主義と混乱の表現のまさに内奥で、その市民は公共空間での鮮烈な存在感を主張しているからだ。

この点について「否定的政治化」が語られたのはまさに正鵠を射ていた[108]。そこには公共活動へのある種の参与が見られる。けれども基本的にそれは敵対するものだ。そこには政治参加の姿勢も見られる。けれどもそれは拒否に好意的なのだ。発言も見られる。けれどもそこで支配的なのは短いスローガンや否認の言葉なのだ[109]。したがってそこで語られるべきは、否定的「主権」についてなのである。しかも、ほかのあらゆる不信の権能と同様、阻止権の特性とは事実上直接的に行使されることにあるだけに、いっそうそうなのだと言える。ゆえに否定的民主主義もまた、直接民主主義の代替物、一種の「逆進性直接民主主義」なのである。

弱い民主主義

否定的主権には二つの顔がある。それはまず、各種阻止権の特徴に強く彩られて姿を現す。私たちはその形象と特徴を検討してきた。だがそれはまた、別のより弱い様式でも姿を現す。つまり受け身の様式、もとより同意へと至る様式だ。この点においては、後退、棄権、沈黙が政治的な表現形式をなす。それらはあらゆる場所に遍在し、無視できない役割を果たす。ある施策への反応のなさは通常、その受諾のサインと受け止められる。「もの言わぬ者は同意している」という有名な金言が、社会的明証性の性質を要約している。再選もまたこの観点から、動員や競争相手への関心のなさに結びついた、現職議員に対する阻止の不在と解釈することもできる。

そのような「もとからの同意」にはいくつかの原動力が考えられる。それは絶対的な無関心によって動機づけられているかもしれないし、あるいはより多くの場合、相対的な無関心によってかもしれない。争点は弱々しいものに見え、抗議を表明するコストは、別の決定がもたらすベネフィットをはるかに凌ぐとされるのかもしれない。この現象は小規模の集団にも見いだせる。ゆえにある社会学者は、個人相互の合意が明確な意見の収斂からではなく、むしろ全般的な互いの暗黙の譲歩、真の争点の欠落という感覚、あるいは端的に扱われる問題への無関心から生じているという状況を称して、「見かけ上のコンセンサス」と述べている。[110]

同様に、否定的同意は意志決定をなした人々に対する批判をなかなか定式化できないことから生じることも少なくない。潜在的な抗議者はこうして、相手と同じ土俵で議論ができないと感じるとき、あるいは少なくとも、自分たちの議論が世論の裁きの場であまりにも稚拙だと受け止められる可能性があるとき、統治者との対立を避けてしまうのだ。通常の政治活動は、こうした否定的同意状況が継起することで成り立っている。だが、そこにはほとんど注意が払われない。それほどまでに、そうした状況では、影響力も限られていると判断されるような弱々しいエネルギーしか動員されないのだ。

民衆の否定的主権の考察はこのような形で、政治をまた違った眼で捉えることにもなる。制度の領域でも社会運動の領域でも、まずは最も明確な諸形式を分析する必要があるのは当然だが、上述のことからは、そうした政治的表現のグレーゾーンにも関心を払い、その原動力や効果を記述していくのもまた必須であることが示される。組織の分析において、社会学がもはや大きな紛争や組織的協議を研究するだけとか、構造の問題を分析するだけとかで満足しなくなって久しい。社会学は、連携というきわめて散発的な問題、少数派の機能不全、権力の非決定の部分、個人の巻き添えへの歯止めなどについても厳密に理解しようと注意を払うようになった[11]。同じような性質のまなざしは、今や民主主義的活動の間接的・否定的な諸形式にまで広げなくてはならないのだ。

受動的な民主主義が目立たない形式を取るのだとしても、その制度的様式の一つは言及に値する。すなわち、「無投票選挙」という様式だ。これは、選挙区での候補が一人しかおらず、関係するポストに自動的に指名され、通常想定されている投票が行われないような状況を称したものだ。この手続きの技術的な基礎は理解できる。単独候補であるなら、どれほどの得票数であろうと、その候補が選出されることは間違いないというわけだ。そのような場合に投票を実施しなければ、時間や費用の節約になる。結果は事前にわかっているからだ。投票が追認でしかないなら、その追認が投票によるものであろうが、単純に無投票であろうがたいした違いはない。

この様式が初めて制度化されたのは英国においてだった。一八七二年のバロット法によるものである。オランダやベルギーも、それぞれ一八九八年と一八九九年に追随した。その後、今度はスイスなど、いくつかの欧州各国がそれを採択した。[112] この制度は、選挙の象徴的な側面、つまり共同体にとっての機会であり市民の平等の表明でもあるという側面が、事実上解消されてしまうと声高に叫ぶ人々によって激しく糾弾されてきた。この問題については「ゆるい民主主義」「欠陥のある民主主義」などと言われたりもした。選挙実施のインフレ傾向を抑えるための技術的配慮が決定的だったスイスの例を除くと、興味深いことに、この無投票選挙の導入は、専制体制もしくは保守派の体制において多く見られた。その制度は明らかに、投票者数を制限し、普通選挙を周縁へと追い込もうとする手段の一つとして理解されていたのだ。[113] 英国においてすら、同制度は秘密投票と同時に導入されている。まるで、後者の不吉な影響を象徴的にふり払うためであるかのように。

だが、こうした解釈にとどまっているわけにはいかない。無投票選挙の制度は、民主主義の内実において一般に隠されている様態を、実際に当惑させるような形で浮かび上がらせることにもなった。すなわちその否定性である。無投票選挙の文脈で指名された代表は、非・阻止としての同意の理念を、まさに模範的に示しているからだ。

形式的には、一人の市民が候補として名乗り出て対立しさえすれば、状況は一変できる。対立のための代価はもちろんつり上がる。そこには多大な個人的動員が必要となるからだ。だが、いずれにしても別様の道は確かに開かれてはいる。このように私たちは、無投票選挙をもって、民主主義の表現の極限事例に立ち入っているのである。その転換点に、と言ってもよい。そこでは民衆が声を上げることのみが、同等の当惑とともに、沈黙に取って代わるのだ。

弱い民主主義はもちろんこうした様式にのみ帰されるわけではない。より派手さがなく、より曖昧で、日々の政治に分散された各種の形式を取ったりもする。けれども、無投票選挙はその性質を過激なものにする。したがって、第三共和政下のフランスの共和主義者のように、そうした制度の可能性を恐れ、斥けるだけでよしとするわけにはいかない。かれらの眼には、無投票選挙はある種の禁令への違反と映ったが、それはまた、そうした選挙が、かれらが考えたくもないある側面を表していたからでもある。すなわち、「不在の民」の主権という、とりわけ厄介な表現が示す側面である。かれらにとっては、無投票選挙の可能性を示唆しただけで、自分たちが前触れであることを自負していた魅惑的な民主主義観がかき乱されてしまうのだ[114]。

この古くからある手続き上の好奇の対象は、いわばメタファーの形で、二一世紀初頭の民主主義における冷徹な真実を物語っている。すなわち、私たちは政治が分かちがたいほどに脆弱かつ否定的であるような時代に突入した、ということだ。

現代の「拒否者たち」は、もはやかつての反抗者や不穏分子とは似ても似つかない。かれらの姿勢はいかなる地平をも描かない。そうした姿勢が行動するための批判的活動を促すわけでもない。そこには預言者的な側面は微塵もない。かれらは単に、もはや事物に意味を見いだせず、世界には自分たちの居場所もないという事実を、乱雑かつ怒りっぽい形で表明しているだけなのだ。そのうえ、外国人、難民、「体制側」など様々な種類の「拒否される側」の世界をひたすら晒し者にし続けなければ、自分たちが存在できないとまで考えている。かれらは、希望を抱くには嫌悪しなければならないのだ。対抗民主主義はこの場合、ありきたりに民主主義に敵対する行動へと転じているのだ。監視や批判の諸形式は市民活動が拡大する可能性の方途を示していたが、ネガティブ・ポリティクスはその痛ましく無力な矮小化を指し示している。

原注

(1) 『法の精神』第一一編第六章。

(2) ユスティニアヌス法典の、次の有名なラテン語の格言を訳したもの。«*Quod omnes tangit ab omnibus approbetur.*» この成句には、«*comprobetur*», «*tractari et approbari debet*» などの異文もある。この格言は多くの場合、頭文字を取ってQOTとして引用される。その重要性については以下を参照。André GOURON, «Aux origines médiévales de la maxime *Quod omnes tangit*» in *Histoire du droit social. Mélanges en hommage à Jean Imbert*, Paris, PUF, 1989; Gaines POST, «A Roman Legal Theory of Consent: *Quod Omnes Tangit*, in Medieval Representation», *Wisconsin Law Review*, 1950(vol. unique); Ralph GIESEY, «*Quod Omnes Tangit: a Post-Scriptum*», *Studia Gratiana*, vol. XV, 1972.

(3) この点については、以下の議論を参照。Arthur P. MONAHAN, *Consent, Coercion and Limit. The Medieval Origins of Parliamentary Democracy*, Montréal et Kingston, McGill-Queen's University Press, 1987.

(4) この広範な問題への統合的アプローチについては次を参照。Mario TURCHETTI, *Tyrannie et tyrannicide de l'Antiquité à nos jours*, Paris, PUF, 2001.

(5) ここではそうした介入の「主体」の問題は脇に置いておく。なぜなら、その時代にあっては、民衆が問題にされる場合ですら、それは社会学的ではない形、ほとんど道徳的な形象、ほかの形象で代表される形象として理解されるのが常だったからだ。みずから直接行動できる大衆もしくは多数派が問題にされることは決してない。

(6) 一六世紀から一七世紀については、以下を参照。Arlette JOUANNA, *Le Devoir de révolte. La noblesse française*

et la gestation de l'État moderne, 1559–1661, Paris, Fayard, 1989(p. 301 の表を参照).

(7) Jean CALVIN, *Institution de la religion chrétienne*, édition publiée par Jean Daniel Benoît, t. IV, Paris, Vrin, 1961, p. 536. カルヴァンによれば、この抵抗の義務は「民衆の擁護のために形成された司法官職」(*ibid.*)によって行使されなくてはならない。カルヴァンは三部会のようなものを考えており、明らかにその役割を古代のスパルタの執政官、アテナイのデーマルコス、ローマの「護民官」などに近いものとしていた。同章の重要性については、次の解説を参照。Quentin SKINNER, *The Foundations of Modern Political Thought*, vol. II, Cambridge et New York, Cambridge University Press, 1979(3^{e} partie: «Calvinism and the Theory of Revolution»).

(8) John KNOX, *Apology for the Protestants in Prison at Paris*(1557), *in* David Laing(ed.), *The Works of John Knox*, Édimbourg, 1846–1864, t. IV, p. 327.

(9) とくに次を参照。*The First Blast of the Trumpet against the Monstrous Regiment of Women*(1558). これは以下の近年の選集に収録されている。J. KNOX, *On Rebellion*, Roger A MASON(ed.), Cambridge, Cambridge University Press, 1994.

(10) 以下による引用。M. TURCHETTI, *Tyrannie et tyrannicide*..., *op. cit.*, p. 407.

(11) この点は次の拙論を参照のこと。*Le Sacre du citoyen*, *op. cit.*, p. 21–38.

(12) *Vindicae contra tyrannos*, trad. française de 1581, p. 233.

(13) この点については次を参照。«La Sparte huguenote», *in* Maxime ROSSO, *La Renaissance des institutions de Sparte dans la pensée française*(XVIe–XVIIe *siècle*), Aix-en-Provence et Marseille, Presses universitaires d'Aix-Marseille, 2005, p. 84–101.

(14) 一五七六年の初版。後に同作は『自発的隷属論』との表題で編集される。

(15) Chap. XVIII, «The Ephors and Their Duties». 私が使用しているのはフレデリック・S・カーニー(Frederick S. Carney)による英語の短縮版(Indianapolis, Liberty Fund, 1995)。ここではp. 99.

(16) *Ibid.*, p. 99–100.

(17) その選挙の様式は多様でありうると同著者は見ている。というのも、抽選、組織内部での投票、あるいは単純に市民の数的な区分にもとづく選挙方式もありうるとしているからだ(*ibid.*, p. 102)。

(18) この権能は、その者に帰される五つの任務の一つとしてのみ考えられている(*ibid.*, p. 103–109)。

(19) 『共和国六書』の著者[ボダン]への批判を参照。*ibid.*, p. 104–105. アルトゥジウスは自著『政治学』のきわめて批判的な箇所で、ウィリアム・バークレーへも矛先を向けている。絶対主義を奉じる英国のカトリック教徒〔バークレー〕の主著『法と王権』(一六〇〇)を引用し、その主権観を非難している(*ibid.*, p. 109–116)。

(20) 当時の護民官の理解の全容については、次を参照。Pierangelo CATALANO, *Tribunato e resistenza*, Turin, Paravia, 1971.

(21) Article «Tribun du peuple», t. XXXIV.

(22) *Encyclopédie méthodique*, série *Économique politique et diplomatique*, par Jean-Nicolas DÉMEUNIER, Paris, 1788, t. IV, p. 569.

(23) 『法の精神』第五編第八章、『社会契約論』第四編第五章。ルソーについては以下を参照。Jean COUSIN, «J.-J. Rousseau interprète des institutions romaines dans le *Contrat social*», in *Études sur le «Contrat social» de Jean-Jacques Rousseau*, Paris, Les Belles Lettres, 1964.

(24) 『山上からの手紙』(一七六四)は、ジャン・ロベール・トロンシャンの『田舎からの手紙』(同じく一七六四)への返答である。

(25) Cf. Céline SPECTOR, «Droit de représentation et pouvoir négatif: la garde de la liberté dans la constitution genevoise», *in* Bruno BERNARDI, Florent GUÉNARD et Gabriella SILVERSTRINI, *La Religion, la Liberté, la Justice. Un commentaire des «Lettres écrites de la montagne» de Jean-Jacques Rousseau*, Paris, Vrin, 2005.

(26) Cf. Christian BIDÉGARAY et Claude ÉMERI, «Du pouvoir d'empêcher: veto ou contre-pouvoir», *Revue du droit public*, n°2, 1994.

(27) «Treizième discours sur l'universalité d'action du Souverain dans l'État», *La Bouche de fer*, deuxième supplément, 1971, t. VII, p. 60.

(28) *Op. cit.*, chap. X, «Des éphores ou des tribuns», p. 78–90. 続く引用も同章から。

(29) 一七九三年六月一〇日の国民公会での発表。*A. P.*, 1re série, t. LXVI, p. 256–264. 続く引用も同じ箇所からの抜粋。この企てを中心とする討論については次を参照。*La Démocratie inachevée*, *op. cit.*, p. 66–81.

(30) 一七九三年六月一六日のテュリオの発言(*A. P.*, t. LXVI, p. 577)。一方でシャボーも六月一一日にこう指摘している。「互いに競合するような二つの権力を擁立してはならない。立法府と国民陪審団の間で世論が分かれる事態に、人民を晒してはならない」(*A. P.*, t. LXVI, p. 284)。

(31)　一七九三年五月一〇日の演説。*A. P.*, t. LXVI, p. 430.

(32)　次を参照。L. JAUME, «Condorcet: droit de résistance ou censure du peuple», *in* Dominique GROS et Olivier CAMY(éds.), *Le Droit de résistance à l'oppression*, Paris, Le Genre humain-Seuil, 2005.

(33)　*A. P.*, t. LXVII, p. 139.

(34)　*A. P.*, t. LXIII, p. 387.

(35)　一七九三年四月二四日提出の『権利の宣言』法案第三一条。*A. P.*, t. LXIII, p. 199.

(36)　パトリス・ゲニフェ(Patrice GUENIFFEY)はフランス革命の精神について「直接民主主義の蜂起的な回帰が入り交じった、代議制の絶対主義」として強い定義を打ち出している(*Le Nombre et la Raison*, Paris, éditions de l'EHESS, 1993, p. IV)。

(37)　一七九三年六月の『宣言』第三五条。「政府が人民の権利を侵害する場合、蜂起は人民とそのそれぞれの部分にとって、最も神聖で最も不可欠な義務である」。

(38)　F・ブリュノ(F. BRUNOT)がこの変化を自著で指摘している。*Histoire de la langue française*, *op. cit.*(cf. t. IX, 2e partie, *La Révolution et l'Empire*, 1937, p. 855).

(39)　Johann Gottlieb FICHTE, *Fondement du droit naturel selon les principes de la doctrine de la science*(*1796-1797*), traduit et annoté par Alain Renaut, Paris, PUF, 1984, p. 174-200. 続くすべての引用は、この仏訳による。この計画についての詳細なコメントは、以下を参照。Alain RENAUT, *Le Système du droit. Philosophie et droit dans la pensée de Fichte*, Paris, PUF, 1986(chap. III, «La synthèse républicaine»).

(40)　フィヒテによる強調。フィヒテが「執政官職」と呼ぶ制度が、実際のところローマの護民官職の性格をもっていることはすぐにわかるだろう。フィヒテの語彙の不明瞭さは、この点において、古代の制度との関係を強くかつ曖昧に維持していた当時の特色を示している。

(41)　彼はこう記している。執政官職があれば、「人民はあらかじめ、特定の場合について、憲法により共同体として宣言されるのである」(*Fondement...*, *op. cit.*, p. 184)。

(42)　この点は、次の拙著での議論を参照。*La Démocratie inachevée*, *op. cit.*

(43)　次の基本的な議論を参照。P. GUENIFFEY, in *Le Nombre et la Raison*, *op. cit.* 策謀や裏工作、つまり政治プロセスの私物化を回避すべく、当時は立候補の原理そのものを違法とすることが定められた。そうすることで、有権者は誰にでも投票できるという絶対的自由を手にできたのだ。確かにそのシステムは、二段階式の体制が存在したがゆえに可能だった。革命期の解決策は、そこに含意されていた戦略的な素朴さを越えて、固有の論理を擁していた。選挙を「極端に個人化」し、絶対的に非・政治的と考えられうる選択の場に位置づけたのだ。投票の基準も個人の知的・道徳的な質の高さにのみ置かれたのである。

(44) フィヒテはこう記している。「執政官職に志願する可能性があってはならない。人民が眼を向け、信頼を寄せる人物、至高の選択という厳密な利点において、常に誠実かつ偉大な同胞たちの注目を集める人物こそが、執政官となるのである」(*Fondement..., op. cit.*, p. 194)。

(45) フィヒテはこのように、中世イタリアの自由都市において行政長官が全体的利益に奉仕し続けるよう保証するために定式化された、すべての禁令を再度取り上げている。

(46) そうした距離感の痕跡は、一八一二年のテクストに見いだせる。Cf. J. G. FICHTE, *Lettres et témoignage sur la Révolution française*, Paris, Vrin, 2002, p. 191-192.

(47) Theodor MOMMSEN, *Le Droit public romain*, n^elle^ éd., Paris, De Boccard, 1984, t. III, p. 329(p. 323-357 を全体的に参照). モムゼンにおける護民院の過小評価は、例外的状況に結びついた最も極端な形式での行動的権力、すなわち「独裁」の推奨と一体となっていることが指摘できる。学識と明晰さに満ちた、前掲書所収の次の長い序文を参照。Yan THOMAS, «Mommsen et l'*Isolierung* du droit».

(48) Cf. *ibid.*, p. 354.

(49) この表現は次の著者が自身の記事で用いている。Jean-Fabien SPITZ, «Droit de résistance», *in* Philippe RAYNAUD et Stéphane RIALS(éds.), *Dictionnaire du philosophie politique*, Paris, PUF, 1996.

(50) それと平行して次のことも思い起こすことができる。「活動家的民主主義」という概念が発展したのは、やはりドイツにおいてだった。ワイマール共和国の法律尊重主義に対抗するためである。その法律尊重主義は、ヒトラーが権力を掌握すると途端に寝返り、政治的正当性の道徳的・哲学的アプローチを突きつけたのだ。次の決定的な省察を参照。Karl LÖWENSTEIN, «Militant Democracy and Fundamental Rights», *American Political Science Review*, vol. 31, n°3, juin 1937.

(51) *Bulletin de la République*, n°4, 19 mars 1848. この問題は次の拙著で扱っている。*Le Sacre du citoyen, op. cit.* 英国のチャーチストの文献も類似の感性を表明している。

(52) *Ibid.*, n°19, 22 avril 1848.

(53) この点は次の拙著による。*Le Peuple introuvable, op. cit.*

(54) 次による引用。Hubert LAGARDELLE, *La Grève générale et le Socialisme. Enquête internationale*, Paris, 1905, p. 111.

(55) このつながりについては、次を参照。Jean ALLEMANE, *Le Socialisme en France*, Paris, 1900, p. 39. 分離のテーマに関しては、プルードンの著作、とりわけ次のものを参照のこと。PROUDHON, *De la capacité politique des classes ouvrières*(1865).

(56) Cf. Émile COORBAERT, *Les Compagnonnages en France, du Moyen Âge à nos jours*, Paris, Éditions Ouvrières, 1966, p. 274 et 282.

(57) この表現は次のもの。Fernand PELLOUTIER, *Histoire des Bourses du Travail*, Paris, 1902, p. 66. ゼネストについては次を参照。Robert BRÉCY, *La Grève générale en France*, Paris, EDI, 1969; H. LAGARDELLE, *La Grève générale..., op. cit.*

(58) 一八五一年一二月三日の共和主義者集会での演説。ある証言によると、ジラルダンはその際に「ゼネスト」について語っていたようで、それがその表現の初出だった(Eugène TÉNOT, *Paris en décembre 1851*, Paris, 1868, p. 208)。

(59) *La Petite République*, 1er septembre 1901(次による再録。H. LAGARDELLE, *La Grève générale..., op. cit.*).

(60) リールでのフランス社会党大会での演説(一九〇四年八月)。*ibid.*, p. 83 et 88.

(61) 組合は一九世紀末以降、政治制度に準じた役割が認められたことを指摘しておく。組合そのものの内部では、労働界を十全に代表していると考えられていた。Cf. P. ROSANVALLON, *La Question syndicale. Histoire et avenir d'une forme sociale*, n^{elle} éd., Paris, Hachette, 1999.

(62) Cf. Robert DAHL(ed.), *Political Oppositions in Western Democracies*, New Haven, Yale University Press, 1966.

(63) Cf. Giovanni SARTORI, «Opposition and Control: Problems and Prospects», *Government and Opposition*, vol. I, n°2, janvier 1966.

(64) 次の議論を参照。Valérie GÉRARD, *L'Opposition politique: limiter le pouvoir ou le concurrencer Deux types de légitimation de l'opposition politique: Benjamin Constant et François Guizot*, mémoire de DEA, Paris, Institut d'études politiques, 2002.

(65) François GUIZOT, *Des moyens de gouvernement et d'opposition dans l'état actuel de la France*, Paris, 1821.

(66) *Ibid.*, p. 307.

(67) *Ibid.*, p. 320. 彼は再びこう述べる。「反対派の役割は、規律ある代議制の統治において、権力側の行動を見張り、その過ちを発見しては糾弾するだけにとどまらない。社会が受け容れられる改善、改革を示し、促すことも、おそらくはその主要な任務なのである(中略)。公務の重圧がなく、そこに付随する直接的で具体的な責任を免除されているがゆえに、反対派は一般に先を行き、文明の歩みを大胆に突き進む。反対派はその効用、可能な支配を先んじて布告する。反対派は権力側に、国の利益のためにそれをつかみ取るよう圧力を加え促すのである」(一八三〇年三月一六日の演説。F. GUIZOT, *Histoire parlementaire de France*, Paris, 1863, t. I, p. 22)。

(68) 一八世紀から二〇世紀までの反対勢力観の変遷については以下を参照。Archibald FOORD, *His Majesty's Opposition, 1714-1830*, Oxford, Clarendon Press, 1964; Robert Malcolm PUNNETT, *Front-Bench Opposition. The Role of the Leader of the Opposition, the Shadow Cabinet and Shadow Government in British Politics*, Londres, Heinemann, 1973.

(69) Cf. Arthur James BALFOUR, *Chapters of Autobiography*, Londres, Blanche E. C. Dugdale(ed.), 1930. 彼が記すところによると、選挙による政権交代の後、新旧の閣僚は「座席を交換する際に役割も入れ替える。批判をしていた人々が今や運営を手がけなくてはならず、運営を手がけていた人々はその先、批判することを任務とする」(p. 133)。

(70) Cf. Sylvie GIULJ, «Le statut de l'opposition en Europe», Paris, La Documentation française, *Notes et études documentaires*, n°4585-4586, 24 septembre 1980.

(71) この点については次の著作を参照。Alain BERGOUNIOUX et B. MANN: *La Social-Démocratie ou le Compromis*, Paris, PUF, 1979, et *Le Régime social-démocrate*, Paris, PUF, 1989.

(72) Albert CAMUS, *L'Homme révolté*(1951), in *Essais*, Paris, Gallimard, «Bibliothèque de la Pléiade», 1965(アルベール・カミュ『カミュ全集6 反抗的人間』佐藤朔、高畠正明編、新潮社、一九七三).

(73) 今なお有益な次の著作を参照。Ian R. CHRISTIE, *Wilkes, Wyvill and Reform: The Parliamentary Reform Movement in British Politics, 1760-1785*, Londres, Macmillan, 1962.

(74) 二年間におよぶ隠遁生活から、感動的な一冊が生まれている。『ウォールデン 森の生活』である(飯田実訳、岩波文庫(上下)、一九九五)。

(75) 『市民の反抗』は一八四九年に刊行された(飯田実訳、岩波文庫、一九九七)。

(76) 『共和国の危機』(一九六九)所収の市民的不服従についてのエッセイを参照。ハンナ・アーレントによれば、不服従に一定の地位を与えるには、少数派のある種の「スピーチ・アクト」としてそれを統合し、かれらの要求を一つの転機、散発的かつ一時的な劇的誇張でもって示す以外にないとされる。

(77)　Henry David THOREAU, *La Désobéissance civile*(1849), Paris, Pauvert, 1968, p. 74. 従来の政治への距離感を見定めるために、次のような特徴的な表現の一つを指摘しておくことができる。「正義であるようなもののために投票することすら、正義のためには何もなさない。結局それは無気力に、正義が勝って欲しいとの欲望を表すにすぎないのだ」(*ibid.*, p. 67)。

(78)　この見解については、次を参照。George KATEB, *The Inner Ocean: Individualism and Democratic Culture*, Ithaca, Cornell University Press, 1992; Jack TURNER, «Performing Conscience. Thoreau, Political Action and the Plea for John Brown», *Political Theory*, vol. 33, n°4, août 2005.

(79)　エマーソンはこう記す。「旅というものは騙されやすい人の遊戯にほかならない。最初の旅からすでに、私たちは各地の無感動を見いだす(中略)。そうした旅人の狂乱は、知的領域の全体に関わる、より根深い不均衡の徴候である(中略)。私たちは真似をする。精神の旅である以外、模倣とはなんであろうか?」(Ralph Waldo EMERSON, «Confiance et autonomie»[Self-Reliance], in *Essais*, t. I, Paris, Michel Houdiard éditeur, 1997, p. 49)。

(80)　*Ibid.*, p. 31.

(81)　エマーソンにおける「不和」の政治の意味については、次を参照。Sandra LAUGIER, *Une autre pensée politique américaine: la démocratie radicale d'Emerson à Stanley Cavall*, Paris, Michel Houdiard éditeur, 2004.

(82)　ブランキに関するさらなる議論は、次の拙著でブランキを取り上げた章を参照のこと。*La Démocratie inachevée, op. cit.*

(83)　BLANQUI, «Pourquoi il n'y a plus d'émeutes», *Le Libérateur*, n°1, 2 février 1834. 以下による再録。Louis Auguste BLANQUI, *Œuvres*, t. I, *Des origines à la révolution de 1848*, textes rassemblés et présentés par Dominique Le Nuz, Nancy, Presses universitaires de Nancy, 1993, p. 268.

(84)　«L'Insurgé», *in* Eugène POTTIER, *Œuvres complètes*, Paris, Maspero, 1966, p. 152.

(85)　Cf. Henry MICHEL, «Comment s'est formée la pensée de la Résistance», *in* H. MICHEL et Boris MIRKINE-GUETZÉVITCH(éds.), *Les Idées politiques et sociales de la Résistance*, Paris, PUF, 1954.

(86)　「レジスタンスの炎は決して消えない」と、ドゴールは一九四〇年の演説で述べた。この表現の使われ方については、次を参照。Arlette FARGE et Michel CHAUMONT, *Les Mots pour résister. Voyage de notre vocabulaire politique de la Résistance à aujourd'hui*, Paris, Bayard, 2005. 次も参照のこと。Laurent DOUZOU, «Résister», *in* Vincent DUCLERT et Christophe PROCHASSON, *Dictionnaire critique de la République*, Paris, Flammarion, 2002.

(87) Cf. Jacques SEMELIN, «Qu'est-ce que résister?», *Esprit*, janvier 1994.

(88) 「不穏分子(分離派)」とは同意しない者、宗教的共同体から分離しようとする者を言う。正統派に残る者と対立する。

(89) Cf. Claude LEFORT, *Un homme en trop. Réflexions sur «L'Archipel du Goulag»*, Paris, Seuil, 1976(クロード・ルフォール『余分な人間――『収容所群島』をめぐる考察』宇京頼三訳、未来社、一九九一).

(90) 次を参照。György KONRAD, *Antipolitics: An Essay*, San Diego, Harcourt Brace Jovanovich, 1984; Vaclav HAVEL, «Antipolitical Politics», *in* John KEANE(ed.), *Civil Society and the State*, Londres, Verso, 1988.

(91) これはクロード・ルフォールの著書が力を込めて解き明かしたことである。

(92) Cf. Marie-Claire PONTHOREAU, «Les droits de l'opposition en France: penser une opposition présidentielle», *Pouvoirs*, n°108, 2004.

(93) Cf. Stephen C. ERICKSON, «The Entrenching of Incumbency: Reelection in the U. S. House of Representation, 1790–1994», *Cato Journal*, vol. 14, n°3, hiver 1995; Albert SOMIT, Rudolf WILDECNMANN, Bernhard BOLL et Andrea RÖMMELE(eds.), *The Victorious Incumbent: A Threat to Democracy?*, Dartmouth, Aldershot, 1994.

(94) Cf. Gary W. COX et Scott MORGENSTERN, «The Increasing Advantage of Incumbency in the U. S. States», *Legislative Studies Quarterly*, vol. XVIII, n°4, novembre 1993; James L. MERRINER et Thomas P. SENTER, *Against Long Odds: Citizens who Challenge Congressional Incumbents*, Westport(Conn.), Praeger, 1999.

(95) 米国については次を参照。Bruce A. CAMPBELL et Richard J. TRILLING(eds.), *Realignment in American Politics: Toward a Theory*, Austin, University of Texas Press, 1980. フランスについては次を参照。Pierre MARTIN, *Comprendre les évolutions électorales: la théorie des réalignements revisitée*, Paris, Presses de Sciences-Po, 2000.

(96) 政治学の多数の著書が、現職議員の優位性について、有権者にもたらされた恩恵が果たす大きな役割を強調している。そこから「個人票」という概念も登場している。Cf. Bruce CAIN, John FEREJOHN et Morris FIORINA, *The Personal Vote: Constituency Service and Electoral Independence*, Cambridge(Mass.), Harvard University Press, 1987. この主題を扱った文献についての議論は、次を参照。Gary KING, «Constituency Service and Incumbency Advantage», *British Journal of Political Science*, vol. 21, n°1, janvier 1991.

(97) 現れ方が過剰であるという側面から、この現象は、批判に法的な制限が一切ないこと、また、相手の映像を利用できることに帰されている。

(98) Cf. Stephen ANSOLABEHERE et Shanto IYENGAR, *Going Negative: How Attack Ads Shrink and Polarize the Electorate*, New York, Free Press, 1995, p. 90. 次も参照のこと。Michael PFAU et Henry C. KENSKI, *Attack Politics: Strategy and Defence*, Westport(Conn.), Praeger, 1990; Karen S. JOHNSON-CARTTEE et Gary A. COPELAND, *Negative Political Advertising: Coming of Age*, Hillsdale(NJ), Lawrence Erlbaum Associates, 1991.

(99) Cf. Victor KAMBER, *Poison Politics: Are Negative Campaigns Destroying Democracy?*, New York, Insight Books, 1997; Kathleen Hall JAMESON, *Dirty Politics: Deception, Distraction, and Democracy*, Oxford, Oxford University Press, 1992.

(100) Cf. Brenda S. SONNER, «The Effectiveness of Negative Political Advertising: A Case Study», *Journal of Advertising Research*, vol. 38, 1998.

(101) 革新的で刺激的な次の分析を参照。George TSEBELIS, *Veto Players: How Political Institutions Work*, Princeton, Princeton University Press, 2002. このように、いずれかの当事者の利益のために拒否権が存在する体制下での、当事者たちの戦略を分析すべく構築された諸カテゴリーは、社会全体の機能に適用することができる。アメリカの興味深い事例については次を参照。Charles M. CAMERON, *Veto Bargaining: Presidents and the Politics of Negative Power*, Cambridge, Cambridge University Press, 2000. ヨーロッパの機構を調整する共同決定の体制の分析も、同じ諸カテゴリーに依存することが指摘できる。Cf. G. TSEBELIS et Geoffrey GARRETT, «Agenda Setting, Vetoes and the European Union's Co-Decision Procedure», *The Journal of Legislative Studies*, vol. 3, n°3, automne 1997(avec les commentaires de Roger Scully).

(102) フランスの特殊性はむしろ、中間的な組織体や協議の機関がないために、社会運動の当事者が正面きっての衝突と受動的な承諾との間で唐突に揺らぐという、その条件に見いだされる。

(103) Judith SHKLAR, «The Liberalism of Fear», *in* Nancy L. ROSENBLUM(ed.), *Liberalism and the Moral Life*, Cambridge(Mass.), Harvard University Press, 1989. 彼女は次のように記している。「自由主義が要求するのは、残酷さや恐怖といった悪を、政治的実践や処方の基本的規範に据える可能性である」(p. 30)。同じ趣旨では、次も参照のこと。Michael IGNATIEFF, *The Lesser Evil: Political Ethics in an Age of Terror*, Princeton, Princeton University Press, 2004.

(104) たとえば次のアプローチを参照。Paul BERMAN, *Terror and Liberalism*, New York, Norton, 2003.

(105) Cf. Corey ROBIN, *Fear: The History of a Political Idea*, Oxford, Oxford University Press, 2004.

(106) この点については次の洞察力ある指摘を参照のこと。É. SCHWEISGUTH, «La dépolitisation en questions», art. cit., とくにp. 84–85.

(107) 「腐敗(Corruption)」の項目。

(108) Cf. Jean-Louis MISSIKA, «Les faux-semblants de la "dépolitisation"», *Le Débat*, n°68, janvier–février 1992.

(109) アルゼンチンの民衆の表現に「鍋語を話す」というものがあることは強調しておいてよいだろう。それは単なる喧騒という初歩的な形でしか表明できない、ある種の抗議の理念を伝えるものだからだ。Cf. Thomas BOUCHET, Matthew LEGGETT, Geneviève VERDO et Jean VIGREUX(éds.), *L'Insulte (en) politique. Europe et Amérique latine du XIXe siècle à nos jours*, Dijon, Éditions universitaires de Dijon, 2005.

(110) 次の示唆的な論考を参照。Philippe URFALINO, «La décision par consensus apparent. Nature et propriété», *Revue européenne des sciences sociales*(二〇〇六年末掲載予定).

(111) 弱い繋がりの重要性については、次の基本論文を参照。Mark S. GRANOVETTER, «The Strength of Weak Ties», *American Journal of Sociology*, vol. 78, n°6, mai 1973. 次に仏訳が掲載されている。*Le Marché autrement. Essais de Mark Granovetter*, Paris, Desclée de Brouwer, 2000.

(112) Cf. Jean-François FLAUSS, «L'élection tacite. Retour sur une vraie fausse curiosité du droit constitutionnel suisse», *Revue française de droit constitutionnel*, n°61, janvier 2005. 同論文は、私が事実を挙げて扱った元の主題について総括を行っている。

(113) いくつかの事例で、納税にもとづく制限選挙の維持に関連していた。

(114) たとえば法学者ジュリアン・ラフェリエール(Julien LAFERRIÈRE)を参照。彼はこう記している。「フランスでは、すべての選挙は投票に値する(中略)。有権者が明示的に候補者の名を示すよう促されることなく、何者かが当選を宣言されることを、私たちは許していない」。*Manuel de droit constitutionnel*, 2e éd., Paris, 1947, p. 582–583.

第3章

判事としての民衆

1 歴史のための参照先

2 準・立法者

3 審判の優遇

監視と阻止は、統治者を抑制し、投票に頼る以外の様式で社会の影響力を効果的に示す二つのやり方だ。そうした権力を行使する三つめの方法となるのが、審判への訴えである。審判の実施とは行動もしくは行為に試練を課すことからなる。それは監視の理念を先鋭化し発展させることに帰されるが、同時にそれは、決定的な判決を述べることをちらつかせ、嫌疑の実践を拡張することでもある。ゆえに審判は、統制という一般的活動の性質を帯びた操作なのだ。審判の作業はこのような形で、厳密に法的な枠組みをあふれ出ていく。審判という用語もまた、予審や立証の評価、裁定へといたる問題の検証プロセスとして、非常に広い意味で理解しなくてはならない。

投票と審判はこのように、同じ目的を目指した二つの異なる手続きをなす。目的とはすなわち、共通善のために決定を下すことだ。それらは二つの「政治形態」であり、照合し比較してみることができる。いずれの場合にも、同じ「最後通牒の力」が姿を現す。市民は両方を使い分け、有権者として十分には得られなかったと思われる内容を、判事として求めるのだということがわかる。その権能を、市民たちはときに直接行使できる。正式な手続きにおいて陪審員の席に就くとき、あるいはより広義に、かれらの行動が様々な形でのメディア的活動、あるいは予審にも匹敵する活動家的介入の様相を呈するときだ。

しかしながら、法的機関そのものに「委託」される場合ですら、この権能はなおも社会的な側面を打ち立てる。なぜなら、正義はまずは「民の名」において下されるからであり、より広義には、正義の行使が集団の期待を成就するから、また、正義は、市民社会の各種組織や輪郭のはっきりしない世論の影響力が執拗な形で介入する力のせめぎ合う場に、刻まれるからである。したがって、審判という試練を課すことを、独立した司法権の行使にのみ、短絡的な形で同一視するわけにはいかないのだ。各種事象は、様々な相互作用の枠組みに組み込まれたものとして、より広い見地から理解されなくてはならない。他方、今日の判事自身、みずからが都市の構築に携わりおのれの役割を果たさなければならないと考える際には、しばしばそうした絡み合いを認識するのである。

司法と政治の重なり合いが増していくという現代的な傾向は、投票と裁判のそれぞれの特性を橋渡しする政治形態という、より幅広い枠組みにおいて捉え直さないと意味をなさない。審判としての政治の理解は、他方で歴史家の務めにもなっている。アテナイでは、民衆の法廷は議会と同様に重要な役割を担った。後世の英国では、王政の真の統制は、当初権力者の弾劾(インピーチメント)の形で現れた。より現代に近い時代で言うと、二〇世紀初頭のアメリカでは、いくつかの州が「リコール」の手続きを導入し、選ばれた責任者を一般投票で罷免できるようにしたが、これもまた、政治裁判に相当する手続きに帰される。異なる時代から借用したこれら三つの例からは、民主主義の歴史が選挙権の歴史や議会制度の歴史に集約されず、その歴史は深層において、社会による統治者の審判という理念にも結びついていることが示唆される。

審判という対抗民主主義的な活動は、判事としての市民の各種形象にのみ限定されるものではない。それはまた、規範の自律的・競合的産出過程としても評価できる。広く知られてはいないが、民主主義体制における陪審団の活動の基本的側面の一つは、歴史的に、かれらの判決によって法の精神を立て直す、あるいは変更することにあった。この事実にもまた、選挙と平行する市民活動の一つの形が示されている。それは選挙活動を修正する活動だ。有権者としての市民の役割において選ばれた者が定める規則を、陪審員としての市民が運用面において軌道修正する際の活動である。ほかにもこのような性質の「準・立法」的介入様式は存在し、それらも考察に値する。その点については後述しよう。このようなアプローチによって私たちは、審判を課す意味と形式についての省察を続けながら、多くの場合政治の司法化として理解される事象を、再度検討するよう促されるはずだ。判事という形象が台頭する背景の深層には、民主主義的活動の新たな体制があるのであり、その広がりを評価していく必要があるだろう。

1　歴史のための参照先

ギリシアの例

「その本義において市民とは、裁判と公務の役割への二重の参加によって適切に定義される」とアリストテレスは述べている(1)。市民とはこのように、陪審員(ディカステース)の職務と、議会参加者(エクレシアステース)の職務を果たす者とされる。したがって『政治学』の著者からすると、判決を出すことと投票することとは、市民権の分かちがたい二つの側面をなしているのだ。民衆裁判所(ディカステリア)と民会(エクレシア)は、アテナイの民主制における二つの中心的・相補的な制度だった。議会には六〇〇〇人もの市民が年に三〇回から四〇回も集い、国内政策・対外政策を決めていた。裁判所では、抽選で選ばれた二〇一人、四〇一人、五〇一人の陪審官が集まり、公的・私的な行為にまつわる争議の裁定を行っていた。[2] その両者に、都市生活への積極的かつ直接的な参加に関する同じ理解が見てとれる。

アテナイにおける裁判所の営為がとくに政治的な性質をもっていたことを思い起こすならば、これら二つの職務の近接性が明らかになる。現代の民主主義国における裁判所の役割との違いは、この点において決定的だ。私たちの体制では、法廷は基本的に民事の訴訟に裁定を下すことと刑事事件を裁くことを任務としている。それらの諸問題に、法廷の機能のほとんどが動員される。もちろん、司法活動にはより政治的な側面もある(たとえば市民と行政との間の争議の解決など)。とくに合憲性の統制手続きの場合がそうだ(憲法が存在する場合だが)。

けれどもそうした側面は、少なくとも活動量で考える限り、相対的に二次的なものとなる。古典期のギリシアの事情はまったく異なる。私的な権利の案件については、裁判所への訴えはごく限られていた。そういう案件は多くの場合、調停手続きを通じて解決されていたのだ。犯罪の多くは、裁判を組織せずに、様々なカテゴリーの司法官が直接処理していた。[3] そうした領域については、法廷が開かれるのは控訴審の場合のみだった。アテナイの司法活動の基本はそれ以外にあったのだ。文字通り政治的な活動の統制と処罰に関わっていたのである。裁判所は何よりもまず、議会、委員会、その他様々なカテゴリーの司法官や都市国家の指導者たちの、職務や決定を審議することに特化していた。このように裁判所は実質的に、主として政治的な活動を担っていたのである。ゆえにそれはアテナイの民主制の機構の中心を占めていたのだ。

アテナイの民衆裁判所が審議した裁判の多くは、今日ならば私たちが「政治裁判」と称するものに似ている。示唆的なことだが、ギリシア語には政治裁判をとくに指す言葉がない。まるでそれは冗長な表現だと言わんばかりだ。裁判は、責任ある立場の個人を常に対象としていた。それらの人々は、様々なカテゴリーの事象について訴追されていた。まず最も明白な場合として腐敗の事案がある。そこには一連の名高い訴状が連なっている(たとえば、マケドニアのアレクサンドロスによって買収されたキモンに対する告発)。また、同じく公務や軍務における不履行もしくは不謹慎もある(前四〇六年のアルギヌサイの海戦において、勝利はしたものの、負傷者の救助と死者の遺体回収を行わなかったとして提訴された、アテナイの将軍らの裁判が有名だ)。憲法にそぐわない、もしくは単純に市民の利益に反すると判断される命令を出した人々も、起訴の対象となりえた。

さらに、不信心の糾弾も重要な役割を担っていた。それが事実上帰される行動のカテゴリーは、多くの場合国家や社会秩序への攻撃に同一視されうるものだった。起訴の対象になる「政治家」(この用語もまたギリシア語には存在しない)は基本的に演説家や戦略家であり、いわば民会の大物、あるいは軍の幹部で、行政権を体現する人々だった。民衆裁判所は結果的に、アテナイの政治活動における上流をなし、そこでの裁判は市民活動の最も明白かつ最も鮮烈な形式の一つをなしていた。[4] そうした事実を同時代人たちは、アテナイの最も鮮明な特徴の一つとして認識していた。アテナイの住民は他のギリシア人を合わせた以上に裁判を指向する、と同市の長老は強調している。アリストファネスの『雲』では、ある登場人物は地図上でアテナイだと示された点を認めることすら拒んでいる。裁判所の場所が示されていないというのがその理由だった。

アテナイにおけるこうした政治裁判は、大きく二つのカテゴリーに分けられる。命令の無効化手続き(グラフェー・パラノモン)と告発の手続き(エイサンゲリア)だ。「グラフェー・パラノモン」は任意の市民によって始められる。議会による命令が憲法に即していないと考えられる、とその者が宣誓すればよい。⑸ 憲法違反という語が指す観念は幅広い。法的な意味合いを越えて、共同体の利益にそぐわない、もしくは有害であると考えられる決定にまで実質的に拡張されていたからだ。この無効化手続きは前四世紀ごろ多用されていた。

ある意味それは、前世紀に政治指導者に対して広く活用されていたオストラシズム［陶片追放］の制度に代わるものだった。「グラフェー・パラノモン」の特殊性は、当該命令の起草者を起訴することにあったからだ。かくしてその手続きは、民を民自身から守る方法をもなしていた。対象となる命令は必ずや民会で投票されたもの、ときには満場一致で採択されたものだったからだ。その際、民衆は、提案をなす演説家によって騙される場合があった。ゆえにその手続きは有用とされたのである。それによって市民は、新たな様式で、つまり首位の修正者として、みずからの意志を示すことができた。抽選で選ばれた陪審官から成る大規模な形の法廷を開くのだ。デマゴーグや追従者に対する防壁を打ち立てる、というのがその考え方だった。

一方でその手続きは同時に、全体的利益の定義にまつわる反省的理解をも含みもっていた。そこでの全体的利益は、「試練を課された」後、一定期間しか有効とならない共同体の決定と見なされた。したがってこの場合、「グラフェー・パラノモン」において用いられる民衆の審判は、投票により始まった一連のプロセスを補完もしくは修正する「契機」に相当する。それはアテナイの民主制が「自己を見直す」一つの形式なのである。

告発を導き入れる可能性は、市民議会の議題としてたびたび取り上げられた。すべての市民が「エイサンゲリア」の手続きを始めることができたが、それは議論の対象にもなっていたのだ[6]。起訴の対象とされたのは、民主制の転覆をなすと判断された行為、軍事領域における戦略の失敗、そしてより一般的に、全体的利益への裏切り行為である。民会が決定すれば、事案は民衆裁判所に付託できた。一応は例外措置となっていたものの、この手続きはたびたび利用されている（前四九二年から前三二二年の間に、一三〇の事案を数えている）。これもまた、アテナイの政治指導者を統制する手法だった。

多くの場合、とりわけ軍の司令官が対象とされた。裁判はその様式においても、民主主義的な二重の規制を確立する方法だった。正当化という政治手続きからなるその規制は、処罰という法的手続きによって常に反転しうるものだった。承認と阻止はアテナイにおいて、二つの極を描き出していた。常に息づいていた民主主義の、絶えず緊張状態にある二つの極である。

そのような政治活動の「司法化」は、したがってある種のせめぎ合う病理的な傾向の指標であるとか、過度に訴訟好きな国民性の徴であるとか解釈してはならない。それは何よりもまず、文字通り政治的な特質、民主主義の特性なのだ。アリストテレスは、抽選で選ばれた市民による審判という活動は、都市の議会への参加活動よりも、重要性において勝っていると見なしていた。こうした評価の理由の数々も明示するに値するだろう。そうした理由が、アテナイの民主主義の基本的な原動力を明らかにしてくれるからだ。

この「審判の(相対的)優位性」にはいくつかの要素が区別できる。[7] まずは過去の処罰に内在する、将来の承認メカニズムに対する実効性が挙げられる。陪審員の職権は、民会における有権者の権限に勝る。なぜなら、前者は決定的なかたちで問題を裁定するからだ。確実に、しかも不可逆的に、事の成り行きにみずからの痕跡を残すことができるのだ。

またアテナイにおいて裁判は、事実上、予防的な機能をも果たしていた。司法官に対してなされる告発、あるいは軍の司令官に対するものならなおのこと、それらは多くの場合、きわめて根本的なものだった。事案そのものがさほど深刻ではない過ちに属するように思われる場合でも、長官が腐敗や裏切りに手を染めているとの評価はたやすく下された。民衆の不満の矛先が向く、公職にある人々へのそうした糾弾の極端化は、一種の予防的な警戒感を導いた。任務にあたる責任者は、抽選で選ばれたにせよ、各種の組織によって選出されたにせよ、自身の状況がどこか脆弱なものであることを意識していた。と同時に、自身の任務の実施に関わる社会の期待を思い起こさせられもした。

これら二つの要因に限っても、アテナイの民衆裁判所の活動が中心的なものであったことを説明づけ、同時に、恩知らずで衝動的な民衆の、デマゴギー的偏向のメカニズムを観察することができるだろう。民衆は指導者に対して常にいっそうの要求をし、必ずしも合理的な理由があるとは限らない苛立ちを身に纏う。けれどもそれだけでは次のことを忘れてしまうことになる。不信のメカニズム、司法的活動を支える責任の「事後的な」追求のメカニズムは、ほかの「事前」の統制手続き、統治者への信任の手続きから切り離してはならないということである。アテナイの民主主義の特徴は、不信のある種の機能的な優位性を強調しつつも、それら二つの運動を強力に連携させていた点にある。

「政治的」裁判と「弾劾」手続きの中心的な役割には、もう一つ別の起源がある。機械的な起源と称することのできるものだ。それもまた、アテナイに存在した世論の分断に呼応するものだった。党派同士、思想同士が明確に対立した際、選ばれた責任者たちは、ときに少数派が強く敵対するような政策を提案していた。裁判所での起訴はそのとき、それら少数派にとっての一種の救済策、公的な議論に再び関わる方法となっていたのだ。

「事後的な」不信の行使と、「事前の」信任との非対称性(8)には、審判の民主主義的な役割を説明づけるべく、「複合的な多数派」と「集約的な少数派」との区別が重なる。糾弾は少数派にとって「補償的」と称することのできる手段をなしている。アテナイにおける裁判は、いわば二重に政治的機能を果たしている。政治的取り決めの別様の時間性を導き入れ、被統治者と統治者の関係をより実効性のあるものにできる。と同時に、少数派に全体的利益のために訴える二度目のチャンスを与え、多数派の機能不全を正しもする。政治裁判は民主主義的是正という二重の役割を担い、一般意志の権能をいっそう強固に確立する。裁判はまず、不信の絶えざる行使によって、統治者への周期的な信頼の表明を強化できる。次に、裁判に臨んで全体的利益の実質的な定義(道徳によって定義づけられる価値として理解された共通善)を参照することにより、全会一致の不備を正すことができる。代表選出に結びついた純粋に数の上だけの概念を正すのである。

したがって私たちは、アテナイから遠く離れ、司法を狭小に理解していることになる。その理論家となるのがモンテスキューだった(判事を単に「法律を口にする」にすぎない者と捉える見方は、モンテスキューの場合、「審判を下す力とはある意味無である」(9)という考え方と対になっていた)。『法の精神』の著者にとって、判決を下すことと議会で審議することは、根本的に異なる二種類の活動だった。逆にギリシアの例は私たちに、それらの相補性や、それらが都市生活の統制という同じ営為に帰属するものであることを、再び見いだすよう促してくる。

英国の「弾劾」

欧州の古くからの王政に見られた政治権力のヒエラルキーでは、歴史的に判事の職務に優位が認められてきたが、英国の制度はその優れた実例をなしている。中世においてはすべてが裁判であったと言っても過言ではない。主権者の役割とはまずもって裁定を行うことだった。また周知の通り、英国やフランスなどの国では、強靱な王家の権力の構築は、地域の裁判所に認められた上訴の制度の発展と連動していた。社会を組織する役割をもった積極的な行政権という理念は、当時はまったく欠落していた。統治するとは、基本的に司法を管理することにほかならなかった。代議制それ自体もこうした観点から理解される。一七世紀の終わりまで、英国では自国の議会組織（国会）を「高等法院」と定義していた[10]。法律それ自体も明確に「国会で下される判断」として受け止められていた。こうした枠組みにおいて、判決を下す権能は第一の権能、あらゆるものに先立つ権能と解されていた。そのような考え方にもとづいて、国会は王宮の大臣たちを統制する第一の形式であることを主張しようとしたのだ。「弾劾」手続きの起源はそこにある。それは中世の背信概念が次第に拡大していったことと結びついていた[11]。

庶民院は一三七六年に弾劾制度を創設し、支配的な大臣だったラティマー卿と、ロンドンの複数の貿易商が、「王と民に対する不正・不実」の罪で弾劾された。「弾劾」の宣告を導く国会の裁定は法的行為と見なされていたが、事実上それと分かちがたい形で政治的判断とも見なされていた。審議の議事録によれば、告発内容は民衆の一般的感情(民衆のどよめき)にもとづき証明されたと見なされ、ラティマーとその共犯者たちは、告発者本人に対して反論することも許されずに、「庶民院の総意によって」[12]職務停止・有罪となった。したがってこの代表例では、刑法上の責任と政治責任という観念が完全に入り組んでおり、後者は前者の一種という形で表明されている。

　政治的統制様式としての「弾劾」は、一五世紀半ばまで慣習的に多用されていた。その後チューダー朝になって廃れるが、それは同王朝が国会の統制権の制限に成功し、同時により恣意的な、ときには王権によって操作される、私権剝奪法[13]の手続きを重んじたからだ。ほぼ二世紀におよぶ休眠の後、「弾劾」手続きは一七世紀に文字通り復活する。

　その原動力となったのは、当時の偉大な法律家で、高等法院王座部の裁判長でもあったエドワード・コークだった。一六二一年に国会入りしたコークは、旧来の手続きに整合性を与え直すことに専念した。だがそれは、公人による軽犯罪や重罪を処罰する方途を再発見したにとどまらない。その目的は、大臣たちの文字通り政治的な責任を認めさせ、処罰することにあった。一六二四年には、コークは「会計係」のライオネル・クランズフィールドを弾劾することができた。個人的な汚職のほか、独占権の認可における大臣の振舞いがその主要な告発内容となった。手続き開始の真の動機は、王の信頼をなおも得ているものの庶民院の信頼は失っている大臣を、単純に更迭することだった。[14]こうした場合に庶民院は、社会の「一般調査官」と見なされなくてはならない、とコークは強調している。

その見識は一六二六年に成功を収める。国王ジェームズ一世のお気に入りだった、バッキンガム伯に対する「弾劾」手続きが発せられたときだ。この事例はまさに模範的だった。国王はバッキンガムを積極的に支援したが、同時にバッキンガムは議会によって、海軍大将としての責務をきちんと果たしていないと糾弾されてもいた。手続きそのものは完遂しなかったが、議会が大臣の政治活動の判事として機能しなければならないという考え方は、決定的な一歩を踏み出した。

コークの法的議論は巧みなものだった。王の特権に公然と逆らうことは決してなかったが、その特権を完全に抽象的な原理に帰することになる表現でもって絶対化し、特権の及ぶ範囲を逆説的に制限してみせたのだ。一方では、王に誤謬はないという古い格言を高らかに追認した。他方では、たとえ王の名のもとであろうと、大臣を処罰するための行動を議会は自律的になすべきであると訴えた。もし王自身がみずからの法廷で直接裁くのであったなら、判事であるとともに当事者でもあることになり、王の権限は弱まってしまったであろう、というのである。

ジェームズ一世は、国会において自身が潜在的に代表されているという考え方の罠にはまった。おのれの役割と優位性を神聖化する代償として、自身の権力はより象徴的な機能へと縮減されたのである。裁定を下す権限は王の名のもとに行使されてはいたが、実質的には王の統制の埒外でなされていた。他方、それから数年後の内戦勃発の後、革命家の側はまさにそうしたやり方で、王の名のもとに王と戦うことを主張できたのだった。

一六八八年に名誉革命が終わると、王権に対する議会の勝利により、議会はより直接的にその政治的役割を果たすことができるようになり、「弾劾」手続きは早期に廃れることになった⑮。毎年の税と予算の議決を通じた議会による大臣の統制、大政党の形成、内閣の統治実践により、連帯責任・政治責任が生まれ、それが古くからあった刑法上の個人の責任に取って代わっていった。かくして不信任票が、斧と断頭台に置き換わったのだ。だが、その進歩は否定しえないにせよ、だからといって責任をめぐる問いが、現実には常に告発とそれに続く審判の領域にあったことを忘れてはならない。

政治責任は歴史的に刑事上の責任に代わるものとしてあり[16]、政治的な過ちの訴追が、犯罪のより限定的な咎に取って代わったのだとしても、それら両者には、処罰を科し、犯罪の意図をくじき、個人の行為について裁判に付すべきだとする同じ関心が見て取れる。司法に見られるような論理はまさにこのようにして、近代の政治制度、議会制度を支え続けてきたと考えることができるのだ[17]。

古来の罰則が撤廃されたからといって、そのことが覆い隠されてしまってはならない。そのような責任追及の形式的変化の条件は、当然ながら国によって異なっていた。英国が実質的に、政治責任の最も完成した形を作り上げていたことは否定しがたい。そのもう一方の極にあるのが、国王殺しが国の基礎にあるフランスだ。フランスは第五共和政において、責任を問われない主権者としての大統領を擁立する誘惑に屈し、大臣たちもまた、その影の後見制度のもとに身を潜めたのだ。

アメリカの「リコール」

アメリカの「リコール」は議員の罷免手続きである。それは審判の営為に近い、歴史上三番目の政治実践をなしている。この種の営為は現在、主なものとしては基本的に西部と中西部の一五州に存在する。二次的なものとしてなら三六州にある。最初に導入されたのは、一九〇八年のオレゴン州でのことだった。[18] カリフォルニア州、アリゾナ州、コロラド州、ネバダ州がすぐにそれに続いた(同制度はそれ以前、一九〇三年にロサンゼルスでのみ試験的に導入されている)。二〇世紀初頭にリコールが採用された背景には、当時のアメリカにおける民主主義の欠陥に対する広範な批判的運動と、実に多くの政治家に対する腐敗の非難があった。リコールは、予備選挙制度の発展や市民の発議による住民投票の導入などと合わせて、代議政体の影響力を是正する全体的な力を形成していた。その綱領を策定したのは「進歩主義運動」だった。

実践面で言えば、リコールは議員の罷免手続きで、特定の議員の更迭を求める嘆願書のキャンペーンによって幕を開ける。最低人数の署名が集まると(通常は有権者の二五%程度)、投票が組織される。事実上公職に就くすべての者、つまり州知事や州議会議員から単なる地元の議員に至るまで、さらには検事や保安官、場合によっては判事までもがその対象になる。州知事も少なからず、そうした手続きの末に役職を追われてきた(最新の事例が、二〇〇三年のカリフォルニア州知事グレイ・デイヴィスの例で、その代わりに州知事となったのが俳優のアーノルド・シュワルツェネッガーだった)。[19] 市長もその例にもれない。たとえば一九七八年のクリーブランド市長、一九八七年のオマハ市長などの例がある。また、より地位の低い役職に就く数千人の議員のリコール例もある。[20] 罷免された議員の中には、「スクール・ボード」(教育政策の決定において大きな役割を果たす)のメンバーや、「灌漑区域」(カリフォルニア州やネバダ州などの農家にとって決定的な、水資源の管理を行う)の責任者、郡レベルの各種小委員会のメンバーなどが含まれている。この主題については「ごく普通のオストラシズム」と言って差し支えないほどだ。

そのような手続きの意味をどう理解すればよいだろうか。それを市民発議の住民投票に似た直接民主制の極端な形式と解釈するのが一般的ではある。[21] 実際、二〇世紀初頭のアメリカでは、そのような表現でもって同手続きが記述される場合が多かった。リコールが徹頭徹尾、普通選挙方式による指揮権の表明であるというのもまた正しい。だが私が思うに、その本質は別のところにある。つまり、それが行う操作の性質そのものにあるのだ。

形式的には、その操作は更迭を争点とした投票に似ている。先に選挙で示された当該役職への信任表明を無効とする、不信任投票だということだ。だが実際には、リコールと投票の二つの操作は厳密に対称的ではない。選挙は一票を投じて複数の候補から選択する行為である。リコールの場合はむしろ、評価の領域、特定の人物の行動に関する審判の領域に属する行為だ。住民投票の手続きと類似はするが、リコールを代議制統治に代わるものと理解するわけにはいかない。それは基本的に、不誠実もしくは無能が疑われる公務員を罰することによって、「正しい代議制」を修復しようとする手続きなのだ。リコールの際に票を投じる市民は、実際には集団的に、嘆願の発議者たちによる告発(かれらは起訴陪審のようにふるまう)について裁定する陪審員のごとくに行動する。したがってそれらの市民は判事であり、有権者なのではない。

リコール手続きを開始することになる嘆願書の作成は、そうした企ての準・司法的な性質を明白に証している。嘆願は真の告発的行為として示されるからだ。ここではそうした嘆願書から三つの全文を再録しておこう。そこに、以上のことが明確に示されている。[22]

一九一七年、オークランド市長デイヴィーのリコールのための嘆願書

以下のことは明白である。

その者は、教育の欠如においても、職務遂行の実務能力においても、絶対的に無能である。

その者は、市議会において市の事案について発言する市民を侮辱し、またその行動はオークランドを嘲笑してもいる。

その不作法かつ不正な行動は、オークランドに修復不能な損害を与えつつある。

その者がまだあと二年、市長職にとどまることは、あまりにも危険で許しがたい脅威をなしている。

その者は産業を破壊している。

その者には建設的な考え方など微塵もない。

その者は多くを語るが何一つ完遂していない。

その者は減税について語るが、それを実行するための措置はなんら講じていない。

その者は経済について説くが、計算することもなく浪費し、三〇〇〇ドルもの乗用車を購入したほか、息子に一五〇〇ドルの給与で運転手の役職を与え、八五ドルもする椅子さえ購入している。

その者は就任以来、オークランドの町に問題を持ち込んでいる。

その者が指名した顧問で、市の公共サービスの長官でもあるジョージ・カウフマンは、行政を政治的機構に変える計画を知らしめている。

その者は、保健衛生の保護を訴える請願を一顧だにしない。

その者は、警察長官のピーターソンの更迭を約束したが、現在では長官の熱心な擁護者になっている。

なぜであろうか？

オークランドは、さらに二年間の「デイヴィー主義」を許容することはできない。「リコール」のみが唯一可能な是正策である。

一九一三年、カリフォルニア州上院議員オーウェンズのリコールのための嘆願書

以下に署名したカリフォルニア州の有権者一同は、本嘆願書をもって、第九上院選挙区の上院議員ジェームズ・C・オーウェンズの「リコール」を求め、当該職務への後継者の選挙を求めるものである。カリフォルニア州憲法第二三条の規定にもとづき、本要請の理由を以下に示す。

オーウェンズ上院議員は、民主党議員としての公約を幾度となく破っている。労働者に対して書面に記した約束を守らず、決定的瞬間に投票もしくは欠席することを通じて政界の大物を支援した。

同議員が所属する党の政策綱領は、カリフォルニア州のレベルでの産業保険制度を提案していた。ところが同議員に至っては、ボイントンの労働者への賠償を目的とした法案への修正案、すなわちかかる保険制度の導入を阻むと思われる修正案を擁護している。まさにそれは保険会社を利する行為であった。

同議員が所属する党は、八時間労働法を女性の労働にまで拡大適用することに好意的な発言をしていた。ところが委員会において同議員は、その適用範囲を狭めようとする提案に賛成票を投じ、すでに同法の対象となっていた木綿製糸業の被雇用者を排除するに至った。最終的な投票に際して同議員は欠席している。

同議員は、電力会社の支援のため、水資源の保全法案に反対票を投じた。

同議員は、鉱山の監査、ならびに鉱山における労働条件の改善と労働時間の短縮に反対票を投じた。鉱

山管理会社に便宜を図るためである。同議員は上院に、法案二四三を提出した。これはあまりに悪しき法案であったがために、鉄道委員会が正式に、「鉄道に関係する公共サービス法の最も重要な規定を、無効とするための法律」と称すべきものだと宣言したほどである。この二年間、同議員は一一三回にわたり、言い逃れもしくは欠席により、訴えを逃れてきた。以上は、オーウェンズ上院議員が「リコール」によってその職務から更迭されるべきであると考えられる理由の、ごく一部にすぎない。

当時の嘆願書を代表する二つの文面を再録してみたが、ここからも、対象となる公職者を告発する証書の作成のために、道徳的・職務的・政治的考察がいかに入り交じっていたかがわかる。その曖昧で異質な側面それ自体もまた、これら二つの事例における市民の粘り強さを実によく示している。その一世紀後も、事態はほとんど変わっていないのが驚きだ。二〇〇三年の、グレイ・デイヴィス知事更迭のための嘆願書がそのことを証している。

知事が更迭されなくてはならない理由は以下の通りである。カリフォルニア州の財政管理は劣悪であり、納税者の金銭を横領し、地方自治体への予算配分を大幅に縮減して公共の治安を脅かし、エネルギー政策の大きな失敗による法外なコストを説明することもできず、より広範に、州の大きな問題が重大な危機へと発展するまで対処できていないことも明らかになっている。

カリフォルニア州はこれ以上、学校制度の不備、大規模な渋滞、公共サービスの法外な出費と膨大な赤字を抱える州として認知されてはならない。それらはすべてきわめて悪しき行政運営の結果である。[23]

対象となった責任者が、判事である民衆の前に召還されるという図式は明確に示されているが、それら対象者に突きつけられる不満の声はというと、刑事的・政治的な領域のものが混乱した形で混在している。リコールの利点と不都合とを戦わせる通常の議論によって、そうした第一の特徴が見えなくなってしまってはならない。したがって、直接民主主義と間接民主主義の関係を視野にリコールを評価すればそれでよしとする分析の枠組みを、超えていかなくてはならないのだ。リコールはより広範に、民主主義の「司法的契機」として理解されなくてはならない。ゆえに最も適切な対比は、リコールと住民投票よりも、むしろリコールと弾劾手続きの間でなされるべきである。

アメリカ合衆国憲法はその第二条において、大統領、副大統領のほか、すべての公職者が、背信や贈収賄その他の重大犯罪を理由に、その役職を解かれることがありうると定めている。この「弾劾手続き」は議会によるものだが(上院によってなされる)、同時に比較的厳密な軽犯罪をも対象に据えている。ただ、一七八七年以来、それが用いられたのは二〇回に満たない。[24] リコールと弾劾のどちらの手続きも精神は似ている。だがリコールについては、採択した各州においてはるかに大々的に活用されてきた。より柔軟に適用でき、手続き開始の動機も開かれたものになっていて、政治責任と刑法上の責任とをはっきりとは区別していないからだ。逆にリコールには、真に司法的な手続きの厳密さがない。そのメカニズムには、いわば減衰した司法と政治とが入り交じっているのだ。ゆえにリコールは「ハイブリッド」な特徴をもつと言うことができる。それは投票と審判の類似性や両者の代替可能性を強調しもするが、一方でそれら相互の堕落についても考慮するよう促してくる。[25] 通常の民主主義的実践の周辺部分で、「リコール」は民主主義の潜在力と隠れた危険を浮き彫りにするのである。

2　準・立法者

陪審団の民主主義的性質

判事としての民衆という形象は、陪審制度の歴史が示すように、陪審団の諸特徴をもとに具体化してもいる。西欧では陪審制度は中世に再導入された。当時のその目的は、騎士同士の係争を、幅広く普及していた決闘裁判に頼ることなく、平和裡に解決することにあった。偶数の少人数の集まりでの判決が、そうした成果を最も生みやすい手続きであると考えられていた。[26] その後、王政の裁判権が強まったことで、その制度は衰退することになった。近代の陪審制度の考え方が真に誕生したのはより後の時代、一八世紀半ばのことだ。

陪審制度は、啓蒙主義者らが司法の誤りを減らすために行った一連の考察の一部をなしている。司法の誤りは、人権概念が台頭した当時、不正の最も衝撃的な現れとして受け止められていた。当時の偉人たちはいずれもそうした問いかけを共有していた。ベッカリア、ブラックストン、コンドルセ、ヴォルテール。ここでは最も有名な名前だけを挙げるが、皆この主題について著書を刊行している。かれらの共通の問題は、誤りを犯しがちな人間である判事が、評価を誤るリスクを最小限に抑えつつ判決を下すにはどのような条件が必要かを定めることだった。アカデミーや諸学会は、その問題を全欧レベルのコンクールにかけたりもした。すると、すべての書き手の筆のもとで、同じ解決策が幅を利かせることになった。陪審団を置くことである。たとえばブラックストンはこう記している。「この賞賛すべき制度は、世界で用いられているほかのいかなる調査方法よりも、真実の探求によりよく適合し、よりよく対応できるものである[27]」。一二人ほどの審議グループならば、一人が見解を出すよりも、事実の評価において誤りを犯す可能性はより小さくなるからだ。

このように、理性と真理の確率論的理解を通じて、陪審制度の考え方は啓蒙主義の時代に、個人の権利と自由の保護のために重要な制度として必要とされるようになった。『正義における蓋然性試論』(一七七二)においてヴォルテールは、無実の者が有罪とされる可能性を減じるためのそうしたアプローチを、初めて定式化しようと試みた。数年後、コンドルセは有名な『多数決への確率分析の応用に関する試論[28]』において、その定式に決定的な表現を与えた。フランス革命期の法務の一大改革者だったトゥレは、次のように述べ、こうしたアプローチを要約している。「陪審制度は人間のもとでありうる無謬性に最も近い方法である[29]」。

このように、「合理主義的」もしくは「確率論的」と称することのできる陪審制度の歴史がある。だがそれは、少し後に、より厳密に政治的な別のアプローチで裏打ちされることになる。民衆の陪審制度は、普通選挙の導入と不可分の民主主義的制度になったのだ。まさにそれが、私たちがここで第一に関心を寄せている事象である。その開始を告げたのは英国のピューリタン革命だった。有名な一六四九年五月一日の「民衆合意(メーデー・アグリメント)」は、最も急進的な熱望を形にしたものだが、それは真に民衆的な代議制の原理を、自由選出の陪審団の創設に結びつけている。

とはいえ、民主主義的な陪審制度の初の形式を事実上組織し、革新をもたらしたのは、アメリカの革命〔独立運動〕だった。アメリカでは、各種社会的権力の行使に直接関わる民衆の補佐役をなしたのが、民兵、陪審制度、選挙区制だった。陪審制度はこの枠組みにおいて本質的な政治的価値を担っている。つまりそれは市民の平等の現れなのだ。陪審団に参加することは公民活動の一つの形なのである。[30]

トクヴィルは、著書『アメリカの民主主義』の有名な一節においてこの側面を強調してみせた。「陪審制度はなによりもまず政治的な制度である。(中略)議会が立法を担う国の一部であるように、陪審制度は法の執行を担う国の一部なのである」[31]。陪審制度のこのような民主主義的性質は、それを支える平等の原理からのみ派生しているのではない。議決権にも似たその機能的様式にも負っているのだ。有権者はその見解を一度だけ、投票箱に投票用紙を入れるときに表明することでよしとする。それに対して陪審員は、情報交換と議論というより長く変化に富んだプロセスの一端を担う。したがってそれは市民権のより完成した様式なのだ。この点は、一七八七年にフィラデルフィアで起草された憲法の批准をめぐる議論において大いに強調されることとなる。[32]

この告知と議論の原理には、アメリカの場合、制度の地域的な側面が付随してもいる。すなわち、陪審団は当の事案から遠くない人々、被告と同じ地域に住む人々で構成されるのだ。このような形で陪審団は、当時のアメリカにおいて政治文化の中心と目されていた近接性の制約を実現したのである。[33]陪審員としての介入が一時的にすぎないという事実も、常に開かれた政治機能というある種の理想、輪番制の原則に従う理想に一致している。このように、陪審制度とともに、民主主義的活動の討議的・参加型の考え方が明確になるのだ。それは代議制統治の機能が内包する、様々な形のとてつもなく大きな距離感を補完するのである。

フランスの経験にも、そうした特徴は数多く見いだせる。そこでもまた、第一に考えられたのは、司法が誤るリスクを低減しようとする配慮だった。革命期には陪審制度の文字通り民主主義的な側面が、同時に強く打ち出されていった。同制度の採用は明らかに、国民主権の原則を適用しようという全般的な動きの一部をなしていた。憲法制定議会での改革の旗手だったアドリアン・デュポールは、法に関して立法院が人民代表に対してもっていたのと同じ関係を、陪審制度は司法に関して人民代表に対してもっていると考えていた。[34]彼はこう述べている。ひとたび陪審員の制度が確立すれば、「暴君の力の行使にすら立ち向かうことができる。なぜかといえば、審判を下す途方もない権限がみずからのもとにある限り、人民は絶えず自由であるだろうからだ[35]」。

政治的な自由が投票権と陪審制度の二つの基礎に立脚しているという考え方は、このように革命的視座の中心に位置していた。陪審員と有権者の人物像は、その後絶えず重なり合うようになる。納税による制限選挙の王政下では、陪審員になる可能性は投票への道筋よりも開かれていた。「陪審員はすべて有権者とすべきである」。結果的にこれが、選挙制度改革のキャンペーンを始めるにあたって共和主義者らが採択した初のスローガンだった。逆に保守派は、一九世紀を通じて人民の陪審団の職務を批判し続けた。当時の保守派にとって、普通選挙の原則を公の場で非難するのは難しくなっていたからだ。こうして執政政府時代以降、陪審団が発する「驚くべき無罪判決」を糾弾する文書が盛んに書かれるようになる(36)。

その数字は確かにきわめて鮮烈だ。一九世紀の最初の数十年間で、流血事件の四〇％は無罪となっているのだ。幼児殺害や中絶事件に関する統計も同様だ。当時の多くの刊行物に、陪審員としての民衆の無知、その無節操、支離滅裂、犯罪者への寛容さと懲罰の厳粛さを示そうとする熱意などについて、烙印を押そうとする反動的な誇張が見いだせる(37)。さらに立法によって陪審制度に制限が課されることもたびたび見られた。それは、活動的な市民に一部の人々(たとえば家事使用人やケアを必要とするある種の人々)を含めることへの、古くからの躊躇の痕跡をなしている。一九世紀末には、陪審制度を規制しようとする見識が大いに再燃しさえした。たとえば当時の偉大な社会学者の一人だったタルドは、同時代の人々に、陪審員の調査に代えて科学の専門家による調査を据えることを呼びかけている(38)。反・民主主義的な合理主義の潮流が、こぞってその十字軍に参加することになる。当時は普通選挙が人々の生活習慣と実践に入り込み、後戻りはできなくなっていたというのに、だ(39)。それらの著者たちが掲げた「陪審制度の権利」問題の背後には、実のところ、社会規範をめぐる争いもあった。つまり、人民の陪審団による決定が批判されたのは、そうした決定が、一部の人々から法と慣習に合致していると見なされていたものを、再度問題に付すからでもあったのだ。

規範の競合的な産出

陪審制度の民主主義的役割は、規範を生み出すというその側面においても理解されなくてはならない。なんらかの犯罪者を無罪にすることで、陪審団は、法律そのものと、犯罪の相対的重大性の認識との間の、いわば隔たりを表明してきたのだ。一九世紀の初めには、情念のもつれによる犯罪で起訴された人々は無罪となることが多く、一方で財産の侵害はより一貫して有罪とされていた[40]。そのような事案における無罪判決は「事実上」、代議士らが可決した法律の修正に役立った。こうして、陪審員らの選択を通じ、民衆の感情の直接的な表明である一種の「自然発生的な法」が、しばしば発布されてきたのである。公正と不正の理解、過ちの重大さの水準（とくに財産の侵害と人身への侵害との違い）、みずからが正当な評価を受ける権利など、陪審員が事実上構築していたのは、固有の規範的宇宙なのだ。王政復古時代のある左派の議員は、陪審制度をそうした方向で定義し、「社会的保護を即時的に実施する、国による判断[41]」としていた。したがってそこに現れているのは直接民主主義と間接民主主義の対立形式でもあり、陪審制度のもう一つの政治的側面を際立たせていた。司法あるいは社会秩序の侵害をめぐる、競合し合う諸定義は、このような枠組みにおいて対立し合っていたのだ。

その緊張を和らげるため、立法府は一八三二年に、「情状酌量」の概念を導入した。陪審員はそれにより、法的な最低限の処罰以下の判断ができるようになった。それは無罪判決の件数を削減する試みだった。先に述べたように、無罪判決は全体の三〇から四〇％に達していた。それはまた、「民衆」の規範と「法的な」規範との乖離を見えなくするやり方でもあった。その少し後の一八四〇年には、重罪裁判所における有罪判決の六八％で情状酌量が認められている[42]。それはつまり、同措置は陪審団によって適切に覆されていたということだ。

陪審団の活動の政治的側面は、フランスの場合、直に政治的な領域でも現れていた。革命期と帝政期、国民陪審員は、自分たちに付託された政治的訴追の大半を無効としている。当時、陪審団の制度は、政敵を刑事裁判所で有罪にしようとする歴代の政府の試みにことごとく反対してきた。恐怖政治時代においてすら、当時の政治犯の四分の三近くは無罪とされた。それに続くテルミドールの反動期の文脈でも、同じく有罪判決への嫌気が見られる。(43) このように、陪審団には否定しがたい自律性があり、それはときに、当時の政権による政策に正面切って反対したり、政治問題に関して、少なくとも党の関係者の理解とはまったく異なる理解を示したりしている。

その種の現象の解釈は複雑だが、陪審団の「暗黙の政治」と、選ばれた権力の立場との乖離は、それ自体で本質的なものでもある。報道機関絡みの事件の裁判への、陪審団の介入が、政治の是正者としての役割の重要性を物語っている。報道の違法行為が一八一九年以降（さらに一時中断を経て一八三〇年以降）、重罪裁判所に送致されていたことは、そうした事案において陪審団に主導的役割が認められていたことの表れだった。そのような形でも、陪審は政治を規制する制度であると考えられていたのだ。その意味で、代議政体の表明と平行するものとして、陪審団に固有の政治について語ることができるのである。

そこでもまた、真の民主主義的二元論が確立していた。名士たちはそのことを絶えず糾弾していく。とくに普通選挙の実現以降はそうだった。かれらの解決案はどのようなものだったろうか？　それは単純に、重罪裁判所の介入領域を大幅に削減すること、したがって陪審団の地位を制限することにあった。かくして一八九四年のフランスの法律によって、それまで重罪裁判所で扱われていた犯罪行為の全体を、軽罪裁判所に、つまりは専門的な判事の手に委ねるようになった。と同時に、そうした領域で下される量刑も、正規化され、体系化され、強化された。裏切られた妻、あるいは捨てられた愛人が起こした殺人事件はそれまで、許容されうると判断されて無罪となることが多く、ときに聴衆からの拍手まで巻き起こっていたが、なんらかの手段で一部の案件が軽罪裁判所に回されるようになると、無罪の事例は大幅に減少した。民衆のなにがしかの自発的モラルとブルジョワジーのモラルとの乖離は大幅に縮減された。

政治に特化した領域でも同じ効果が見られた。ある種の報道機関がらみの事件や、国家の安全を揺るがすあらゆる重罪・軽罪、軍人への不服従の教唆などの多くが、軽罪裁判所へと移管されたのである。フランスは一八九〇年代に無政府主義のテロの波に襲われたが、政府はもはやそうした領域において、陪審団の甘い判決を恐れる必要はなくなっていた(44)。司法判断をよりよく統制することによって、共和国の名士たちは、潜在的に競合関係にある権力の源を枯らしていたのだ。

次のことは強調しておこう。フランスの状況は、一九世紀末においてはいささかも例外的ではなかった。普通選挙は全欧に定着したが、陪審制度は同時にあらゆる場所で激しく攻撃されていた。スペインでは陪審制度が撤廃されたし、イタリアや英国、ドイツでも盛んに批判されている(45)。その一世紀ほど前には、自由の最も明確な形式として世界的に賞賛されていたその制度は、エリートの眼に、数の非合理性を象徴するものと映るようになった。

陪審団の、民主主義の当事者としての側面は、とくにアメリカで際立っていた。陪審団には政府の職権濫用から市民を守る役割があるとの考え方は、米国では共通の政治信条の主要な要素をなしていた。陪審員はこうして「民衆の保護者」として、また「政治の当事者」として理解された(46)。欧州での場合と同様、陪審団は法的な規範とは別の社会規範を「民主的に」生み出すことに貢献した(たとえば自己防衛の分野などで)。だがアメリカの場合、陪審団には長い間、立法に準じた役割もあった。一九世紀には州憲法の多くが、陪審員に法そのものを考察する権利を認めていたのだ。「陪審員は法の判定者であるとともに、事実の判定者でもなくてはならない」と、一七九〇年のペンシルベニア憲法はその方向で(とはいえ穏健に)記していた。

植民地時代から受け継がれたこうした見方は、陪審団が唯一の「民主的・代議的」な制度だった時代に呼応している。真の代議政体がないために、陪審団の判決(たとえば報道法の分野など)こそが、当時の英国の法律とは別の、支配的な一般世論に相当するものを表すことができたのだ。このアプローチは一九世紀を通じて必須とされた(47)。かくして、いくつかの著名な事例において、陪審団が実際に、逃亡奴隷に関する法律の基本的な規定を無効にしてしまう場合が見られるようになる。陪審員のきわめて広範に及ぶ役割は、この時代、地域の権力という側面に結びついてもいた。その後二〇世紀になると、そうした準・立法的な職務は、より構造化された国の権力が確立するにつれて衰退していく。とはいえそれは、制度の原理そのものの根底に常に横たわっているのである。

影の立法者

陪審団は、代議制によって洗練された規範的秩序を密かに社会的に修正する唯一の事例というわけではない。フランスの労働委員、つまり労働争議における職業裁判の担い手の例も、この観点からすると興味深い。驚くべきことに、労働者と経営者の同等の権利の原則が一八四八年に確立する以前から、ナポレオンが一八〇六年に創設した制度によって、様々な工場に見られた、合法的な自由主義的秩序から明らかに距離を置こうとする動きは正当化されるようになった。当時は親方たちが、労働運動の組織を安定させることに役立つと考えられるルールの制定を奨励していた。労働運動はそれまで、増大する争議に付き従い、目に余るとさえ受け止められていたのだ。そのような「自己産出的」ルール策定様式は、当然ながら、労働界の影響力がより鮮明になるにしたがって強化されていった。かくして労働争議の調停の場では、正義と不正についての実利的な理解が成立するのである。

一八三〇年代以降、そうした考え方のもとで初期の労働連合が各種決定をまとめ上げ、集成を図っていくのだが、そこに描き出されているのは、単なる判例集以上の、真の法令集成の企てにも匹敵するものだった。かくしてこの分野の歴史家は、準・立法権の形成について論じているほどだ。そこでは次のことが強調されている。地域の労働委員の決定が制度化していった規範は、きわめて特殊で半ば違法ともいえる特徴をもち、当時の民法の支配的な理解に反するようなものだった[48]。他方、パリの労働組合が一八八一年に再編され、労働委員の活動の検証と連携を担う「中央選挙・監視委員会」を形成したことも意義深い[49]。組合同士が結束して、真の連合を形成するよりもだいぶ前の話である(労働総同盟は一八九五年に創設された)。

文字通り司法上の戦略として、事案の特徴から、判例を刷新させうるような裁定が見込めるものを選出してもよい。そのような戦略は、たとえごく一部にすぎないとしても、社会をまた別の形で

「共・立法者」にすることができる。労働争議の分野において労働組合は、だいぶ前からその方向で研鑽を積んできた[50]。そうしたアプローチは、とりわけ「コモン・ロー」の国、つまり事案ごとの判決が法を大きく決定づけるような国において高く評価されている。アメリカでは数多くの団体が文字通り法的な投資を行っているが、ゆえにそうした判例刷新につながる活動が優先的領域の一つとなっている。

それは一般に二つの面を併せもつ。一つは最も伝統的な面である。すなわち下院に対するロビー活動を通じて、立法の進展に影響を及ぼそうとするのである。けれども、模範的と判断される事案において有利な決定を得ようとする、文字通り法的な活動も、同様に中心をなしている。たとえばＡＣＬＵ（アメリカ自由人権協会）は現在、そうした目的のために実に一五〇〇人もの弁護士を雇っている[51]。このとてつもない発言力により、同協会は間接的な活動家勢力になっていて、政策綱領の支援以上の影響力をもっていたりする。そうした法的な行動主義の様式の上に、一種の「影の立法者」が輪郭を現しているのである。その誘発と修正の効果はときに決定的なものにもなりうる。アメリカでは、ＡＣＬＵが優先的に介入する分野、つまり合衆国憲法修正第一条で保障されている表現の自由に関わる諸権利の分野で、そのことが見受けられてきた。その事例についてもまた、代議制の確立への寄与とは別の、直接的効果を伴った影響力を行使する「判事としての民衆」として論じることができるだろう。このようにして人民主権と「法の支配」は重なり合い、後者は形式と時間の多元性という二重の意味において、前者の表出をなしているのである。

3 審判の優遇

政治の司法化という問題

政治から刑罰への変質は、現代の民主主義の一側面をなしており、とりわけ分析やコメントが数多く寄せられてきた。この問題は、とくに政治の「司法化」として論じられてきた。その変化には数多くの原因がある。最も顕著な原因は文句なしに、政治責任を問う条件の変化にある。それは複合的で起伏に富んだ現象であり、複数の要因にもとづいている。大まかな図式としては二つの要因が区別できる。一つは政治制度そのものの性質から派生した要因である。公的活動の刑罰化は、政治制度の不安定と脆弱さを特徴とする国において、あるいは制度的矛盾が責務の健全な行使を危うくしている国において、とりわけ顕著なのだ。

欧州では、イタリアがそうした事案の典型例をなしている。政治制度がみずからを律することができず、社会の期待に応えられないせいで、政治的分野における判事の力の増大が加速されているのである。一方、フランスの例は、むしろ憲法の機能不全に付随している。国家の頂点において首相と共和国大統領の二頭政治を組織する難しさゆえに、大統領は事実上責任を問われなくてすむようになっている。(52)他方、議会の相対的な弱さも、他国に見られる統制の全体を、行政が免れている一因になっている。第五共和政の憲法の不備は、ここにおいて一般的現象を加速する役割を果たしている。

第二の要因として、政治の司法化はより幅広く、市民の要求に対する政府の「反応性」の減衰に根ざしている。政府が社会の期待に耳を貸さなくなったように思われるほど(反応性の原則)、政府にはいっそう厳密に総括をなすことが求められるのだ(説明責任の原則)。こうして私たちは、「対峙と代議の民主主義」から「責任の所在の民主主義」へと移行したのだ。政党の意義深い競合を中心に組織される対峙の民主主義モデルは、少なくとも一時的に、脱工業化社会の到来にともなう諸基準の解体のせいで弱まった。だが司法化への変質は、意志決定プロセスの不透明性の増大と、統治機構の複雑化によっても触発されてきた。ある意志決定の責任が本当は誰にあるのかを知ることは、徐々に難しくなっている。このような形で、責任の所在そのものが問題になってきた。それぞれの事案には当事者が多すぎ、諸問題の管理には各種の機構がもつれ合っていて、市民はそれを明確に認識できないのだ[53]。「リスク社会」への突入は、そうした責任の所在の困難さをなおもいっそう増幅した。そのため、より効果的でより的確な責務履行の様式が求められるようになった。まさにそうした文脈にあって、市民はときに選挙で手にするには絶望的な成果を、裁判に期待するよう誘われるのである[54]。政治的責務が十分に果たされないことから、刑事裁判で犯人を特定しようとするのだ。こうして政治における無力感は、様々な形式のもとで、統治者に試練を課す場を移しかえてきている[55]。

政治責任の不全を補うための刑事責任の問題化の高まりは、一般に民主主義体制における判事の権限拡大のサインとして解釈されてきた。「判事による統治」という概念はこうして、知識人の言語においても、またメディアにおいても、そのような変化を特徴づけるために必須とされるようになった。この問題に関する文献は今や膨大で[56]、次の二派に分かれている。そうした事象を人民主権の後退と同一視し、不安げに観察する人々と、法治国家の進展に合致する運動として、より楽観的に分析する人々だ。当然ながら、各国別の反応や姿勢を明確に区別する必要もあるだろう。アメリカ、フランス、英国、イタリアの四か国に限ってみても、歴史や制度へのこだわりにより、この点に関してはかなり特徴的な違いが見られる[57]。

だが、比較可能な全体の診断や類似点の検討もできる。判事の役割の増大と民主主義体制における法の力にばかり注目すると、中心となる問題が全般的に見逃されてしまう。すなわち審判という行為の特性という問題だ。判事の背後には、その活動の結果として「判決」が残る。現代の民主主義においてぼやけた形で表明される社会的要求は、おそらくその点において、まずは判決への期待をなしている。判決とは公的な活動の一形態、個別的事象において全体的利益を表明する様式なのである。政治の司法化と今や呼んでしかるべき事象は、そうした観点から理解すべきであって、権力の行使における司法官と議員との、単なる制度的「競合」の問題へと帰着させてはならない。「選挙にもとづく政治」に対する幻滅をも越えて、そうした期待が意味をもちうるには、それを意志決定としての判決の特殊な性質と関連づける以外にないからだ。その特殊性は、選挙・政治世界が機能するうえでの諸特徴と比較することによって理解すべきものなのだ。さしあたり五つの要素を取り上げることができるだろう。正当化の条件、意志決定との関係、行動における位置づけ、劇場性の形式、個別性との関係性である。

正当化という絶対命令

責務の履行には、自身の行動を説明することが暗に含まれる。一方でそうした正当化の様式は、裁判に臨むのか、選挙期間中に有権者を前にするのかでまったく異なる。「曖昧さを脱するには不利益を被る以外にない」と、レス枢機卿〔一七世紀の政治家・回想録作家〕は強調していた。隠蔽の技法、期限の先延ばしの可能性、約束の不鮮明さなどが基本的な役割を果たしているような場だからこそ、言葉は政治においてその十全な意味をもつというのだ。政治活動はほとんど構造的に、そうした曖昧さの維持を許す。曖昧さは政治の枠組みにおいて、保護と迂回の機能を担っている。「真実を語る」という約束が、逆に相対的な利点をなすことも確かにあるだろう。けれどもその違い、その誠実さ、その影響力を評価するのは難しい。法廷を前にするなら事情は異なる。裁判では、係争の当事者は公的な形での説明と正当化を義務づけられるからだ。その枠組みでは、誰も真に牽制することなどできない。

文字通り政治的な場面での発言の条件との違いは、このように歴然としている。裁判ではまず、見解を異にする者の臨席が組織され、強制捜査への服従が必要とされる。一連の手続きに従わなくてはならず、それを統制することもできない。加えて、事実に関する質問も、妨げたり、拒否したりはできない。裁判と選挙戦はこのように、対峙、正当化、決定の諸条件において著しく異なるのである。司法と政治の二つの修辞法も、同じ理由から相互に大きく隔たっている。前者では、より方法論的、より透明な形で責任を追及できる。ハンス・ケルゼン〔オーストリアの法学者〕の表現を借りるなら「帰責の連鎖」だが、それはより綿密かつ体系的に審査される。法廷での決定は他方、正当な理由がなくてはならない場合がほとんどだ。

もちろん、裁判を理想化してはならない。とくに審理の条件は多くの場合、望ましいすべての基準を満たすには遠く及ばず、透明性という目標も十全に達成されることはめったにない。だがそうは言っても、そうした社会的期待への応答がなされることもありえただろうし、問題となる政党の事実や意図、行動などを検証する統制されたプロセスが、成果を生むこともあっただろう。そうしたすべての理由から、市民は、選挙による処罰よりも法廷での判決のほうが逃れにくいだろうと感じるのだ。ゆえに市民はときに、政治的討議よりも法的な審議へと意図的に要求を突きつけるのである。またそれゆえに、市民の期待はときに、司法に向くことでよりいっそう大きく膨らむこともある。誰も言葉にはしないものの、陪審員ないし判事が有権者よりも内情に通じており、したがっていっそう合理的に評価を下せるだろうと感じているのである。

このように、審判は民主主義の平等の要件を、専門家によるなんらかの見識に結びつけ、数か理性かという対立しあう表明のモデルの狭間で、ある種の「第三の道」をもたらすのである。そのために判決は一つの意志決定の形をなす。それは投票の結果がもたらすものよりもいっそう完成した意志決定のように見えたりもし、一般にそれはより重大な結果を及ぼす。判決が形づくる決定に、より広範で、より重大な影響力が付与されるのだ。選挙のプロセスによって表明される一般意志の成立の傍らで、審判の表明は、民主主義的活動の実現に向けた、無視しがたい貢献として重視されるのである。

意志決定の義務

裁判の営為はときに国家の他の営為に関連づけられてきた。統治と審判は、共通善の実現のために都市の成員の生活に介入するという、類似した企てとしての特徴をもつ。とはいえ、司法の意志決定と政治の意志決定は同じものではない。政府の決定は多くの場合、行動と計画の長い連鎖において実現されなくてはならない。可能性を開き地平を描き出すという意味において、それは政治の一部をなしている。しかしながら、政治的決定には欠損がある場合も少なくない。「政治とは、様々な選択肢を斥ける技法なのである」「それはやがては時間が解決するというような問題ではない」。これらの世俗的な表現は、そうした現象の捉え方を表している。そのような非・決定が優遇される事例は数多く、恒常的だったりもする。

だが司法の領域はそのようなものではまったくない。法廷は、デリケートな問題だから、論争になっている問題だからといった理由で、裁定を行わずにすますことはできない。まったく逆である。問題が難しいからこそ、その問題は判決に従うことになるのだ。フランスでは民法の第四条に、依拠すべき法の文面がたとえ曖昧でも、あるいは欠落していても、判事は義務として判決を下さなくてはならないと明確に規定されていて、違反の場合には司法権剝奪の罰則が科される(58)。事案の付託を受けたならば、適切な法文がない場合でも、またたとえ自然法の原理に遡ることになろうとも、判決を下さなくてはならないのだ。

司法の決定の特殊性は、結審すること、責任の所在を確定し、行動を処罰することにある。それは最終的に係争を解決し、それに終止符を打つ。審判の効果とはこのように、不確定な状態に終わりを告げることにある。この意味において、ポール・リクールはこう記している。「審判は理解と意志の結合から生じる。この場合の理解とは、真実か虚偽かを考慮することであり、意志とは決定することである。こうしてわれわれは、審判という言葉の強い意味に達したのである。すなわち、臆見を抱き、推測し、真実であると信じるばかりでなく、最終的に立場を決するということだ」[59]。インド・ヨーロッパ諸語の語源が、そうした定義を確証づけている。すなわち、審判とは世界の確定、基礎づけ、組織化の行為なのだ[60]。司法行為の直接的な側面を越えて、審判はまさにはるか広大な地平へと踏み込んでいく。

次の指摘も意味深い。中世の時代には、「審判」という用語はより広く神の審判を指す言葉だった。審判はこのように、超越的・覇権的な企てという性質を帯びている。それは世界を確立する人間の権能の根本的な形式でもあり、またその限界の形式でもある[61]。現代世界においても、少なくとも政治との関係で言えば、審判は常にそうした側面をもつものであり続けた。数による意志決定や、自己成就の政治的原則に対して、審判は、共通の世界を形成するための男女の行動に、また別の様式が存在しうることを示してみせる。有益な意志決定と民主主義的討議との必須の弁証法において、それは都市国家の成立に固有の瞬間、固有の様式に対応するものなのだ。

積極的な観察者

政治的な意志決定は通常、未来への約束となる。逆に審判は過去へと向かう。審判の力と実効性は、そうした性質にもとづいているのだ。ハンナ・アーレントは著書『カント政治哲学講義』や『人間の条件』において、この点をとりわけ強調している。アーレントはとくに後者において、出来事の意味が明確になるのは、その出来事が完遂するときであると指摘している。彼女によれば、当事者はそのため常に眼が見えず、事象の理解は遅々として進まず、部分的で、バイアスがかかっている。逆に観察者は、すべての手札を手にしている。その視野はより広いのだ。判事はその点において、観察者や歴史家と同じ性質を示す。この後者二者の場合、距離感はまずもって「公平さ」の条件をなす。だがアーレントの指摘はそれだけにとどまってはいない。自身の立場が政治に対するある種の幻滅を物語っているのは明らかだが、アーレントはその幻滅を乗り越えようともしている。共通の価値観を練り上げるための、より広範な社会的対話の枠組みに、審判の活動を取り入れようとするのだ。まさにそこにおいて、判事は歴史家とは異なってくる。判事は確かに観察者ではある。だが、それは政治に参加する「積極的な観察者」であり、その介入は都市の制度化や規制という様相を帯びるのだ[62]。

本書において進めてきた省察の方向に従うなら、こうして審判をもとに、選挙による肯定的な政治と、阻止の主権との間の中間的カテゴリーを定義することができるだろう。加えて、当事者自身が十全な存在感を示すために、観察者のもつ省察的な機能を必要とすることも強調しておきたい。行動に寄り添い問いかける語りがなければ、行動自体もありえない。ただ純粋で直接的な行動を夢見るばかりなら話は別だが、歴史はそのような場合の袋小路を示してきた[63]。

したがって審判によって素描しうるのは、政治を別様に理解する仕方でもある。そのためには、真の「審判の政治」を論じることもできるだろう。審判とは、みずからを問いに付し、他者を問いに付すことにほかならない。審判とは、政党の活動家が行うように、他者にメッセージを発し、状況について真実を伝えることにあるのではない。それはまず、共同体の規範の有効性を試すことであり、共同体を構成する諸関係を練り上げる反省的な作業でもある[64]。結果的に審判は、政治本来の制度化の機能を果たす。投票や政府の活動によって表される通常の「意志の政治」が果たさない機能である。審判の機能は、現実と理想との隔たりに、明晰な形で根を下ろしているのだ。審判の政治と意志の政治との区別は、機能的なものとして示されはするが、最終的には社会学的な次元をもつものとなる。その区別は、一者としての人民と、共和制の理想との隔たりにも対応している。それは分裂した社会の現実を物語り、市民と個人との緊張関係を顕わにするのだ。

劇場性という事実

あらゆる権力は、その諸機能に一貫した可視性と可感性を与え、命令を課すために、演出を必要とする。ゆえに、覇権を示す様々な儀式が重要になる。それは近隣性と距離感の関わりを表し、威厳を強調し、保護者としての権能を示唆する。「政治権力はどれも、最終的に劇場性を介して服従を取り付ける」。そのような事象の優れた観察者はそうまとめている。[65] だが、それとはまったく異なる意味で、政治活動それ自体が演出の仕事のような性質を帯びるのだ。まずは社会を代表するという企てに結びつくことによって、また他方では意見交換と対峙の公共空間を形成することによって。[66] この後者の側面は、歴史的に政治と民主主義の経験を基礎づけてきた。古代ギリシアの都市国家において劇場が占める場が、そのことを模範的に物語っている。周知の通り、それは社会がおのれ自身について省察する基本的な場の一つだった。共同体がその精神的・市民的な下部構造に公的に尽力するという、他に類を見ない事例をなしているのだ。[67] だが政治のこの次元もまた、多くの場合隠され、無視され、あるいは拒絶さえされる。構造的に劇場性の形式に結びついているのは、司法活動の事案なのではない。

裁判所内の法廷は「司法の劇場」であるとベンサムは強調していた。[68] そこでは、係争中の当事者たちがそれぞれの場所に割り当てられ、直接的に理解可能な場面を構成するよう、あらゆるものが配置されているからだ。とくに傍聴人は、自分で選んだ場所を占めることができる。この特徴は大きな不変項でさえある。あらゆる国、あらゆる時代において、それこそが重要な裁判を主要な社会的出来事に仕立てるのである。告知の側面は常に重要なものだった。司法が公正にはほど遠いときでもそうだったし、まやかしでしかないときでもそうだった。[69] 公聴席はこのように、見世物の部屋として作られていた。この二世紀来、設計者のこの点に関する考察は熱を帯びていた。かれらは、公の場で下される判決がもたらす民主主義的な感情に、形を与えようと工夫を凝らしてきたのだ。

フランス革命期はとくに、そうした分野の途方もない経験と計画の貯蔵庫をなしていた。その時代に練り上げられた図面の大半が、観客の場所を大きく取っていたことは驚きである。だが、その観客たちは、単に気まぐれな好奇心をもつ人々と考えられていたわけではなかった。図面は公聴席を「人民専用の場所」と称し、一般意志の独自の形での表明という性質を帯びる司法空間に、市民を導き入れることが目的であることを強調している。[70] 公聴席の図面と、議会の両院の各種計画案との平行関係は、この観点からすると実に示唆的だ。議会の審議場には演壇が備えられるが、それは二次的な場所を占めるにすぎない。設計はむしろ、代議士たちに固有の空間の配置に注力している。議会では、こう言ってよければ、選挙による代表機能がすべてであり、傍聴者は何者でもない。法廷の場合、代表機能は判事の仲立ちを介して、より慎ましやかに「機能的」であるにすぎず、公聴者はたとえ受け身でしかないにせよ、中心的な場所を占めるのである。ここでせめぎ合っているのは、異なる二つの

「社会のプレゼンス」なのだ。

したがって裁判所とは、付託された事案について判決を下すだけのものではない。その儀礼には社会的な制度化の機能がある。(71) それは世界を秩序と規律のもとに置き直すという特徴をもつ。国によっても異なり、フランスの公聴席の神聖な空間は、共同での練り上げを志向するアトリエといったアメリカでの趣とは対照的だ。(72) だがいずれにしても審判という活動は、それのみが満たすことのできる、民主主義の一つの次元の活性化に貢献するのである。

模範的個別性の空間

公の注目を浴びる審判の有効性は、それが定義上個別の事例を扱っているという事実に結びついている。だが、どんな事例でもよいというわけではない。模範的な事例、極端な事例でなくてはならない。そのような形でこそ、審判は可能性の限界を描き出し、歯止めを際立たせ、世界に意味を与えようとするのである。審判は、一般性を目的とした政治の立法的側面とも異なるし、同時に、無限に多様である状況を管理すべく分散した、統治活動とも一線を画している。この意味においてアーレントは、審判が「どこか謎めいた形で、個別と一般とを結びつける(73)」と強調する。その緊張感は、共通善の探求の開かれた、建設的な理解に対応する。審判への社会的要求の高まりは、一者としての直接的な「理性」や「意志」から離れたところで、全体的利益の実践的・多元的な見方の一部をなしている。(74)

意志決定としての審判というカテゴリーは、それゆえプラトンが『政治家』で示したアポリアへの解決策を提供する。同対話篇の一節でプラトンは、統治には法があれば十分と考えるのは幻想であることを強調してみせる。㉕「法は決して、万人にとって同時に最善かつ最も公正なものを厳密に企てることはできないだろうし、最良となるものをすべての人に命じることもできないだろう。人間同士の間には、行為同士の間と同様に、必ずや相違があり、いわゆる人間の事象はいかなるものであれ決して止むことがない点を考慮するまでもないのだから。それゆえに、人間の技法、どのようなものであれいかなる技法にも、あらゆる分野、あらゆる点で、例外なく、また恒久的に、簡潔さに価値が認められるような原理を打ち立てることはできないのだ(76)」。

しかしながらあらゆる権力は、そのような抽象的な普遍主義、そのような「簡潔さ」を渇望する、とプラトンは言う。なぜなら、それは世界を絶対的に動かす権能の担保、人間を完全に支配する権能の担保だからだ。プラトンは、個々人のみから成る現実に対して、そうした一般性の権限を主張することを糾弾する。プラトンにとって世界は常に刷新されるもの、常に動いていくものなのだ。世界はその本質において純粋な多様性をなしている。あるいはその複合性において、とくにおそらくはその歴史性という事実において。

プラトンが非難するそうした法治主義の幻想は、プラトンの眼からすると、結局は推測(政治的な)と無知(認識論的な)の重なり合いにもとづいている。ではその危険で人を欺く見方と袂を分かつには、より穏健な統治の技法、状況の複数性や環境の多様性に留意する、「王たるにふさわしい者」の実利主義と賢さにもとづく技法へと立ち返るべきなのだろうか？　プラトンはこの解決策をも斥ける。そのような指導者はありえないだろうからだ。そのような指導が存在するには、その者が、患者すべてに常に気を配る一種の医者のようでなければならないだろう。ゆえに、警戒すべきもう一つの幻想があるのである。

このように理解されるなら、政治は厳密な法治主義と純粋な統治の技法という二つの行き詰まりで引き裂かれていることになる。近代世界はこうした緊張関係を継承するしかなかった。その表出を極端なものにしてさえいる。審判のカテゴリーが結び目をほどこうとしているのは、まさにその状況なのだ。審判のカテゴリーは、なにがしかの模範的性質を示す様々な処罰や無罪判決のもとで、個人と全体とを機能的に結びつける。審判はそのような形で、事象と価値を引き寄せ、また社会的活動の各種状況をその支配的な原理のプリズムを通じて解読させ、民主主義の確立にも貢献するのである。ゆえに審判には、一種の政治的教育学が作用していると言える。

私たちが記してきた審判の五つの性質・特性は、それが民主主義の活動に貢献する際の特殊性について理解させてくれる。法に認められた自由の守り手としての役割から派生する、ある種の帰結にとどまるどころか、それは都市の制度化にも参与するのである。

投票と審判

投票と審判は、都市生活の組織化に介入する二つの手段をなしている。投票において支配的な普通選挙の原理と、判事の介入の基礎をなす権限委託の原理との間には、当然ながら非対称性がある。だがその隔たりは相対的なものにすぎない。そのことを、「判事としての市民」の中間的な人物像が証している。その者は、実に様々な点において、「有権者としての市民」よりもはるかに広範な権限をもってさえいる。また、次のような事実もそのことを証している。裁判所において行われる活動の告知は、議会での活動の告知よりもいっそう確かであることが多いのだ。それら二つの機能が厳格な階層化へと導かれてしまうのは、代表機能と正当性を狭い見識で捉えるからにほかならない。選挙はいかなる場合であれ政治的に「最終判断の権限」であり続けているが、通常の民主主義的活動では、絶えず政治的意志決定と司法的意志決定とが混合されている。私たちが探ってきた両者それぞれの特殊性は、どちらかといえば機能的なものだ。両者の相補性もまたそうした領域のものである。他方、だからこそ、判事の選出の利点と不都合をめぐる古くからの問題設定では、審判の社会的・政治的機能の問題を汲み尽くすにはほど遠いのである。(77) したがって重要なことは、審判の特殊性をまさしく政治の形態として考察し、その結果として、審判に対する市民の期待が高まっている理由を評価することにある。

「審判の競合」の問題は、まさしくそこにおいて提起に値する。この表現で理解すべきは、政治家が犯しうる汚職を審理し、その者の被選挙権剝奪に導く司法の判決と、そう遅くない時期に投票結果で表明しうる、その同じ人物に対する政治的審判とが、事実上異なるということだ。(78)

フランスでは一九九〇年代から二〇〇〇年代にかけて、そうした性質の事例がいくつか見られた。候補が手を染めた汚職の告発が票に及ぼす影響の問題は、アメリカの事例において入念な研究がなされている。(79)「有罪の者」を再選させる有権者は、刑事司法が厳しく罰した行為を許しているようにも見えた。しかしながらそのような解釈は必ずしも当たっていない。再選の事実は、有権者における倫理の欠如、あるいは皮相な態度に帰してよしとするわけにはいかないからだ。有権者の行動を理解するには、政治的審判と代議制とが交差する構造の中でその事象を把握しなくてはならない。選挙での審判と刑法上の審判の競合はこの場合、代議制の不首尾に対する通常の非難の、ある種の反転に位置づけられる。

かくして一般に、有権者に近いと考えられる人物への政治的な支持がその違法行為の倫理的評価に勝ってしまうことの説明として、高度に構造化された「利益誘導主義」的な営為が取り沙汰されるのだ。審判の競合は、まさしくそれゆえに、「政治的近接性」と「法的距離感」との暗黙の対立に呼応するのである。すると今度は司法制度のほうが、事実上、遠方の「既存勢力」の手中にあって、現場の現実にほとんど関心を寄せていないのではないかと疑われてしまうのだ。政治的審判が優遇されることは、したがってこの場合明らかである。だが「逆に」、それは結果として民主主義体制における票と審判とを、比較にもとづき評価する有効性を正当化しもするのである。

他方、この観点をさらに拡張するためには、「政治的審判の一般構造」として理解しうるものについて、諸特徴を素描するのが有益だろう。その構造は二種類の手続きで組織されている。一方の極には再選があり、他方の極には刑事起訴がある。担い手となる法廷の性質ばかりか、その下支えをなす正当性の形式についても、それぞれに特殊性がある。この領域においてもなお、異なる民主主義同士の競合について語ることができるだろう。だが、政治的審判の「中間様式」が担う重要性の高まりも、強調しておく必要があるだろう。それは政治・メディア的性質をもつ枠組みに、司法の領域に見られるような論証プロセスを導き入れる。中間様式とは、公的な議論の諸形態、市民の参加の各種様態のことを言う。限定的な監査を使命とする市民の陪審団から、職権にもとづき反対勢力が行う、条件つきの包括的な訴訟に至るまで、その形は様々だ。その両端の間では、定位置の法廷をもたない昔の巡

審判の形式	裁きの性質	審理の周期性	処罰の類型
異例の裁判	高等法院(一般に議会の性質をもつ)	きわめて例外的	政治的・刑罰的(米国の弾劾)
通常の裁判	刑事法廷	一時的/臨時 ケースバイケース	収監，罰金， 被選挙権剝奪
行為の技術的評価(中間様式1)	専門家集団による裁き	定期的	名声の失墜
政策ないし行為の個別評価(中間様式2)	世論による裁き	常時	名声の失墜
政策の全体的評価(中間様式3)	反対勢力による裁き	常時	力関係の変化
再選	有権者	時折，事前に調整	任期の非更新

回裁判所の判事たちのように、世論の法廷が、出来事に応じて解消したり再編成されたりする(様々な監視権の発展との関係は、当然ながらきわめて綿密なものになる)。上に掲げる表が、政治的審判の各種様態を定めるうえで役に立つかもしれない。

現代の民主主義を特徴づけるものは、このように異なる世界を引き寄せ、交差させる傾向をもった運動にこそ宿っている。混乱や逸脱も含まれてはいるが、より活動的な市民権といったものもそこから生じる可能性がある。というのも、そこでの中心的な事象とは、それら異なる各種の領域が、互いの区別を越えて、複合的な形でシステムをなすということだからだ。私たちが表で示唆した数々の法廷は、交互に第一審と上訴審を繰り返し、常に動的な階層を構成していく。実際、それぞれの機構は相互に重なり合ったりもする。逆にそれらの判決はというと、ほとんど常に累積的なものとなる。私たちが「中間様式」と称した三つの様式は、こうした循環の中で基本的な役割を果たす。監視権の発展により、すでに専門家集団の裁きと世論の裁きの諸特徴、諸機能は理解できるようになってきた(この「裁き」はむしろ複数形で語るべきかもしれない。それほどそれらの法廷は多様で流動的だ)。

ここではとくに、法廷として理解される反対勢力の役割を強調しておくべきだろう。反対勢力を、統治者について告発し試練を与える各種の恒常的権力として理解するならば、その勢力の意味も新たな観点から明らかになるだろうからだ。少数派の権利を守ることで、多数派が暴政に走るリスクを防ぐという機能にとどまらず、反対勢力はその介入を、現行の権力に対する一種の象徴的な裁判という枠組みに組み込む。まるで反対派という民主主義的な理念が、閣僚の刑事上の責任を問うという英国の古い歴史的モデルを移し替え、近代化して新たに取り込んだかのようだ。世論から成る常設的な法廷において、議会の多数派は被告、反対派は原告の役割を担う。次いでより厳かだが審理ははるかに少ない別の法廷、つまり有権者の法廷でも同じ役割を担う[80]。唯一この後者において、投票と審判の二つの形式は重なり合う。そうでない場合、裁判と処罰に相当するものはそれぞれ別個になってしまう。たとえその結果が、実際には累積するにせよ。

こうした各種の形象のもと、民主主義に「審判権」が確立されるのである。そこでもまた、権力の分割と競合の新しい次元が描き出される。審判の行為はこの観点からすると、均衡化をなすのでも、特定の独立した権力をなすのでもない。むしろそれは、社会がみずからに働きかける数々の作用の、一つの形式として理解されるべきなのだ。その意味において、審判は民主主義的活動の全体の規則に組み込まれている。したがって、法と政治との単純な対立から離れ、ともに政治的な二つの形式の関係を統御する各種の調整作用を刷新し[81]、それらの全体を対抗民主主義の宇宙に位置づけ直すほうが望ましいだろう。この点に関して、審判の権力における真の特殊性はむしろ、都市の問題を解決するために同権力が呼びかけ独自の形で創設する、監視と阻止の対抗民主主義的宇宙と、選挙・代議制の宇宙との対話にこそ宿っているのだ。

原注

(1) ARISTOTE, *La Politique*, 1275(多少の変更を加えてピエール・ペルグラン(Pierre Pellegrin)の翻訳を用いている。*Les Politiques*, Paris, GF-Flammarion, 1993, p. 207)(アリストテレス『政治学』山本光雄訳、岩波文庫、一九六一).

(2) この記述については以下に沿っている。Morgens Herman HANSEN, «Pouvoirs politiques du tribunal du peuple à Athènes au IVe siècle», *in* Oswyn MURRAY et Simon PRICE(éds.), *La Cité grecque d'Homère à Alexandre*, Paris, La Découverte, 1992.

(3) Cf. Douglas M. MACDOWELL, *Athenian Homicide Law in the Age of the Orators*, Manchester University Press, 1963, et *The Law in Classical Athens*, Londres, Thames and Hudson, 1978.

(4) こうした活動については、以下を参照。Richard A. BAUMAN, *Political Trials in Ancient Greece*, Londres, Routledge, 1990; Ron CHRISTENSON, *Political Trials in History, from Antiquity to the Present*, New Brunswick(NJ), Transaction Publishers, 1991; Martin OSTWALD, *From Popular Sovereignty to the Sovereignty of Law: Law, Society and Politics in Fifth-Century Athens*, Berkeley, University of California Press, 1986.

(5) 手続きとその活用の詳細な説明は、次を参照。M. H. HANSEN, *The Sovereignty of the People's Court in Athens in the Fourth-Century B.C. and the Public Action against Unconstitutional Proposals*, Odense, Odense University Press, 1974.

(6) Cf. M. H. HANSEN, *Eisangelia. The Sovereignty of the People's Court in Athens in the Fourth-Century B.C. and the Impeachment of Generals and Politicians*, Odense, Odense University Press, 1975.

(7) この点の議論の下敷きになっているのは次の書である。Jennifer Tolbert ROBERTS, *Accountability in Athenian Government*, Madison, The University of Wisconsin Press, 1982.

(8) この関連づけについては、次の優れた指摘を参照のこと。Jon ELSTER, «Accountability in Athenian Politics», *in* Adam PRZEWORSKI, Susan STOKES et B. MANIN, *Democracy, Accountability, and Representation*, Cambridge, Cambridge University Press, 1999.

(9) 『法の精神』第一一編第六章。

(10) この点については、今なお基本書となっている次の著作を参照。Charles Howard MCILWAIN, *The High Court of Parliament and its Supremacy: an Historical Essay on the Boundaries Between Legislation and Adjudication in England*, n^{elle} éd., Hamden(Conn.), Archon Books, 1962. 問題のより広範な見方については、次を参照。Carlos Miguel PIMENTEL, *La Main invisible du juge: l'origine des trois pouvoirs et la théorie des régimes politiques*, thèse soutenu à l'université de Paris II, 2000.

(11) Cf. John G. BELLAMY, *The Law of Treason in England in the Later Middle Ages*, Cambridge, Cambridge University Press, 1970, et «Appeal and Impeachment in the Good Parliament», *Bulletin of the Institute of Historical Research*, vol. XXXIX, n°99, mai 1966.

(12) 「ラティマー卿は庶民院のどよめきによって弾劾され有罪となった」と、以下に報じられている。Theodore Frank Thomas PLUCKNETT, «The Origin of Impeachment», *Transactions of the Royal Historical Society*, vol. XXIV, 1942, p. 70-71.

(13) 「私権剝奪法」は法的手続きではなく、両院で可決し国王が承認した法だった。既存の刑法が想定しておらず、罰則を定めてもいないような事案について、同法は被告をなにがしかの刑罰(最も多くの場合死刑)に処すことができた。この種の法を用い、国王は力の弱った国会と共謀して敵や対抗勢力を罰していた。こうした事案は「法的暗殺」と称された。

(14) Cf. Jean BEAUTÉ, *Un grand justice anglais: Sir Edward Coke(1552-1634). Ses idées politiques et constitutionnelles*, Paris, PUF, 1975.

(15) この経緯と「弾劾」手続きの復活については次を参照。John Philipps KENYON, *The Stuart Constitution, 1603-1688: Documents and Commentary*, Cambridge, Cambridge University Press, 1966.

(16) 政治的「弾劾」の最後の試みは、一七四二年にロバート・ウォルポールに対してなされたものだった。

(17) 英国におけるそうした動きの完成については、次の印象的な著書を参照。Denis BARANGER, *Parlementarisme des origines. Essai sur les conditions de formation d'un exécutif responsable en Angleterre*, Paris, PUF, 1999.

(18) Cf. James Duff BARNETT, *The Operation of the Initiative, Referendum and Recall in Oregon*, New York, Macmillan, 1915.
(19) この出来事については、次を参照。Larry N. GERSTON et Terry CHRISTENSEN, *Recall! California's Political Earthquake*, Armonk(NY), M. E. Sharp, 2004.
(20) Cf. Joseph F. ZIMMERMAN, *The Recall: Tribunal of the People*, Westport(Conn.), Praeger, 1997.
(21) Cf. Thomas E. CRONIN, *Direct Democracy. The Politics of Initiative, Referendum and Recall*, Cambridge (Mass.), Harvard University Press, 1989.
(22) 引用した嘆願書は次の著作に再録されているもの。Frederick L. BIRD et Frances M. RYAN, *The Recall of Public Officers: a Study of the Operation of the Recall in California*, New York, Macmillan, 1930. 次の著作にも他の嘆願書が再録されている。J. F. ZIMMERMAN, *The Recall: Tribunal of the People*, *op. cit.*
(23) 次の論文に再録されている。Kenneth P. MILLER, «The Davis Recall and the Courts», *American Politics Research*, vol. 33, n°2, mars 2005, p. 140.
(24) Cf. Michael J. GERHARDT, *The Federal Impeachment Process. A Constitutional and Historical Analysis*, Princeton, Princeton University Press, 1996.
(25) この点に関して、「リコール」手続きを司法判断そのものに適用する案も一時検討されたことがあったことを指摘しておくべきだろう。セオドア・ルーズベルトは一九一二年の「進歩主義運動」の綱領にこの点を記していた。この問題の肯定的・否定的議論の再検討について、次を参照のこと。Edith M. PHELPS(ed.), *Selected Articles on the Recall, Including the Recall of Judges and Judicial Decisions*, 2e éd. révisée, New York, The Wilson Company, 1915.
(26) 英国とフランスにおけるその古い歴史については、以下を参照。Thomas Andrew GREEN, *Verdict According to Conscience. Perspectives on the English Criminal Trial Jury, 1200–1800*, Chicago, Chicago University Press, 1985; Léon PRIEUR, *Les Origines françaises du jury. Les assises féodales*, Paris, 1924.
(27) William BLACKSTONE, *Commentaire sur les lois de l'Angleterre*(1765–1769), livre III, chap. 23, trad. française, Paris, 1823, t. VI, p. 10.
(28) パリ、一七八五年。同時代のほかの偉大な数学者たちが、そのアプローチを拡張していく。とくに以下を参照。Antoine Augustin COURNOT, «Mémoire sur les applications du calcul des chances à la statistique judiciaire», *Journal de mathématiques pures et appliquées*, t. III, Paris, 1838; Siméon Denis POISSON, *Recherches sur la probabilité des*

jugements en matière criminelle et en matière civile, Paris, 1837.

(29) 次による引用。Ernest LEBÈGUE, *Thouret(1746–1794)*, Paris, 1910, p. 232.

(30) とくに次の研究を参照。Jeffrey ABRAMSON, «The Jury and Democratic Theory», *The Journal of Political Philosophy*, vol. 1, n°1, mars 1993; «The American Jury and Democratic Justice», *La Revue Tocqueville/The Tocqueville Review*, vol. XVIII, n°2, 1997; *We, The Jury. The Jury System and the Ideal of Democracy*, New York, Basic Books, 1994. この点に関する示唆的な指摘を，次の著書でも参照のこと。Antoine GARAPON et Ioannis PARADOPOULOS, *Juger en Amérique et en France*, Paris, Odile Jacob, 2003(«Les valeurs du jury américain», p. 177–187).

(31) *De la démocratie en Amérique*, t. 1, 2e partie, chap. VIII: «Du jury aux États-Unis considéré comme institution politique».

(32) したがって，反連邦主義の側がこの点を強調したのも驚くには当たらない。たとえば次を参照。*Federal Farmer*, n°15(18 janvier 1788) reproduit *in* Philip B. KURLAND et Ralph LERNER(eds.), *The Founders' Constitution*, Chicago, University of Chicago Press, 1987, t. V, p. 397.

(33) 次の指摘を参照。John Philip REID, *Constitutional History of the American Revolution*, t. I, *The Authority of Rights*, Madison, The University of Wisconsin Press, 1986(«The Jury Rights» の章を参照). これもまた，地域主義の政治観に強く動かされた反連邦主義者らが主に論じたテーマである。

(34) その役割と理念については，以下を参照。Antonio PADOA SCHIOPPA, «La giura all'Assemblea Costituente francese» *in* A. PADOA SCHIOPPA(éd.), *The Trial Jury in England, France, Germany, 1700–1900*, Berlin, Duncker & Humblot, 1987, et «Le jury d'Adrien Duport», in *La Révolution et l'Ordre juridique privé, rationalité ou scandale*, Actes du colloque d'Orléans, Paris, PUF, 1988.

(35) 陪審制度に関する一七九〇年一一月二七日の報告書。

(36) この点については，以下の論文が集めた文献を参照。Yves POURCHER, «Des assises de grâce? Le jury de la cour d'assises de la Lozère au XIXe siècle»; Élisabeth CLAVERIE, «De la difficulté de faire un citoyen: les "acquittements scandaleux" du jury dans la France provinciale du début du XIXe siècle», in *Études rurales*, nos 95–96, juillet–décembre 1984.

(37) Cf. Charles CLAUSS, *Le Jury sous le Consulat et le Premier Empire*, Paris, 1905; Adhémar ESMEIN, *Histoire de la procédure criminelle en France*, Paris, 1881.

(38) とくに『刑法哲学』の議論を参照(*La Philosophie pénale*, 4e éd., Paris, 1890)。当時の偉大な法学者の一人レイモン・サレイユ(Raymond Saleilles)も、同じ方向でキャンペーンを張っている。

(39) Cf. Samuel STERN, *Le Jury technique: esquisse d'une justice pénale rationnelle*, Paris, 1925.

(40) この点に関するデータが次の著書に見いだせる。Isser WOLLOCH, *The New Regime, Transformations of the French Civic Orders, 1789-1820*, New York, Norton, 1994, p. 355-379. 次も参照のこと。James M. DONOVAN, «Justice Unblind, the Juries and the Criminal Class in France, 1825-1914», *Journal of Social History*, t. 15, n°1, 1981.

(41) Augustin Marie DEVAUX. 一八二七年の陪審制度改革の議論から(*A. P.*, 2e série, t. 49, p. 194)。

(42) この転換は次の論考によって見事に分析されている。B. SCHNAPPER, «Le jury français aux XIXe et XXe siècles», *in* A. PADOA SCHIOPPA, *The Trial Jury in England, France, Germany, op. cit.*

(43) この点については次の著書がデータを集めている。Robert ALLEN, *Les Tribunaux criminels sous la Révolution et l'Empire, 1792-1811*, Rennes, Presses universitaires de Rennes, 2005.

(44) この点については次の議論を参照。Jean-Pierre MACHELON, *La République contre les libertés? Les restrictions aux libertés de 1879 à 1914*, Paris, Presses de Sciences-Po, 1976, p. 426-447.

(45) 以下の収録論文の数々を参照。A. PADOA SCHIOPPA, *The Trial Jury in England, France, Germany, op. cit.*

(46) 「ポピュリストの保護者」「政治参加者」。これらの表現は次の論文で用いられている。Akhil Reed AMAR, «The Bill of Rights as a Constitution», *The Yale Law Journal*, vol. 100, mars 1991. 米国では陪審団は民事にも介入することを指摘しておこう。

(47) アブラムソン(J. ABRAMSON)がこの側面を広範に取り上げている(*We, The Jury, op. cit.*, p. 74-95)。

(48) この点については、次のきわめて示唆的な分析を参照。Alain COTTEREAU, «Justice et injustice ordinaire sur les lieux de travail d'après les audiences prud'homales(1806-1866)», *Le Mouvement social*, n°141, octobre-décembre 1987.

(49) Cf. Pierre BANCE, *Les Fondateurs de la CGT à l'épreuve du droit*, Claix, La Pensée sauvage, 1978, p. 188-191.

(50) たとえばＣＦＤＴ(フランス民主主義労働同盟)の法学者の発表がある。«Le droit du travail dans la lutte des classes», *CFDT-Aujourd'hui*, n°23, janvier-février 1977.

(51) Cf. «Un civisme radical»(ＡＣＬＵ会長アンソニー・ロメロとの対話), *Vacarme*, n°34, hiver 2006.

(52) フランスでの政治責任履行の欠陥については、とくに次の著者の研究を参照することができる。Olivier

BEAUD, «La responsabilité politique face à la concurrence d'autres formes de responsabilité des gouvernants», *Pouvoir*, n°92, 2000; *Le Sang contaminé. Essai critique sur la criminalisation de la responsabilité des gouvernements*, Paris, PUF, 1999; et, avec Jean-Michel BLANQUER, *La Responsabilité des gouvernements*, Paris, Descartes, 1999, «Le principe irresponsabilité. La crise de la responsabilité politique sous la Ve République», *Le Débat*, n°108, janvier-février 2000.

(53) 複雑化した社会における責任の所在の問題については、以下を参照。Dennis F. THOMPSON, «Moral Responsibility of Public Officials: the Problem of Many Hands», *The American Political Science Review*, vol. 74, n°4, décembre 1980; Mark BOVENS, *The Quest for Responsibility: Accountability and Citizenship in Complex Organisations*, Cambridge, Cambridge University Press, 1998.

(54) 問題の全体像を把握するには、次を参照のこと。Richard MULGAN, *Holding Power to Account: Accountability in Modern Democracies*, New York, Palgrave, 2003; Robert D. BEHN, *Rethinking Democratic Accountability*, Washington, Brookings, 2002.

(55) Cf. A. GARAPON et Denis SALAS, *La République pénalisé*, Paris, Hachette, 1996.

(56) 初期のアプローチについては以下を参照。Michael H. DAVIS, «A Government of Judges: An Historical Review», *The American Journal of Comparative Law*, vol. 35, n°3, été 1987(その表現の初出は一九二〇年代に遡ることを指摘している); Séverine BRONDEL, Norbert FOULQUIER et Luc HEUSCHLING(éds.), *Gouvernement des juges et démocratie*, Paris, Publications de la Sorbonne, 2002.

(57) この点において、諸要因の全体を考慮に入れる必要があるだろう。判事の選出制度、議員らにより構成される高等法院の成立条件などである。

(58) フランスの民法第四条を参照。「法の沈黙、不明瞭、不十分を理由に判決を拒否する判事を、裁判拒否の咎で起訴することができる」。「裁判拒否」という概念は、司法の概念と切り離すことができない。だが、「政治的意志の拒否」という概念はありえない。

(59) Paul RICŒUR, «L'acte de juger» in *Le Juste*, Paris, éditions Esprit, 1995, p. 186(ポール・リクール『正義をこえて』久米博訳、法政大学出版局、二〇〇七).

(60) Cf. Émile BENVENISTE, *Le Vocabulaire des instituions indo-européennes*, Paris, Minuit, 1969, t. II, p. 99 et sq.(エミール・バンヴェニスト『インド＝ヨーロッパ諸制度語彙集』全二巻、前田耕作監修、蔵持不三也ほか訳、言叢

社、一九八六〜八七）.

(61) この点については、以下の基本的な論考を参照。Robert JACOB, «Le jugement de Dieu et la fonction de juger dans l'histoire judiciaire européenne», *Archives de philosophie du droit*, t. 39, 1995, et «Judicium et le jugement. L'acte de juger dans l'histoire du lexique», *in* Olivier CAYLA et Marie-France RENOUX-ZAGAMÉ (éd.), *L'Office du juge: part de souveraineté ou puissance nulle?*, Paris, LGDJ, 2001.

(62) ハンナ・アーレントにおける観察者の立ち位置の問題については、次を参照。Leora BILSKY, «When Actor and Spectator Meet in the Courtroom: Reflections on Hannah Arendt's Concept of Judgement», *in* Ronald BEINER et Jennifer NEDELSKY (eds.), *Judgement, Imagination and Politics. Themes from Kant and Arendt*, Oxford, Rowman and Littlefield, 2001. 次も参照。R. BEINER, «Hannah Arendt et la faculté de juger», *in* H. ARENDT, *Juger*, *op. cit.*

(63) 蜂起だけでは省察にならない。この点については、次の拙著の議論を参照。*La Démocratie inachevée*, *op. cit.*（«La culture de l'insurrection» の章）.

(64) 私はここでディック・ハワードの表現を取り上げている。Dick HOWARD, *Pour une critique du jugement politique*, Paris, Cerf, 1998, p. 291-297 et p. 302-306.

(65) Georges BALANDIER, *Le Pouvoir sur scènes*, Paris, Ballard, 1980, p. 23（ジョルジュ・バランディエ『舞台の上の権力——政治のドラマトゥルギー』渡辺公三訳、平凡社、一九八二）.

(66) 再度アーレントの著作を参照するなら、彼女はこの意味において、政治を見かけの空間における自己の開示として、現象学的な視野のもとで定義づけている。

(67) これはクリスチャン・マイヤーの古典的著作で論じられたテーマである。Christian MEIER, *De la tragédie grecque comme art politique*, Paris, Les Belles Lettres, 1991.

(68) Jeremy BENTHAM, *Rationale of Judicial Evidence*, in *Works of Jeremy Bentham* (Bowring ed.), Édimbourg, 1843, t. VI, p. 354.

(69) この特徴については以下を参照。Sadakat KADRI, *The Trial. A History from Socrates to O. J. Simpson*, Londres, Harper Collins, 2005; Milner S. BALL, «The Play's the Thing: an Unscientific Reflection on Courts under the Rubric of Theater», *Stanford Law Review*, vol. 28, n°1, novembre 1975.

(70) たとえばウォロックが再録した図面を参照。I. WOLLOCH, *The New Regime*, *op. cit.*, p. 360. 次も参考になる。Association française pour l'histoire de la justice, *La Justice en ses temples. Regards sur l'architecture judiciaire en*

France, Potiers, Éditions Brissaud, 1992.

(71) Cf. Pierre BOURDIEU, «Les rites d'institution», *Actes de la recherche en sciences sociales*, n°43, juin 1982.

(72) この点について，またより広く司法の儀礼の問題について，次の示唆的な議論を参照のこと。A. GARAPON, *Bien juger. Essai sur le rituel judiciaire*, Paris, Odile Jacob, 1997.

(73) *Juger, op. cit.*, p. 115.

(74) この意味でドウォーキンは，「審判による統治」は多文化社会にいっそう適合すると記している。Cf. Ronald DWORKIN, «Un pontificat laïc», *in* Robert BADINTER et Stephen BREYER(éds.), *Les Entretiens de Provence. Le juge dans la société contemporaine*, Paris, Fayard, 2003.

(75) コルネリュウス・カストリアディスが，このテクストへのきわめて刺激的な注釈を付している。Cornelius CASTORIADIS, *Sur «Le Politique» de Platon*, Paris, Seuil, 1999, p. 155–173.

(76) PLATON, *Le Politique*, in *Œuvres complètes*, Paris, Gallimard, «Bibliothèque de la Pléiade», 1950, t. II, p. 399(プラトン『ポリティコス(政治家)』，『プラトン全集3』藤沢令夫，水野有庸訳，岩波書店，一九八六). アリストテレスもこの緊張関係を，『ニコマコス倫理学』で強調している。

(77) Cf. Jacques KRYNEN(éd.), *L'Élection des juges. Étude historique française et contemporaine*, Paris, PUF, 1999.

(78) 次の論考による事例を参照。Éric DOIDY, «Ne pas juger scandaleux. Les électeurs de Levallois-Perret face au comportement de leur maire», *Politix*, n°71, 2005.

(79) 先駆的な次の論考を参照。Barry S. RUNDQUIST, Gerald S. STROM et John G. PETERS, «Corrupt Politicians and their Electoral Support: Some Experimental Observations», *American Political Science Review*, vol. 71, n°3, 1977. この問題に関する文献の検討は次を参照。Philippe BEZES et P. LASCOUMES, «Percevoir et juger la "corruption politique". Enjeux et usages des enquêtes sur les représentations des atteintes à la probité publique», *Revue française de science politique*, vol. 55, n°s 5–6, octobre–décembre 2005.

(80) この点は次の論考で論証されている。C. M. PIMENTEL, «L'opposition ou le procès symbolique du pouvoir», *Pouvoirs*, n°198, 2004.

(81) この点については，次の示唆的な議論を参照。Carlo GUARNIERI et Patricia PEDERZOLI, *La Puissance de juger, Pouvoir judiciaire et démocratie*, Paris, Michalon, 1996.

第4章

不得策な民主主義

1　無力感と脱政治化の形象
2　ポピュリズムの誘惑
3　不得策な経済の教訓

監視、阻止、審判の権力の発展は、近代の政治体制の機能を根底から特徴づけてきた。したがって、今やそうした政治体制を、その立憲的な仕組みだけを基準に理解することはできない。別の言い方をするなら、「民主主義的活動」は、選挙・代議制だけから成る枠組みを広くあふれ出るのである。それは、本書が記してきたような、様々な実践と仕組みの累積で成り立っている。その全体は複雑な宇宙をなしているが、そこには一貫性もある。それら対抗民主主義的な各種の権力に共通する主要な特徴として、まずはそれによって権力の分立をなす実効的な骨組みと、政治理論が型どおりに描くものよりもはるかに繊細なある種の政治的力学が生み出される点が挙げられる。直接民主主義と代議制民主主義のテーマ化は、数々の分析で取り上げられてきたわけだが、たとえば各種の監視の様式や阻止の主権の形式の記述ほど、現実を厳密に説明づけることができない。というのも、社会的・政治的実践の全体が意味をなすのは、行動と統制との幅広い弁証法的枠組みにおいてのみだからだ。投票と審判との区別、あるいは肯定的権限と否定的権限の区別は、平行する形で、権力分立の問題について解読の格子を刷新する。問題に文字通り社会的な次元を与えるのだ。対抗民主主義の次元を考慮に入れることで、政治の場が構築される際の、社会の様々な表現形式が相互によりよく関連づけられるのである。したがって、私たちはまさに民主主義の枠組みそのものを、複雑にすることで再構成するよう仕向けられてきたのだ。

探求の果てには、民主主義の歴史もまた新たな様相を見せるだろう。通常の直線的な図式では、普通選挙の実現やその他様々な政治的権利の拡大のために継起する戦いの流れを追い、権利獲得の漸進的・累積的な要素が強調される。それとは逆に、ここでは古代と近代との錯綜という事象こそがきわめて重要になってくる。民主主義を都市の急進的な自己制度化として理解する際立った見方と、権力を端的に遠ざける実践の数々との境界においては、結局のところ著しい相互浸透が可能になっているのだ。しばしば「前近代的」と称される各種の形式も、常にその含意と有効性とを訴えてくる。そのことは政治史の焦点を広げてくれもするし、民主主義的形式のより長期にわたる、より統合された歴史の可能性を示唆してもいる。

だがそこに至ろうとも、実践の著しい多様性と制度的変化の特殊性がもつ意味は失われない。「民主主義の萌芽」の存在を前提とし、その成長が機械的に近代の体制構築を条件づけるとするような狭隘な伝播論には、したがって距離を置かなくてはならない。それは、あたかも民主主義の本質が、進化の鍵を機械的にもたらす遺伝子コードのように存在していると考える立場である。また、他律的世界と近代の民主主義の世界との間には明らかに構造的な断絶があるとする通俗的な考察からも距離を置くべきだ。対抗民主主義的宇宙の様々な面を考慮するなら、逆に次のことが奨励される。つまり、そうした分割線を引くことはできないと強調し、より断続的でより複合的な歴史を考察するのである。

自由主義と民主主義の関係も、このような観点から新たな光が当てられるだろう。私たちが探求してきた権力の批判と監視の諸形態は、バンジャマン・コンスタンが理論化した古典的な区別を覆してしまうからだ。したがって、そこから生じうるのは、民主主義の生成流転の、また別の見方でもある。だが私たちは、本書で検討してきた三種類の対抗権力の表現型の根底には両義的な事象が横たわっていることを、何度も強調してきた。対抗権力はしばしば二重の性質を示し、市民の肯定的な行動主義と、ときにはある種のニヒリズムにも近い、覚めた政治の見方への誘惑との間で揺れ動くからだ。この両義性の本性をきちんと理解することが重要なのである。その本性は単に実践的なもの、心理的なものにとどまらない。そこには対抗民主主義的な権力の形式そのものに宿る、構造的な次元もある。この点が肝心だ。対抗民主主義的な活動が歴然とした活力の指標であり、直接的な市民活動としての特徴を有するのだとすると、それにはその影の部分もつきまとう。本書が検討してきた各種の権力は、結果的に、政治領域のある種の萎縮、さらには麻痺すらもたらしうるのだ。私たちは、とくに批判的主権から否定的政治への移行を記した際に、この現象に出会っていた。今こそその分析を厳密化し、発展させなくてはならない。

1 無力感と脱政治化の形象

不得策の時代

政治的事象(政治的なもの)の解体という現代の傾向には二つの原動力がある。まずそれは、公民・市民社会と政治圏との間に対抗権力が穿つ隔たりによって触発される。この対抗権力は、制度から距離を置き、制度を斥けるという「機能的」特性がある。その有効性の証しとなるのが、それが引き起こす統治者の脆弱化だ。かくして監視者としての市民は、有権者としての市民が失うものを取り戻す。

否定的な主権が、修飾語のつかない主権を犠牲にしてみずからを主張するのである。不信が組織化されることにより、投票を基礎とする信頼の前提が切り崩されるのだ。政治の場は結果的に、社会に対して構造的に外部の位置に置かれていく。

別の言い方をするなら、市民による対抗権力の専有は、正当な権力の信用の低下と過小評価を導くのである。制度化された断絶の論理そのものによって、政治家は機械的に「政治屋」へと貶められるのだ。もっと乱暴な言い方をするなら、民主主義が民主主義に制限を課すのである。議員の行動の余地に枠をはめ制限を加えることが、有権者自身の圧力から生じるからだ。

統制の力学はこうして、事実上、権力掌握の目論見に勝ってしまう。市民は政治の消費者のごとくに行動するようになった。要求も徐々につり上がり、共通世界に結びついた生産者でもあることも暗黙のうちに放棄してしまった。だがこうした変化を、私生活への後退や無関心の高まりを示す指標として、ありきたりに解釈してはならない。民主主義的な個人主義の悪行や、プライバシーの潜在力の著しい増大から生じた集団的「非権力」の台頭について執拗に批判する文献が、そのような解釈を幾度となく繰り返してきたように。「政治の消費主義」の時代は逆に、政治制度に対して多大な期待と大きな要求が寄せられることを特徴としている。すべての問題は、そのような大きな要求がいかように現れるか、から生じている。要求の現れによって、要求が向けられる当の権力が非正当化されるのだ。現代の民主主義への幻滅は、まさにそこから生じている。そこでの失望は、不信の市民権によるほぼ機械的な産物なのである。

政治的事象の現代的な解体への傾斜は、第二に、政治活動の全体的理解の衰退によって引き起こされている。監視と阻止の諸形式の発展は分散と拡散の法則に従い、翻って政治の場についての理解も次第に断片化されていく。その結果、解体と不透明化が生じる。統制の多元化は得られたものの、全体の可視性・判読性は失われていくのだ。したがってそこでもまた、この現象を凡庸な脱政治化に帰着させて理解してはならない。市民社会は逆に、次第にいっそう活動的・介入的になっている。社会は恒常的な形でも姿を現しており、もはや選挙のときに声を発するだけで満足してなどいない。ところが、代わりとなる理念は浸食されているのだ。

左派・右派の反対勢力が現実の政治的論点を記すだけではもはや十分ではない、という感覚を高めていることは、このような形で理解すべきなのだと私には思える。ある種の懐疑主義の一般化は、確かに今の時代を特徴づけている。だが、だからといって、どの政策も同じようなものだと市民が考えているわけではない。実際、全体的な代案もありえただろうとの考え方にこそ、ためらいの表明は向けられている。今や公共政策は事例ごとに試され、判断されるのだ。またそれゆえに、革命思想そのものもぼやけてしまい、もはやいかなる者に対してであれ、戦略的な種類の至上命令を描き出しはしないのだ。この革命思想なるものは、民衆こそが指揮官たる主権者として力を持つとの信念を、最も白熱した形で表していた。それは絶対的に新しい世界の到来という予想に結びついていた。ゆえにその消失は、単に共産主義崩壊の帰結、さらには改革による緩和の勝利としてのみ分析するわけにはいかない。急進性についての受け止め方そのものが、質的に一変したのだ。急進性の理解は、今や「偉大な夕べ」の展望とは断絶していて、強者に烙印を押すこと、あるいは無気力な人々を再び動員することにひたすらこだわる、各種の倫理的な声であるとみずからを捉えている。急進性は今や、単純に日常的に指弾する指、常に世界の傷をほじくり返すナイフでしかなく、もはや決定的な戦闘の最終局面に権力の要塞を攻め落とす大砲ではない。

処方的・全体的というよりも、猜疑的・状況依存的な、市民社会と政界とのこうした関係を記すために、「市民的民主主義①」あるいは「機能的民主主義②」という言い方をしてもよかったかもしれない。それらの表現には、市民にとっての至上命令の消失というライトモチーフとともに、断絶を特徴づけるという利点がある。だがそれでもなお、社会の介入と、社会の領域に整合性と一貫性を与える政治の場という理念とが、現代において分離していることを強調するにはおそらく十分ではない。だからこそ、「不得策な民主主義」という言い方をするほうがより適切ではないかと思われるのだ。現代の大きな問題は、基本的に、間接的な形での民主主義の拡大に、政治の衰退が付き従っていることだからだ。

強調しておかなくてはならないのは、この動きが、政府の行動様式に影響する各種の変容の全体に連動していることだ。対抗民主主義の諸形態の圧力は、まずは一般に、政府をいっそう慎重にさせ、また野心的な企てをなそうとする傾向を低減させてきた。ルイ一四世の有名な言葉を思い起こそう。「一人の雇用を生み出すたびに、私は一〇〇人もの不満分子と一人の恩知らずを作り出してしまう」。まさにこうした種類の懸念が、基本的に今日の統治者たちを導いている。かれらは、一大改革に乗り出すことで、いっそうの人気を期待することによって動かされるのではない。むしろ抗議を煽る行動をなしたとの批判を避けようとする配慮によって動機づけられている。加えて、かれらを支持する有権者たちも、自分たちの状況がよくなる可能性よりも、悪くなるリスクのほうにいっそう敏感に反応する。肯定と否定の非対称性はこのように、政治家の行動にも、市民の態度にも同様に見られるのである。[3]

まさにここに、実に大きな断絶がある。攻撃をかわし、難を逃れ、批判を希釈していく戦略は、このような理由から増大している。否定的な主権の拡大と政治的野心の縮小は、このようにシステムをなしているのだ。一般大衆の反応が強くなるにしたがって、逆に統治者はいっそう慎ましやかになってしまう。[4]統治は「不可能な職務[5]」になったと述べたフランスの首相〔ミシェル・ロカール〕の覚めた指摘は、このような形でこそ理解できる。

透明性の地平

多くの市民が、統治者は耐えがたいほど怖じ気づいていると考え、それに対してみずからも無力感を覚えている。その感情もこうした尺度で測るのでなくてはならない。政治家の無頓着や無関心がその第一の原因なのではない。たとえそうした要素が明らかに影響しているにしても。救済の政治的意志を立て直そうという、呪術的ともいえる呼びかけは、ゆえに対象を取り違えている。現代社会の問題の解決は、ドゴールやチャーチルの古い世界を理想化した見識や実践への回帰に、主として見いだせるようなものではない。問題が悪化したのは、基本的に否定的なものとなった民主主義の、力の増大によるのだ。問題をなしているのはまさにその民主主義の「形態」であり、政治が独自の力学に付き従い衰退したことなのではない。

したがって問われるべきは「体系的な」種類の無力感なのであって、もはや統治者の弱々しい性格が機械的に反映されたような、旧来型の政治的意志の無力感ではない。民主主義が問題含みとなるこの新たな時代にあって、市民はもはや権力を行使するためにその権力を勝ち取ろうとは考えない。市民の暗黙の目的は、むしろ権力を締め付け、弱めることにある。自分たちが日々大事にするそうした実践の最終的な結果を嘆きながら。理想はもはや権力の奪取にあるのではなく、むしろ権力を、透明性があれば完全に統制できると考えられるような対象とすることにある。

透明性の展望は、今や人が組織化をあきらめた責務の実施に取って代わっている。それは本来の政治的な「目標」の、ある種の放棄を伴っており、代わりに物理的・倫理的な「質の高さ」が価値を高めている。透明性の問題、障害をなすものに対する戦いの問題は、今や覚めきった市民の留意を司っているのだ。こうして、共通世界の産出という民主主義の理想に代わり、紛れもない透明性のイデオロギーが徐々に確立されてきた。透明性は一つの力となり、不確実性を特徴とする世界において、真理や全体的利益の理念に置き換わってきている。ありきたりなメタファーの様式ではあるけれども、透明性が得られれば、世界の緊張と諸問題は解消するとまで考えられているのだ⑥。

権力が肯定的に何を行うべきかがわからないせいで、その権力がどうあるべきかについて以外、もはや誰も気にかけない。しかも、結局は権力の解消を夢見るような言葉でもってそう考えるのである。したがってそこでもまた、自由主義の展望での場合と同様、権力そのものの限界を定めることではなく、それに束縛を課すこと、こう言ってよければ「変貌させる」ことが問われるのだ。問題なのは、その場合、権力はもはやおのれに要請される命令に応えられないほど摩耗し疲弊してしまうことだ。透明性の新たなユートピアはこうして、透明性が払いのけるとされていた幻滅の、動因にすらなってしまうのである。

二種類の不得策

不得策を特徴とする対抗民主主義の形式的発展は、現代社会におけるほかの管理運営様式の基本的な変容と時を同じくして生じている。統治の伝統的な形態は、企業経営で言うガバナンスの散漫な手法へとますます置き換わっているが、そうした事態は、私たちが関心を寄せる観点から見て、変容の最も大きな現れの一つをなしている。そのような動きもまた、政治の衰退を際立たせてきた。とはいえ統治とガバナンスは、真に同じ性質のものではない。したがって、対抗民主主義に結びついた政治的事象の特殊な消失形態を見定めるには、その差異を理解することが重要になる。「政治的なものの衰退」「世界の私有化」「個人主義社会の到来」など、単純化した解釈キーを提供すると称しながら実は現状認識を曇らせるマクロな観念は、脱構築していくことが欠かせないが、そのような差異の明確化の試みは、その脱構築を成し遂げるうえでぜひとも必要になる。

この二〇年近くにわたって、ガバナンス問題に関しては膨大な数の研究が刊行されてきた[7](雑誌なども特集を組んでいる)[8]が、なにがしか概念上の曖昧さが残る感覚は払拭できずにいる。その曖昧さの大きな部分を占めるのは、きわめて広範な領域において規制と意志決定の様式を指すのに同じ用語が使われている事実である。ポスト国家間における国際関係の新たな段階を評するのにガバナンスという言葉が使われ、ほかにも企業のガバナンス、都市のガバナンス、さらには公共のガバナンスということまで言われている。異例な速さで拡散したわけだが、それはこの概念が、類似的と捉えられた各種変容を名指すために役立ったからだ。その全体からは、共通する三つの大きな特徴が取り出せる。

――ガバナンスの意志決定ではまず、複数の「当事者」、形式、規約が結びつけられる。たとえば国際秩序であれば、そのことは国家、NGO、各種の公共機関など、異質な介入者が同じ協議と意志決定のプロセスに関与しうるという事実に帰着する。公共事業と民間の事業主も混在し相互に働きかける。各人はいかなるものであれ(法的、メディア的、社会的)圧力や介入をなす権能を有するが、その意味において、各人がそれぞれのやり方で「統治者」としての役割を果たすのだ。ガバナンスの考え方はしたがって、「市民社会」の用語が部分的に表す、参加者らの異質かつ相互作用的なネットワークという事象を、正当な唯一の当事者・意志決定者の存在に対置するのである。

――次にそうした「意志決定」は、明確に特定できる時点において下された決定的な選択という形を取らない。意志決定は反復的かつ複合的なプロセスの結果となる。他方、意志決定という用語そのものが内実を欠く傾向にある。関係する複数の当事者同士の関係が、協議、交渉、調整、妥協といった途切れのない動きの中に組み込まれるのだ。企業の場合、ピラミッド型の階層構造のシステムがあり、業務報告書による管理に結びついているが、これも次第に、分散化しフレキシブルになった協力関係の様式に取って代わられている。この場合、ガバナンスの観念は、柔軟なコーディネートの形を特徴とする「規制の様式」を指す。様々な経路を活用し、一連の会合を結びつけるのだ。政治の領域においては、そうした次元は次の事実で表される。つまり合法的な権力をもつ権威は、社会の様々な機構と常に対話し、暗に明に妥協を図らなくてはならないのだ。したがってそれは、国家と市民社会との関係の一大転換を表している。一般にそのような規制の様式は、管理運営と政治との区別を解消する傾向にある。次第に似通ってくるプロセスによって、社会生活を組織する各種領域と各種水準が管理されるのだ。企業、行政、地方自治体は今や、機能的に似通ったメカニズムに従属している。一方、国際秩序と国内水準との乖離も、こうした観点からすると解消されていく傾向にある。

——第三に、「規則」の決定は、もはや階層的に構成された規範的宇宙の存在を前提にしてはいない。そのような存在の要石となっていたのは、一般意志という考え方で支配された国家の秩序だった(あるいは同じ用語で理解された国際秩序)。規則の決定において、ガバナンスという用語が用いられるのは、異質で多元的な規範の体系を指してのことだ。そこでは国内法、国際法、調停機関、協約、慣習などが混淆し、複合的・増殖的な全体が形成される。その複合性は、当該領域それぞれの規制に参与する、多様な機構の存在に結びついている。

この新たなガバナンスの世界の到来は異論の余地がないほど明白だが、同時に、より厳密に定義するのは難しい。結局のところ、それほどまでに従来の階級システムとの差異によって、とりわけ階級システムを否定する形で特徴づけられるのだ。従来とはほぼ正反対の観点に立ってこそ理解される断絶なのである。

その断絶はまず、社会と政治の崩壊の現れ、市場と法の力の高まりによって浸食された民主主義の諸原則の衰退への、暗黙の了解の現れと考えられる。するとガバナンスへの言及は、民主主義的・共和主義的理想の挫折を覆い隠すための、一種のイデオロギー的粉飾として理解することすらできる。この場合、様々な事象は、全体的な危機を背景として解釈される。民主主義、代議制、全体的利益の意味などの危機である。これは悲観論的な見方、あるいは覚めた見方であり、一部の反グローバリズムの活動家からネオ・ナショナリズムの理論家まで、きわめて多岐にわたる多数の論者が共有している。だが、ガバナンスの世界への突入は、より中立的な形で、次の事実の結果として解釈されることもある。つまり現代社会は著しく複雑化し、徐々にますます断片化してきており、比較的自律を保った下位システムによって構成され、その結果組織の時代の後にはネットワークの時代が続いていくということである。

その断絶はまた、明らかによりいっそう肯定的な形で、次の事実に帰することもできる。社会はこれまで以上に水平的な連携や自己組織化が可能になり、後見人としての権威者に頼ることが少なくなったのだ。おそらくはそれが最も広まった見方だろう。公共領域の管理運営の変容や、市民社会における組織の役割の変容を分析する実に多くのアナリストが、その見方を共有している。アントニオ・ネグリのような極左の著者すらをも惹きつけている。ネグリはそうした動きに、新たな解放の企て、ボトムアップでの転覆の企てを接ぎ木する可能性を見いだしている⑨。

また、多くの人々がこの二つのアプローチの中間を支持している。ウルリッヒ・ベックの象徴的な事例がそれにあたる。ベックは「サブ政治」の到来を讃えている。それは市民社会の活性化に対応するもので、国家的な形式の衰退に民主主義の成就の兆しを見てとっている。だが同時にベックは、そこから生じている政治的事象の膠着状態を嘆いてもいる⑩。

このようにごく簡単にガバナンスについての文献を概観しただけでも、本書が対象とする間接民主主義の諸形態が適用された現象というものが、何をもって特徴づけられるのか理解できるだろう。ガバナンスの場合、特徴をなすのは社会生活の各種領域における分裂様式の組織化と規制であり、それによって「脱中心化」・分散化としての脱政治化がもたらされている。したがってこの場合、政治は、連携と管理の様式として理解される。政治の主体、すなわち民衆もまた同時に、中心的で統合された像としては消失する。これが、一部のコメンテーターをして「ポスト民主主義」と言わしめている所以なのだ。すなわちそれが「デーモス(民)」以後・国民国家以後の規制の形式だというのである。[11]

だが、対抗民主主義の発展によって生み出される脱政治化の類型は、それとは次元が異なっている。対抗民主主義の場合、政治は「機能的な」中心性を温存する。監視、阻止、審判の各種権力は、中心的場面の存在を脱構築したりはしないからだ。これらの権力は、中心的な権力との関係においてのみ存続しうるとさえ言えるのであり、中心的な権力に異議を申し立てては、なんらかの形で強化しさえする。したがって次の指摘は意外に思われるかもしれない。国際機関は、市民社会が発するいくばくかの対抗権力の介入を保証することによって、おのれの役割を確立し、その正当性を増強する傾向にある。たとえば、国連や欧州連合による一部のNGOの信任、定期的な諮問、さらには資金提供といった駆け引きがある。国連や欧州連合はそうした形で、見返りにおのれの社会的認知度を高めようとするのだ。[12] 国民国家は一般的により慎重ではあるけれども、やはり対抗民主主義の諸権力の発展とともにシステムをなそうとする同様の動きに与している。

だがそれら「強い」権力にとっての結果は、国際的なレベルでの「弱い」権力に見られるものとは異なる。前者の場合、「破壊的正当化」の力学が発動するからだ。市民からの信頼の浸食を補うため、統治者は自分の主権が損なわれることを受け容れるということだ。自分たちが注視しているという保証を社会に与えるために、自分たちにとっての屈辱に同意するのである。政治機構の中心性は維持されるが、権力の中心性は弱まるのだ。したがってこの場合、社会を制度化する権能としての「政治的事象(*le politique*)」が侵害されることになる。脱政治化は、そのような政治的事象を「えぐる」という形を取る。

この新たな不得策の民主主義の射程について理解することによって、私たちはその原動力をきちんと掌握すべく分析をさらに先へと進めることができる。対抗民主主義の病理的な形態、すなわちポピュリズムを考察することは、私たちの助けになるだろう。他方、この現代的な不得策の構造と結果を、ほかの大規模な変容と比較してみることも有益だろう。そうした変容は経済分野の機能にも影響を与え、政治的事象を萎縮させる世界への参入を、そちら側からも早めている。

2　ポピュリズムの誘惑

ポピュリズムという用語は、曖昧であると同時に執拗なまでに、現代の政治用語に定着した。一九世紀末のロシア語から借用されたその用語は、従来のイデオロギーや信奉者の分類に収まりきらない特徴をもった政治運動および政治的テーマの全体を指すために、今や広く使われている。従来は二〇世紀末からの、欧州大陸における極右勢力の台頭を称するために用いられてきたが(それ以前には、ペロン政権のアルゼンチンなど、とくにラテンアメリカの政治体制を指すのに使われていた)、その適用範囲は明らかに、そのような特定の参照先にとどまってはいない。この用語は、民主主義の逸脱と見なされる事象、あるいは自由にとっての危機と見なされる事象に烙印を押す。しかしながら満足のいく定義は必ずしも与えられない。したがってそれは、遮蔽幕をなす言葉であると同時に松葉杖をなす言葉でもある。ポピュリズムは選挙・代議制の民主主義の病理として、さらにはよりいっそう対抗民主主義の病理として二重に理解できる。この二重の理解により、両義性を除去することもできる。ポピュリズムはイデオロギーである以前に、その本質においては、民主主義の理想と手続きの倒錯的な回帰をなしているからだ。

選挙・代議制民主主義の病理

ポピュリズムはまず、代議制を構造化する緊張関係との関連において理解される。それは、想像上の民族の一体性と均一性を蘇らせて、民の姿を表す困難を解消すると主張する。そこでは、対立すると見なされる人々に対して極端なまでに距離が取られる。つまり外国人、敵対者、支配者集団、エリートなどに対してだ。ポピュリズムは、自分たち「民族」に対して一種の本質的な外在性を表すとされる人々を、ひたすらよりいっそう激しく糾弾し、そうした溝を深く穿つことで、みずからの存在を主張するのだ。ポピュリズムは隔たりを激しく非難するが、それは倫理面において高揚すると同時に(「汚職」や「腐敗」への抵抗)、社会的な面でも(社会の閉鎖性を体現する「エリート」の糾弾)、民族的な面でも(「生粋の〇〇人」)高揚する。こうして一つの純粋な民が讃えられることになる。もはや自分自身とのみ向き合えばよく、そうなれば分断はありえない。したがって「結局」、それは社会的なものの「実体論的」概念なのであり、悪しき代表機能への治療薬を見いだすために作られるものなのだ。

だが、手続きとしての代議制の原理もまた、ポピュリズムのレトリックによって非難される。一握りのプロによる政治の収奪に対して、民衆への呼びかけと民意の直接的表明という力が対置されるのだ。そのような定義にもとづくなら、一九世紀末の欧州における反議会主義的運動(フランスのブーランジスムのような)の大半は「ポピュリズム」と称せられるだろうし、同時期のアメリカ中西部における小規模農家の「人民党」も同様だろう。[13] このように両大陸には、健全な民衆と、社会との真の関わりから乖離したエリートとの間に、同じように主張された対立があり、いずれの場合も人種差別・外国人差別のテーマによって、そうしたレトリックが嘆かわしくも論理的な形で受け継がれている。

政治学の最近の著作には、そのような分析を取り上げて詳しい説明を加えているものが多々ある。[14] ポピュリズムの現代における再生が、一つには、社会的なものの判読性が減じたために生じた代議制の危機に結びついている可能性があるからだが、そうした危機それ自体もまた、旧来の階級構造の混乱によって触発されている(さらには伝統的な政党の、枠組みをもたらし表現を担うという役割が、結果的に衰退したことにも結びついている)。だが、ポピュリズムへのそうしたアプローチだけでは、その原動力を把握し、特殊性を明らかにするうえで十分ではない。選挙・代議制民主主義の病理という物差しだけで眺めるなら、全体主義的な現象にも同じ種類の特徴づけを適用するのは難しくないからだ。そちらの現象もまた、もちろんさらに急進化した形でだが、社会の一体性と、代表・具現化機能の可能性をめぐる幻想に満ちた見方の一部をなしている。したがって、ポピュリズムの分析はもっと絞ってしかるべきなのだ。対抗民主主義に特有の病理としてそれを理解することは、まさにそれを可能にするのである。

ポピュリズムと対抗民主主義

ポピュリズムの特性は、それが監視の民主主義、否定的主権、審判としての政治を極端化し、それらに共通する動きを不得策にまで押し進めるという事実にある。ポピュリズムはこの観点からすると、「不得策の純粋政治」、完成された反・政治、絶対的対抗民主主義と定義してもよいかもしれない。そのことを示すため、ここでは対抗民主主義の各様態においてポピュリズムを考察しよう。

ポピュリズムはまず、監視と警戒の病理として定義することができる。権力の作用を精査し、それらを批判および試練に付そうとする能動的・肯定的配慮は、ポピュリズムの場合、統治する権威者への強迫観念的・恒常的な烙印押しへと変わっていき、そうした権威者を、根本的に社会の外部にいる潜在的な敵と見なすに至る。この点でポピュリズムは、ジャン゠ポール・マラーの忠実な継承者をなしている。マラーは監視をめぐる革命期の理想を共有し、その伝令役の一人でもあった。著書『奴隷の鎖』(一七七四)では、そうした関心事を自身の政治観の中心に据えている。「みずからを自由に保つには、政府に対して絶えず眼を見開いていなくてはならない。そのやり方を見張り、その侵害行為に反対し、その逸脱を抑制しなくてはならない」[15]。政治活動の目的についても、彼はこう強調している。「権力の座に就いた者たちに、恒久的な統制を課すことである。たとえそれがあなたの選んだ人物たちであろうと、それらの者の監視にあたることは、いついかなる瞬間であろうとすべての人の義務なのである」[16]。だが、一七八九年以降に刊行された『アミ・デュ・プープル〔人民の友〕』紙では、その初期の目的はいともたやすく越えられていく。そのことは一世紀半の後、賢明なアランによっても追認されることになる。マラーは権力との溝を容赦なく穿つからだ。やがて彼は、もはや不吉で執拗な共謀と陰謀の機械としてしか、権力というものを想像できなくなってしまう。彼の眼には、あらゆる政府は本質的に専制的で、抗い難いほどに暴政的な力、マキャヴェッリ主義の武器庫でしかない。的確な指摘だが、マラーにおいては、「市民の政治活動はまるごと統制の中に吸収されてしまった」[17]のだ。逆説的ながら、そこから政治的な受動性が生じるのである。誹謗中傷を受けることを強要される権力は、もはや民が自分のものにできるとは考えられない一つの牙城と化してしまうのだ。近寄りがたい、市民とは根本的に異質な勢力として打ち立てられるのである。マラーにとって権力は、結局のところ攻略できないある種の暴政として逆説的に理解されてしまう。民主主義的になりうるものとは考えられないのだ。

ポピュリズムはこうした政治観を継承し、その近代的な表現を打ち立てる。その観点を、不安にもとづく警戒の実践というよりは破壊の意志に属する、糾弾の熱意へと結びつけてしまう。各種のポピュリズム運動はこのようにして、一種の近代的な密告体制を形作り、最大限の矛盾へと至らしめてしまうのだ[18]。それらの運動はまた、一九世紀の最後の一〇年間に左派・右派に関わりなく、フランスの反議会主義系新聞が代表格をなしていた「政治の嘲弄」のスタイルをも継承している。当時は中でも『おかしな議会』『爆弾』『箒』『ランタン』『バター皿』などの各紙が、徹底的に悲観的でなおかつ覚めた論調を示していた。それら各紙は、もはや事物の流れを変えようとはせず、ただ様々な直近の支配者たちを貶め、罵倒するだけに終始していた。それらの紙面においては、民主主義的な苛立ちは一種の先鋭化した激しい絶望へと転じている。このようにポピュリズムは、これら三つの類型が重なり合う中でみずからの意に反して回帰した、監視の権力にほかならない。

第二点としてポピュリズムは、阻止する主権の病理としても理解しうる。そこでもまた、ポピュリズムは一九世紀末に初めて現れた危機の政治的表現に結びついている。当時は多くの国で、「反体制派[19]」の政党が多数成立した。だが一方では、革命を支持する感情と、政治世界の端的な拒絶とが競合するようになり、事実上密かに肩を並べるに至っていた。本書で形式を詳述してきた「批判的主権」は、独特のやり方で民主主義の構築に貢献していた。阻止の権力は歴史上の一時期を定義づけることができ、まだ自己に閉じこもる否定的政治観となるには至っていなかった。たとえそのような側面がときに顔を覗かせ、危機的あるいは不確定ないずれかの瞬間に、強烈に自己主張していたにせよ。

一九五〇年代のフランスでは、プジャード派〔小規模の商店などを擁護する右派政党〕の運動が烈火のごとく成功を収め、それまでそのような動きが陰にうずくまり、唐突な出現を準備していたことを示してみせた。この運動は当時戯画となるほどに、純粋に否定的な政治を体現していた。税制に反対するその反逆の党は、反権力の本能的な表明であるとされた。プジャード党は一九五六年に有権者に対しておのれの候補を立てたが、いかなる政策綱領も擁護しなかった。[20]同党はフランスをポスターやチラシで埋め尽くしたが、それらは有無を言わせぬ口調で「出る者は出よ」とまくし立てるだけだった。

現代のポピュリズム運動も、そうした政治活動観を、ありふれたものにしつつ復活させている。したがってそれらの運動は、通常の政治の土俵で戦いを進めようと本気で思ってはいない。むしろ絶えずデカダンスの亡霊を動かし、みずからを風変わりなものの守護者、極限状況の救済者、なんらかの終末論の預言者・説教者として示そうとする。

そうした黄昏の演出をめぐる戦いに付き従うのが、エリアス・カネッティが示唆する「否定的大衆」だ[21]。その否定的大衆は今や、全面的に自分たちだけに閉じこもっているように思われる。いかなる革命的エネルギーも、もはやかれらを歴史に投げ込み、かれらに約束や野心を与えることはできない。いかなる倫理の力も、かれらを威厳ある一枚岩、あるいは行動の可能性へと仕立てることはできない。それらは無言の大衆、覚めて道に迷った気むずかしい大衆だ。ポピュリズムはかれらが抱える問題に言葉を与えることこそないものの、その怒りを煽り、都市部の路上や投票所の仕切りの中で、常にいっそう鈍い音で不満をつぶやかせることはできる。ポピュリズムの台頭はしたがって、否定的主権が、その直接性において身動きできなくなり、根源的にむき出しの力として、能動的な批判もあたわず、諦めの暴力の表明に堕していることを表している。

現代のポピュリズムはさらに、判事としての民衆という理念の破壊的な劣化にも呼応している。議論が交わされ検証の結果が示される法廷の場面は、ポピュリズムとともに、残虐さの劇場、あるいはサーカスの舞台へと堕落した。権力は結果的に、その本質において重罪犯罪もしくは滑稽なものと見なされるようになった。告発の機能は、こうした枠組みにおいて市民活動の全体を吸収するようになり、かくしてほぼ構造的に、市民は権力から遠ざけられるようになる。国家を代表し、社会の利益のために法の適用の要請を任務とする検事局は、この観点からすると、その所産において民主主義の本質と見なされる唯一の権力をなすことになる[22]。

強調しておきたいが、ポピュリズムにおけるこの劣化した判事としての民衆は、司法の適用をほとんど気にかけない。司法は本来配分的なものであり、可能性のうえでの公正という上位概念を実現する手段の、よりよい影響力を目的とするものなのだが。かくして民衆は、疑わしいと判断される受益者、一連の変質を経て移民や不法滞在者と同一視される意図的な不正者などを糾弾するためだけに、福祉国家の問題に関わるのである。弾圧、処罰、烙印押しの司法しか認めようとせず、危険分子や寄生者などの幅広いカテゴリーをおのれの制裁の対象に据えるのだ。対抗民主主義の病理としてのポピュリズムは、まさにこの点において、選挙・代議制の民主主義の病理としてのポピュリズムに合致する。この後者は、社会が直面するすべての問題を解決すべく、一つの純粋な社会集団の確立という幻想を抱く。

ポピュリズムの「イデオロギー的」定義は脆弱で、価値判断だけを担う誘惑につきまとわれ、デマゴギーと外国人排斥の宇宙という侮蔑的な烙印と、「底辺の社会」の憂慮という真逆の価値観との間で揺れ動いている[23]。その一方で「機能的な特徴付け」はより客観的で厳密であるように思われる。それを選挙・代議制の民主主義の病理と考えるならば、すでにしてその社会学的見方や、「政治的意志の危機」の理解などの特徴を引き立たせ、いっそう確かな定義へと前進することができる。

だが、すでに述べたように、そうしたアプローチでは不十分であり、この場合ポピュリズムは、全体主義のようなより根源的なほかの病理と十分に区別ができない。あるいは単純に、政治的事象についての非自由主義的・独裁的・決定論的なほかの理解と区別がつかない。ポピュリズムを純粋な対抗民主主義として、その三つの形象が重なり合い絶対化した形として限定的に定義づける場合には、よりいっそうの厳密化が導かれる。この場合ポピュリズムは、民主主義的企てが対抗民主主義によってすっかり吸引され、その力を吸い取られたかのような一つの政治的表現となる。それは反・政治の極端な形式だ。この定義によって私たちは、二〇世紀におけるポピュリズムの活力を理解することができる。それは対抗民主主義の諸形式の増大を特徴とする時代に固有の、政治的病理だからだ。したがってそこからもまた、不得策の特徴が浮かび上がる。かくしてポピュリズムにおいて、現代政治の混乱の発作的な現れと、それを乗り越えられないという悲壮な表現とが混淆するのだ。

3　不得策な経済の教訓

何度も強調してきたように、民主主義の間接的諸形態は、選挙・代議制の政治がその約束を果たせないことに対応する形で発展してきた。経済の領域でも似たような現象が観察できる。市場の機能不全についての確証が、いたるところで様々な監視態勢の導入を導き、同時にその同じ市場を構造化している原動力をも変化させてきたからだ。「間接的規制」の諸様式もこうした枠組みの中で増加してきた。現代経済の機能はこのように、監視のメカニズムとネガティブな態勢とに多くの場所を割いている。そこに見られる類比の関係は、考察を深めるだけの価値がある。経済を「政治的に」解読することで、対抗民主主義の権力における不得策の側面について、私たちはよりよい理解が得られるだろう。

ある用語の回帰

先に私たちは、監視という用語を近代の政治的意味で最初に用いたのは一八世紀の経済学者たちだったと記した。かれらは、通常の命令権とも市場の規則性とも異なる、公的権力のある種の介入をその語で表したいと考えたのだ。次のことも重要でないとは言えない。その語が一九七〇年代に再浮上した際も、やはりそれは経済学者たちによるものだった。その背景には、第一次石油ショック[24]によって生じた経済危機があった。一九四四年にブレトンウッズ会議で導入された国際金融システムは、その危機によって破綻に導かれたのだ。機械的・強制的なルールにもとづく仕組みの放棄は、代案の問題を突きつけた。野心的な解決策に合意を見る可能性はないことを知りつつ、為替の変動相場制という新体制の自由放任から帰結するかもしれない無政府状態を避けるにはどうすればよいのか。まさしくこの文脈において、「厳正な監視」への言及が、突きつけられた問題への解決策と見なされた。当初アメリカの財務副長官が用いたその表現は、一九七五年に、国際通貨基金（ＩＭＦ）協定の改正第四条によって確固たるものとなった[25]。

その同じ監視という言葉は、後に主要加盟国のグループ（G10と言われる）が果たす役割を特徴づけるために用いられるようになる。このグループは、年に一度、世界の主要な中央銀行総裁を集めた会議を開いた。後には、Ｇ７サミットにも適用された。主要先進国の首脳が定期的に集う会議である。実効的でありながらも間接的な統治という理念は、覇権型のいかなる権威から派生したものでもないが、それでいて同等の効果を産出しようとする。それがこのようにして、新たな形で二度目の浮上を果たしたのだ。経済と政治は結果的に、命令を下すことなく影響もしくは強制する権力を記述するための、ではない。

共通の概念を再び見いだしたのである。だがその類比は、こうした語彙の問題だけにとどまるもの

監視の経済的機能

新古典派の理論は、契約が正しく機能するには情報が自由に流通し、結果としていかなる当事者も、情報の独占から生じる既得権益を受益できないようにする必要があるとの仮定から出発する。したがって、そこには情報の開示を促す強制力をもったメカニズムが存在しなくてはならない。金融市場の世界では、この問題はとりわけデリケートなものとなる。市場は、不確実性の著しさを特徴とするデータの、膨大な件数の相互作用によって決定づけられるからだ。

問題への第一の回答は、自己監視という回答だ。各当事者が他者を積極的に監視することにより、一種の相互規制が生じるというわけだ。これは市場の効率に関する伝統的なアプローチである。だが、それは少なからず破綻することが知られている。水平型の相互規制は、とくに金融リスクの管理などの領域では十分とは言えないからだ[27]。なぜそうなのかは容易に説明がつく。債券市場で交換される財とは、要するに返済の約束手形であり、その性質は構造的な不確実性で条件づけられている。そのため、客観的で明確に特定可能なリスク評価の基準を形成することは不可能なのだ。金融機関の実利的な評価・管理方法は、かくして広く「企業風土」の集団表象、もしくはその都度その業種で支配的になる「市場の状態」に帰されるのである。

相互規制の手続きはしたがって、集団的無分別を生み出しうる「合わせ鏡の作用」を隠してしまう

可能性がある。それゆえ、経済学者らが「スーパーバイザー」と呼ぶもの、すなわち強制力をもった外部の第三者機関を設置することに利点があるとされているのだ。そのような関係者のみが、垂直方向での統制の関係を敷くことができ、水平方向での規制だけでは招きかねない付和雷同の危険を制限できる(そのような水平方向の統制活動が、不動産や金融の「バブル」の形成と、やがてはその大暴落とを招いてしまう)。したがって、市場が正しく機能する前提は、ゲームの規則を全員が尊重し、システムの流動性と透明性を約束すること(たとえば米国の証券取引委員会や、フランスの金融市場庁のような組織の役割がそれである)だけにとどまらない。一任された監視を行う公的な監督者にも訴える必要があるのだ。その有効性は、早い段階から修正的行動を取れるかどうか、処罰を課すことができるかどうかにかかっている㉘。

この観点から、市場の失敗を代議制の偏向と比較することができる。代表者と被代表者を効率よく結びつけ、全体的利益のための統治を保証するという選挙のメカニズムの不備もまた、補完的な監視のシステムの成立を呼びかける。そのシステムは制度として確立されるか、あるいはごく単純に、より曖昧な世論のもとで活性化するかのいずれかだ。「第三の判定者」の介入は、経済・政治のいずれの場合においても、同じ種類の変調の是正を目的とする。経済における水平的な相互統制の不十分さには、選挙における結びつきの直接性の限界と同等の構造が見受けられるのだ。いずれの場合も、規制の形式に時間的な一貫性を与える垂直性が欠如しているということである。またいずれの場合でも、信頼関係を直接的かつ持続的に築くことの難しさは、不信の制度化という形で補われている。

両者の平行関係は、経済領域で監視の機構が果たす役割の指摘で終わりではない。本書で記したほかの二つの警戒メカニズム、つまり評価と糾弾のメカニズムも、経済における役割が増大している。金融の格付け会社は一九世紀半ばに登場し、信用取引や株式、社債などの評価を提唱するようになった。最初期の「信用取引評価」機構は、アメリカで一八三七年の金融危機の際に登場した。それらは、十分に独立した情報がないせいで市場が適切に機能できず破綻したのだという当時の感覚に応えるものだった。ムーディ、スタンダード、プアーといった名前は、二〇世紀になってそうした活動に、私たちもそれらの機関に認める組織的な形態を与えた。[29] それら格付け会社は、独立性を特徴とし、信用取引や債券の評価をその職務としている。したがってそこでもまた、売り手と買い手が対峙するだけでは十分に組織できない信用の創設のため、「第三の評定者」の介入が必須と見なされてきたのだ。金融市場は情報のやりとりをする関係者を多数介入させているが、うわさに神経質になることもありうるし、さらには人為的操作を被ることもありうる。そのため、格付け会社はより客観性を高めるべく、外部に立つ視点を導入している。経済の世界で、それらはいわばジャーナリストと鑑定人とを兼ね備えたような職能を担う。格付け会社のフィッチは、そうした役割を示すべく、自分たちの評価について、社説にも比肩しうるものだと述べ、その特徴は「世界で最も短い社説」であるとさえ語っている。

格付け会社は結果的に、市場の見えざる手に重なる別の「見えざる手」にも相当し、その市場の動きを導いている。[30] それらは模範的な形で、経済の規制における監視権の影響力を体現しているのだ。[31] 格付け会社については次のことを強調してもよいだろう。大半の国の法律は、次第に数多くのカテゴリーの債券をそうした評価に付すことを義務づけるようになった。それら格付け会社が市場の構造化機能を担ってきたことを、そのことが如実に物語っている。格付け会社の評価はこうして、重要度において正規の支払能力比率に勝るとも劣らない地位を獲得してきたのだ。

評価はいわば合図を発し、経済の機能における別様のガバナンスを導入する。第二の種類の監視権として「認定」がある。隣接する形式ではあるが、より直接に規範的なものだ。評価は法的には「情報」にすぎないが、取引の奨励もしくは抑制を働きかけはする。認定のほうは、より直接的な規制の観点に組み込まれている。それは、任意の債券がポートフォリオの中に入れられるか、それとも排除されるか、さらに工業の領域であれば、製品の市場への投入が認可されるかどうかの、資格の有無をもたらす。(32)

一八世紀以降、繊維業界などにおける製品認可の法的措置は、市場の動きに枠を嵌めてきた。テュルゴーを筆頭に、自由主義の経済学者たちは、そうした措置に果敢に戦いを挑んでいった。製品の品質にごまかしがあれば、買い手はすぐさま反応するだろうし、ゆえに売り手の側も、その評判と顧客を引き留めるため、相手をだまさないことを利と考えるだろうと推測していたのだ。だが現実は、そうした魔法のような市場の動きの観点とは大きくかけ離れていることも多かった。そのため一部の分野では、消費者による直接的な監視と、別種の「鑑定人による監視」とが重なり合うこととなった。そのような枠組みにおいて、認定制度は「信頼の支え」として機能している。(33)

「監査」のメカニズムも、こうした監視態勢を補完している。「監査の爆発的増加」とも称されたりするその発展もまた、制度への信頼を築き直す必要に、市場みずからが果たすことのできなかった形で対応しているのである。組織の、したがって企業の正当性と信頼性は、結果的に外部の独立機関による評価次第ということになる。「第三の調査担当者」の介入はまさにそこで、組織の運営方法に関する正当な見解へと到るべく、状況と与件を「開示する」役割を担う。たとえばそれは、企業会計の正確さや、事実と申告内容が一致していることなどを認定する仕方だったりする。したがって監査は、まさにそうした理由から、ガバナンスの決定要因の一つになっているのだ[34]。今や諸機関は、そうした検証の強制的儀式に応じなければ信頼できるとは見なされなくなっている[35]。そのような操作への従属は、試練であるとともに、自己主張の機会でもある。監査は諸機関にとっての、最低限の「否定的保険」になっているのだ。したがって、こうした見るからに技術的な形式での、強力な間接的権力が成立しているのである。

また経済の世界では、政治の領域について私たちが記したもう一つの監視様式の台頭も見られる。すなわち糾弾である。アメリカでは、「ホイッスル・ブロワー〔告発者〕」と呼ばれる人々、つまり組織の重大な機能不全を告発するために組織の内部で立ち上がる人々が、今や法律によって保護されるようになった[36]。世間を騒がした一連の金融スキャンダルの後、二〇〇二年七月に採択されたサーベンス・オクスリー法では、アメリカ国内の上場企業に対して、従業員が知り得た不正について匿名での内部告発を行える手続きを備えることが義務化されている[37]。職業倫理の欠如、製品の品質面における不正、労働の安全面に関するデータ改竄の試み、公金横領などを従業員は報告でき、企業に不利益を及ぼしたとしてその従業員が非難されることもない。それはまさに同じ人物が、雇用する組織に依存する労働者であるとともに、その内部における独立した市民でもあるということを認知することにほかならない。「ホイッスル・ブロワー」はそれゆえ企業にとって、政治体制にとっての反逆者もしくは抵抗者のようなものだ。しかしながらそれは認知され保護された反逆者なのだ。

「ホイッスル・ブロワー」は拒否権に相当する権限をもちながら、同時に監視の権能をも行使する。[38]『タイム』誌が二〇〇三年の「パーソン・オブ・ザ・イヤー」として、エンロン、ワールドコム、FBIの不正を告発した三人の人物を選んだことは象徴的な出来事だった。欧州のいくつかの政策綱領も、同じ方向で問題に取り組んでいる。倫理上の憂慮が中心ではあるけれども、そうした告発行動には、同時により平凡に「マネジメント的」な機能もある。そのような行動は、諸機関や市場が正しく機能するうえで有益な、情報の産出にも貢献するからだ。

この意味では、より広範に「規制的告発」について議論することもできるだろう。一方で、より一般的な、組織の中の個人による直接的介入のほかの様式も存在する。たとえば企業内の個人ブログの増加が見られるが、これなどは批判的で独立した表現形式を導いている。[39]ほかにも、直接的な情報提供・提案の産出技法も登場している。ホットライン、オープン・フォーラム、オンブズマン、アイデア・ボックスなどだ。企業は長い間、階級的・権威的な権力の行使を特徴とし、政治の領域を組織する代議制の手続きとは対照的だったが、今や企業もまた、間接的な権力の場所を提供し始めている。もちろん美徳からというのではない。現実の圧力、社員らの期待への対応、さらには市場の要請によってである。

市場、または拒否権の勝利

経済と政治の平行関係を、今度は阻止権の領域で引き続き見ていくことにしよう。まず消費者の介入を有権者の介入に類するものと見ることがたびたび行われている。後者が代表を選ぶように、前者は製品を「選出する」というわけだ(この主題についての文献は膨大な数に及ぶ)。それら二種類の好みの表明と意志決定の様態を比較することで、「市場」と「フォーラム」の区別に関する様々な重要文献が生み出されてきた。限定的なものも含め、それら二種類の領域で作用している合理性の様々な形式に関する研究は著しく進展したが、その分野での先駆的役割を演じたのはヤン・エルスター〔ノルウェーの政治学者〕の著作だった。だが、おそらくは市場の主要な特徴については十分に強調されていない。すなわち、まずは市場が、否定的な介入によって構造化されているという事実である。金融市場は、そのような与件を実に鮮烈に示している。

そんなわけで、市場の機能を、アルバート・ハーシュマンの言う「離脱」と「発言」の区別から解釈することを提唱できるだろう。(40) 政治と社会の領域では、二つの介入の様態は共存している。投票それ自体が二つの要素を混ぜ合わせている。熱望と拒絶を結びつけるのだ。私たちがこれまで用いてきたカテゴリーで言うなら、肯定的主権と否定的主権を繋ぐのである。市場の場合はそうはいかない。離脱はその機能において、一貫して発言に勝るのだ。(41) そこでは常に信頼と不信の調停が図られ、後者の行動が優先される。不確実な状況では、常に不信のほうが勝るからだ。こうした非対称性を導き入れることで、否定的審判を市場での意志決定の原動力とすることができる。債券を売るという選択は、結局のところ、構造化の力をもった選択となるのである。

市場が否定的主権の完成形の表明であるのは、その否定的主権が分散した形、拡散した形で表現され、「ア・プリオリ」ないかなる形式化、いかなる凝集をも必要としないからでもある。市場はそのような形で、世論のある種の支配を体現している。そこにはうわさのような、否定性の最も強い形式も含まれる。その世界では、組織的な代表機能の原理はいかなる場所も占めない。まさにその意味において、そこでの連携のモデルは、見えざる手のイメージに関連づけることができる。こうしてその世界は、間接的な規制様式によって二重に支配されるのだ。この確証的事実ゆえに、市場に関する現行の多くの批評には問題があることを強調せざるをえない。というのも、私たちが示唆してきたような用語で理解するならば、市場は意志決定の拡散現象の一つの現れにすぎないからだ(もちろんとりわけ象徴的な表現型ではあるのだが)。一部の人々が予審に付している「新自由主義への恐怖」による強迫観念的な裁判は、現代の不得策によってもたらされた問題の広がりとその根深さを見えにくくしてしまう。それは問題を、政治的意志と経済的自由放任、全体的利益と個別的利益の、旧来からあり明らかだとされる対立関係へと帰してしまう。

ところが実際により深いところで問題になっているのは、民主主義との関係における政治の概念そのものなのだ。市場は、現代的な不得策の原因というよりはむしろその「発露」となっている。社会に屹立しおのれの「意志」を課してくるような、隠された巨大な権力ではなく、どちらかといえば誰も手中にできないが万人に課せられる、匿名の絶対的に否定的な力の機械的媒体をなしているのである。こう言ってよければ、市場とは否定的な含意の激高した表現、「市民的」民主主義の絶対化した形象であり、ゆえに民主主義と政治的事象の分離を最も過激に示すものなのだ。私たちの社会を特徴づける「一般性の危機」は、まずもって特殊な政治的領域のものなのである。

不得策の経済

以上のごく簡単な指摘からも、間接民主主義の諸形態と、経済の領域で作用しているメカニズムや振る舞いの全体とを照合する可能性が示唆される。監視、評価、監査のメカニズムは、まさに監視の権力を構成しており、それは私たちが政治の領域で記してきたものよりもはるかに構造化されていたりもする。こう言ってよければ、対抗民主主義はこのような形で、経済領域においてこそいっそうの完成を見ているのだ。

だが、次の事実も同様に際立っている。「制度化された民主主義」の諸形態は、そこでも同時に衰退しているのだ。たとえば組合の力はひどく浸食され、企業も次第に、代議制のような原理が支配する組織ではなくなっている。一九二〇年代から想像されてきたような「進歩」の形象から距離を置くようになったことは、この点においてまさに劇的だった。当時人々は、代議制民主主義のメカニズムはあらゆる近代的組織のプロトタイプをなし、結果的にそのメカニズムは政治の領域以外にも拡散していくだろうと予想していた[42]。「工業化時代の民主主義」という一大テーマは、かくして何十年にもわたり、改革者たちを動機づけてきた。

フランスでは、たとえば一九六〇年代に活動家のフランソワ・ブロシュ＝レネが組合勢力の支持を得て、企業内に選挙で選ばれた政府を作り、労働者、消費者、株主の代表から成る議会に対峙するという方式を呼びかけた[43]。ドイツの共同統治のモデルも、同じような精神の産物だった。六〇年代末以降、自主管理という用語がそうした考え方を現実的なもの、急進的なものにした。組織の機能に個人をより直接的に関わらせるという新しい至上命令を加えたのだ。どの場合でも目標とされていたのは、肯定的に理解されていた民主主義の諸制度を、社会活動の様々な領域に移し替えていくことだった。一九世紀の古いスローガン「企業に王政がはびこっていては、社会に共和制は実現しえない」は、依然として辿るべき道を示す指標となっていた。

今や明らかなのは、優勢になったのはそうした運動ではなかったということだ。一九八〇年代は否定しがたいほどに断絶で特徴づけられていた。古典的な代議制のモデルがある種の一般化を継続する代わりに、むしろ「あらゆる領域で」間接的形態の権力の発展が見受けられた。しかも誰もそのことを悔やんでなどいない。今や、たとえば企業の幹部を選挙で選び、よりいっそうの共通善を実現しようとする計画を擁護する者など一人もいない。国有化という理念も、やはりそれ自体「正しい権力」の成立という展望に独自のやり方で結びついていたが、同じ理由から平行して浸食されていった。

実際、各種統制メカニズムの多様化に信頼を寄せようというコンセンサスもある。監視の各種形式が拡大する傍らで、阻止の手続きの明らかな増加も見られる。もう一つ別の例を挙げよう。一九六〇年代にはまだ、経済の統制における未来は、市場に代わる柔軟な各種の計画経済にあると考えられていたが[44]、今や各種の統制的権力の増大において、実現すべき改革が模索されている。他方、企業の経営者たちも、この新たな「世論的資本主義」の世界では、組合の内的な影響力が強かった時代に比べ、自分たちの地位がいっそう脆弱になっていることを自覚してきている。このような事実から何を結論づけるべきだろうか。まず、正当性と効率の見方が変わったということだ。間接的権力は実際、事物の流れにいっそう働きかけることができるように思える。同時にその働きかけの様態は、社会的にいっそう専有可能なものになってきている。あるいはそれらの権力は、公正さを特徴とするがゆえに資格ありと判断された組織によって行使されるようになってきている。

経済の世界と政治の世界の比較はこのように示唆的だが、しかしながらそこから素朴で性急な結論を導いてはならない。二〇〇〇年代に相次いだ金融スキャンダル(エンロン、ワールドコムなど)によって、一部の評価、監査、監視のメカニズムは脆弱で不十分であることが示されたからだ。すると今度は、監督者の監督という問題がなんとも赤裸々な形で浮上した[45]。経済における間接的権力の機能によって突きつけられた諸問題は、政治の領域における同等物についても問い直しを促している。他方、その点に関連して次のことも指摘できる。間接的な政治権力、すなわちメディアやとりわけ判事の権力もまた、激しい異議申し立てに曝されたのだ。たとえ政治には、厳密に経済破綻に相当するものは存在しないにせよ。

ここで素描した比較は、一方でさらに先にまで進められる。経済圏における間接的権力の発展は、顕著な機能不全すらをも越えて、それらの権力が関わる「民主化」の動きにはいかなる政治的次元も含まれていないことを、鮮明な形で私たちに示してくれる。経済の領域では、それらの権力に見られる不得策という特徴の、過激化すら目にできる。そのことをまずもって証しているのが、透明性の原理の執拗な理想化だ。というのも、透明性は経済において、とくにその名にふさわしい価値があるからだ。それは完全な可視化の計画、完全な摩擦の欠如を表しており、それもまた、市場のユートピアを名指すもう一つのやり方にほかならない。監視と評価の権力は、この場合明示的に、あらゆる政治思想の対蹠地として、見えざる手による支配の成立を提唱するのである[46]。

だが経済の不得策の特徴はさらにその先にまで進む。それは次のような事実にも対応するのだ。企業や市場は今後ますます規制され、統制され、監視されていくだろうけれども、経済における政治問題、つまり富の再分配の問題は決して問われないだろうということが想像できるのである。ゆえに次のような指摘は際立つだろう。労働と資本との所得格差の溝は、企業内部での経営側と一般の賃金労働者の報酬格差の爆発的拡大と同様、統制と規制の機構が増加するのと時を同じくして生じているのだ。言い換えるなら、資本主義はこうして、いっそう枠に押し込まれながらいっそう不公正なものになり、いっそう透明でありながらいっそう不平等になっていく可能性がある。自由主義の言う統制と民主主義の言う統制との違いについて、私たちは前の各章でその重要性を示してきたが、その違いは改めて大いに強調しておく価値がある。経済との類比という拡大鏡は、対抗民主主義の性質や影響についてよりよく理解し、結果的に不得策の問題をより真剣に受け止めるよう促すために、そこでもまたとりわけ有益なのである。

原注

(1) この表現は、トクヴィルから借用した「市民的宗教」という表現から派生したものである。たとえばそれは次の論考などで用いられている。Catherine COLLIOT-THÉLÈNE, «L'ignorance du peuple», *in* Gérard DUPRAT(éd.), *L'Ignorance du peuple*, Paris, PUF, 1998, p. 36-39.

(2) Cf. Jean-François THUOT, *La Fin de la représentation et les Formes contemporaines de la démocratie*, Montréal, Éditions Nota Bene, 1998(第七章の全体を参照。«L'espace politique du nouveau sujet démocratique»).

(3) Cf. R. Kent WEAVER, «The Politics of Blame Avoidance», *Journal of Public Policy*, vol. 6, n°4, octobre–décembre 1986. 次も参照。Michael B. MACKUEN, James A. STIMSON et Robert S. ERIKSON, «Responsabilité des élus

devant l'électorat et efficacité du système politique américain: une analyse contre-factuelle», *Revue française de science politique*, vol. 53, n°6, décembre 2003.

(4)　こうしたアプローチによって、日米欧三極委員会に参加した専門家らによる有名な分析には矛盾が突きつけられることになる。かれらは七〇年代に、参加型民主主義の「過剰」は、社会を統治不可能なものにすると考えていた。政府には「過負荷」が生じ、同時に個人主義的価値の高まりによって権威の正当性が奪われ、指導力への「先験的」信頼が減じるというのだ(Michel CROZIER, Samuel HUNTINGTON et Joji WATANUKI, *The Crisis of Democracy*, New York, NYU Press, 1975)。だが当時のそうした暗い予測は現実には確認されていない。今日ではむしろ、選挙・代議制民主主義の「不十分さ」こそが、対抗民主主義の劇的な展開と相まって、そうした状況の原因であると考えられるのである。

(5)　Cf. Michel ROCARD, «Gouverner: métier impossible», *Les Carnets de psychanalyse*, n°s 15-16, 2004.

(6)　二一世紀はこのような形で逆説的に、人間と諸制度の転換が単なる告知だけの効用で促されるという、素朴な革命的ユートピアと再び結びついている。その世界観自体もまた、直接性の力によって一般意志が生み出されるという、ルソー的な前提と結びついている。

(7)　ジェームズ・ローズノー(James Rosenau)の先駆的研究はいまだに大きい。フランス語での文献については、とくに次の著者たちを参照。Patrick Le Galès, Pierre Lascoume, Dominique Plihon, Marie-Calaude Simouts.

(8)　とくに次の二誌を参照。*Global governance*, *Governance*.

(9)　Cf. Michael HARDT et Antonio NEGRI, *Empire*, Paris, Exils, 2000, ainsi que *Multitude. Guerre et démocratie à l'âge de l'Empire*, Paris, La Découverte, 2004(マイケル・ハート、アントニオ・ネグリ『〈帝国〉グローバル化の世界秩序とマルチチュードの可能性』水嶋一憲ほか訳、以文社、二〇〇三)(『マルチチュード〈帝国〉時代の戦争と民主主義』上下、幾島幸子訳、ＮＨＫ出版、二〇〇五).

(10)　Cf. U. BECK, *La Société du risque*, *op. cit.*, et *Pouvoir et contre-pouvoir à l'heure de la mondialisation*, Paris, Aubier, 2003.

(11)　私の知る限り、その表現を用いた嚆矢の一人にジャック・ランシエールがいる。Jacques RANCIÈRE, *La Mésentente. Politique et philosophie*, Paris, Galilée, 1995.

(12)　この点については、次の著作が示すデータを参照。Thierry PECH et Marc-Olivier PADIS, *Les Multinationales du cœur. Les ONG, la politique et le marché*, Paris, La République des idées-Seuil, 2004.

(13) 次の古典的著作を参照。Michael KAZIN, *The Populist Persuasion: an American History*, New York, Basic Books, 1995.

(14) 最も洞察に満ちた近年の研究といえば、中でもポール・タガートとマーガレット・キャノヴァンのものが挙げられる。前者についてはたとえば次を参照。Paul TAGGART, «Populism and Representative Politics in Contemporary Europe», *Journal of Political Ideologies*, vol. 9, n°3, octobre 2004. 後者については次を参照。Margaret CANOVAN, «Trust the People! Populism and the Two Faces of Democracy», *Political Studies*, vol. 47, N°1, mars 1999. 次に寄せられた論考も注目に値する。Yves MÉNY et Yves SUREL, *Democracies and the Populist Challenge*, New York, Palgrave, 2002. フランス語では、以下の研究者たちが進める研究を参照のこと。Guy Hermet, Olivier Ihl ou Pierre-André Taguieff.

(15) Jean-Paul MARAT, *Les Chaînes de l'esclavage*(1774), in *Œuvres politiques*, Bruxelles, Pôle Nord, 1995, t. VII, p. 4421. 彼はこう記している。「自由であるためには、統治する者を絶えず見張っていなくてはならない。不信のない者を迷わせる以上に容易なことはない。また民があまりに安心しきってしまうことは、常に隷属の前触れとなる」(*ibid.*, p. 4355)。

(16) 次による引用。Patrice ROLLAND, «Marat ou la politique du soupçon», *Le Débat*, n°57, novembre-décembre 1989, p. 134.

(17) この点については、ロラン(P. Rolland)の刺激的な指摘を参照。*ibid.*, p. 135.

(18) アテナイにおいて密告者と言えば、法廷で市民が行政官を告発する権利を、一種の脅しでもって思いとどまらせる者を指していた。一方、みずからを「民の番犬」と称し、民主主義を脅かす寡頭政治的な陰謀からそれを守ることに腐心する密告者は、敵対者側から通俗的なデマゴーグ、ゆすりを働く者と見なされていた。Cf. Carine Karitini DOGANIS, *Démocratie et transparence: les sycophantes et la délation dans la cité d'Athènes à l'époque classique*, thèse, Paris, Institut d'études politiques, 2004.

(19) このカテゴリーについては、次の議論を参照。G. SARTORI, *Parties and Party Systems: A Framework for Analysis*, Cambridge, Cambridge University Press, 1976.

(20) 次の研究において、多くの文書が再録されている。Stanley HOFFMANN, *Le Mouvement Poujade*, Paris, Armand Colin, 1956.

(21) Cf. Elias CANETTI, *Masse et puissance*, Paris, Gallimard, 1966, p. 55-58(エリアス・カネッティ『群衆と権力』

上下、岩田行一訳、法政大学出版局、一九七一～二〇一〇）。

(22)　アテナイにおいて、告発者が唯一真に民を代表する者となったように。

(23)　「ポピュリスト」という形容詞は、「民衆の」という言葉と同等に用いられることがある。この観点から見た場合、民衆の意味でのポピュリストは、「自由主義・エリート主義」との暗黙の区別において「民主主義」と同一視できることにもなる。ロバート・ダールはかつて、「ポピュリスト」体制と「マディソン主義」体制とを対置していた。Robert DAHL, *A Preface to Democratic Theory*, Chicago, The University of Chicago Press, 1956. この同じ観点から、次の著書も参照。William H. RIKER, *Liberalism Against Populism: A Confrontation Between the Theory of Democracy and the Theory of Social Choice*, San Francisco, Freeman, 1982.

(24)　金本位制と事実上同等とされた固定相場制が敷かれ、アメリカのドルと英国のポンドが、金と並んで準備通貨の役割を果たした。

(25)　この経緯については、次の著書を参照。Louis W. PAULY, *Who Elected the Bankers Surveillance and Control in the World Economy*, Ithaca, Cornell University Press, 1997(chap. VI, «The Reinvention of Multilateral Economic Surveillance»); Harold JAMES, «The Historical Development of the Principle of Surveillance», *IMF Staff Papers*, vol. 42, n°4, décembre 1995.

(26)　Cf. Éric BROUSSEAU, *L'Économie des contrats: technologie de l'information et coordinations interentreprises*, Paris, PUF, 1993.

(27)　この点に関しては次の論証に即している。Michel AGLETTA et Laurence SCIALOM, «Vers une nouvelle doctrine prudentielle», *Revue d'économie financière*, n°48, 1998. 次も参照のこと。Dominique PLIHON, «Quelle surveillance prudentielle pour l'industrie des services financiers?», *Revue d'économie financière*, n°60, 2000.

(28)　そのような性質をもった機関を設置しようとする欧州での動きについては、次を参照のこと。Michel MARINO, «Quelle architecture pour le contrôle prudentiel en Europe?», *Revue du Marché commun et de l'Union européenne*, n°460, juillet-août 2002.

(29)　格付け会社の歴史については次を参照。Gilbert HAROLD, *Bond Ratings as an Investment Guide: An Appraisal of their Effectiveness*, New York, 1938; Philippe RAIMBOURG, *Les Agences de rating*, Paris, Economica, 1990.

(30)　こうした機能については、次の総括を参照。Olivier LICHY, «Les agences de rating», *Les Petites Affiches*, 4 et 6 septembre 1991.

(31) Cf. Timothy J. SINCLAIR, «Passing Judgements: Credit Rating Process as Regulatory Mechanisms of Governance in the Emerging World Orders», *Review of International Economy*, vol. I, n°1, printemps 1994.

(32) 製薬業に関してなら以下を参照。Boris HAURAY, *L'Europe du médicament: politique, expertise, intérêts privés*, Paris, Presses de Sciences-Po, 2006.

(33) Cf. Philippe MINARD, «Les béquilles de la confiance dans le secteur textile au XVIIIe siècle», *in* V. MANGEMATIN et C. THUDEROZ, *Des mondes de confiance, op. cit.* 同著書への次の寄稿も参照のこと。Alessandro STANZIANI, «Qualité des denrées alimentaires et fraude commerciales en France, 1871–1905».

(34) Cf. Peter MOIZER(ed.), *Governance and Auditing*, Londres, Edward Elgar, 2004.

(35) 次の古典的な著作を参照。Michael POWER, *The Audit Society: Rituals of Verification*, Oxford, Oxford University Press, 1997.

(36) 今や膨大な量となったこの主題に関する文献の初期のアプローチについては、次の著書を参照。Roberta Ann JOHNSON, *Whistleblowing, When it Works and Why*, Boulder(Co.), Lynne Rienner Publishers, 2003.

(37) Cf. Stephen M. KOHN, Michael D. KOHN et David K. COLAPINTO, *Whistleblower Law: A Guide to Legal Protections for Corporate Employees*, Westport(Conn.), Preager, 2004.

(38) Cf. Gerald VINTEN(ed.), *Whistleblowing: Subversion or Corporate Citizenship*, New York, St. Martin's Press, 1994.

(39) Cf. Frédérique ROUSSEL, «Quand l'employé fait blog», *Libération*, 6 juin 2005.

(40) Cf. Albert O. HIRSCHMAN, *Exit, Voice and Loyalty*, Cambridge(Mass.), Harvard University Press, 1970(アルバート・ハーシュマン『離脱・発言・忠誠——企業・組織・国家における衰退への反応』矢野修一訳、ミネルヴァ書房、二〇〇五).

(41) この点については、次の示唆的な考察を参照のこと。Mathias EMMERICH, «Le marché sans mythes», *Revue de l'OFCE*, n°57, avril 1996.

(42) シエイエスには一七八九年ごろからそうした直観があったことを思い起こそう。分業体制(これを彼は代議制の原理と同一視した)は社会生活のすべての領域に広がるだろうと考えていたのだ。彼はこう強調している。「社会状態においてはすべてが代議制をなしている(中略)。分業は、あらゆる種類の生産的労働と同様に、政治的労働にも属している」(次の拙著に引用。*La Démocratie inachevée, op. cit.*, p. 13)。

(43) François BLOCH-LAINÉ, *Pour une réforme de l'entreprise*, Paris, Seuil, 1963.

(44) 当時の特徴的な議論を次の著書で参照のこと。Andrew SHONFIELD, *Le Capitalisme d'aujourd'hui: l'État et l'entreprise*, Paris, Gallimard, 1967.

(45) たとえば次の著書を参照。Catherine GERST et Denis GROVEN, *To B or not to B. Le Pouvoir des agences de notation en question*, Paris, Village Mondial, 2004.

(46) Cf. P. ROSANVALLON, *Le Capitalisme utopique. Histoire de l'idée de marché*, nelle éd., Paris, Seuil, 1990.

結論

近代の混成体制

対抗民主主義の世界を探求してみると、市民の後退と私的な領域にのみ縮減された世界の到来について、従来の慣例的な言説の再考が促される。一方で同時にそれは、現代民主主義体制の機能不全と諸問題について、選挙・代議制だけの次元を越えてそれらをより幅広い展望のもとに位置づけなおし、別様に理解することを奨励しもする。それにより導かれるのは、とりわけ対抗民主主義の諸形態の発展と、政治的事象の機能面におけるなんらかの後退との、現代的な対立の強調だ。かくして民主主義の枠組みそのものを、より複合化する形で描きなおすよう促される。そこでは民主主義の三つの次元、三つの場面が、それぞれの特殊性によって区別されてきた。すなわち選挙・代議制統治、対抗民主主義の活動、そして政治的事象の研鑽である。

最初のものは、最も一般的かつ最も詳細に研究されてきた側面だ。原則と手続きの全体から成り、それらによって市民の参加・表明・代表、権力の正当化、さらには政府と社会を結びつける責任と反応のメカニズムが調整される。二つめの対抗民主主義の側面は、まさに本書が扱ってきた対象だが、監視、阻止、審判の実践の全体から生じるものである。それらの実践を通じて、社会は統治者に様々な形の圧力をかけ、そこから平行する非公式の権威に相当するもの、さらには審判的な権力(直接的に作用するか、もしくはその都度の制度を介する)が描き出されていく。三つめの側面である政治的事象の研鑽は、反省的・自問的な活動から成る。そのような活動を通じて、共通世界の成立ルールが練り上げられるのだ。司法の原則の決定、集団相互の状況と利害の調停、私的なものと公的なものとの連携の様式などである。そうした活動の発展は、可読性・可視性の要請に結びついている。

以上の類型論で可能になるのは、民主主義という現象の分析を明確化することだけではない。それはまた、各側面における民主主義の進展の現代的条件を、より厳密に理解するための支えにもなる。

選挙・代議制民主主義の新たな道

すでに指摘したように、選挙・代議制民主主義は、いくつかの構造上の緊張関係によって特徴づけられている。まずは、「帰属としての投票」の観点と、「統治者としての投票」の理念との緊張がある。前者は政治共同体への加入のサインであり、結果的に極端な公平性の原理を含む。後者は、主権の共有への参与を表し、そこでは個人の能力の問題は問われない。いわば「数」と「理性」との緊張だが、その前進と後退とによって普通選挙の歴史は支えられ、また律動が与えられてきた。普通選挙それ自体が、近代社会における主権者としての個人の台頭に連動していたのだ。

民主主義的な代議制の領域で次に問題になったのが、人民もしくは民族の概念が帰される主権者の抽象的な一体性と、社会的諸条件の多様性との、本来的な隔たりだった。「原理としての人民」と「社会としての人民」をどう一致させればよいのだろうか？　言い換えるなら、とりわけ議会で主権者を代表しなくてはならないとき、その主権者にどのように形と像を与えればよいのだろうか？　民主主義での代議制の問題はすべて、政治的原理（一般意志の優位の確証）と、社会学的現実との乖離に宿ってきた。民主主義において人民は、絶対的であると同時に摑みどころのない支配者だからである。近代の政治は、自然の秩序もしくは歴史の秩序に反した意志を聖なるものと見なし、人民に権力を預けてきたが、時を同じくして、その政治が担っていた解放の企ては、秩序と集団から成る旧社会を廃絶し、平行する形で社会的なものの抽象化を導いたのだった。そこから、民主主義の「政治的原理」と「社会学的原理」の間に矛盾が生じたのである。政治的原理は集合的主体の力を聖なるものと見なし、対する社会学的原理はその集合的主体の一貫性を解消し、可視性を縮減するに至らしめるのだ。

そしてまた、人民主権の概念そのものに内在する緊張関係もある。代議制統治の定義はその起源からして不確かであるからだ。フランス革命とアメリカの独立以降、一部の人々は、代議政体を完全に民主主義の精神に合致すると捉え、それを単なる手続き上の支え、直接民主主義の一種の「技術的」同等物として理解していた。直接民主主義は、大規模な社会において活用するのは不可能だからだ(こうした考え方にもとづき、きわめて早い段階から「代議制民主主義」の確立が議論されることになる)。だがこれとは別に、代議政体を、危険と判断される民主主義への「代案」と理解する向きもあった。アメリカやフランスの憲法制定議会の多くの議員にとっては、代議制を介して選挙にもとづく一種の貴族政治を実現することが目的だったのだ。代議政体はその場合、民主主義への「対抗策」として定義づけられた。古典的な体制の類型論が押し広げられたのである。

こうした緊張関係は、そのもととなった革命期以降も、絶えず未完の感覚を、あるいは裏切りの感覚さえをも育んでいった。一部の人々は久しい以前から、その緊張関係は期待や焦燥感から生じていると示唆してきた。そうした期待や焦燥感は、穏健な政治の道を見いだすためには抑制しなくてはならないとされていた。マディソンやシエイエスから、自由主義の理論家、あるいは民主主義的現実主義を標榜する現代の保守派まで、不満の低減のために穏健かつ平穏な政治の恩恵を讃えてきた人々のリストは長く続く。知的な慎重さと数に対する先入観は、こうしてその後も混淆し続け、政治的事象へのあきらめの観点を育んできた。

二〇世紀には全体主義の脅威に対峙することになったが、それもこうした慎重さを強めることになり、期待の地平を制限するよう市民らは促された。このようなわけで民主主義的理想は、人民の実効的な主権という古くからの野心に距離を置き、単に自由を擁護する体制の実現へと縮減されることが多かった。ケルゼンからシュンペーターまで、二〇世紀における一連の理論家たちは皆、おのれの渇望のうちの穏健な部分を理論的議論として打ち立て、それ以前の能動的・支配的な人民の形而上学に代えて、政治的正当化の純粋に手続き的な見方を提唱した。

だが、より効果的な自己統制の道を、また社会にいっそうの注意を払う代議制を探り続けようとする男女の欲望は、理想郷へと連なる焦慮の道につき従う深淵をも捉えた最も明晰な慎重さのただ中から、常に復活してくるのだった。二世紀もの間、実に多くの憲法制定メカニズムが絶えず構想されてきたし、関与と介入の要請に意味と形を与え直そうとする活動家の実践の発展も止むことはなかった。その歴史は閉じられてはいない。市民の参加という至上命令の活性化や代議制のメカニズムの改善(兼務や任期の制限、選挙手続きの確立、直接民主主義の活用、各種権限の再構成など)を目的とした、あらゆる国における計画や経験が、そのことを証している。また、憲法制定にまつわる議論の活力は、各国民の特殊性ともども、それら各種領域での改革に対する大きな期待を物語っている。

こうした枠組みにあって、市民を自分たちに関わる意志決定に参与させる諸形態の発展は、民主主義体制の近年の主要な変化の一つになっている。「参加型民主主義」という同じ用語が、一九八〇年代以降、そうした刷新を表すために用いられているが、実際に射程の大きく異なる経験や実践を広くカバーしている。かくしてポルト・アレグレ市の名高い「参加型予算」の準備・採用を決定した手続きと、地域の集会などのより目立たない実践との間の差は著しくなっている。だが、合議を拡大するための全体的な動きも確かに存在する。

フランスの一例を挙げるなら、一九九〇年代以降、すべての法文書が参加の条項を明記していることが指摘できる。一九九九年の国土整備法は、諮問機関である「開発評議会」の開催を義務づけているが、それには一連の諸団体がすべて出席することになっている。「地区評議会」の発足も二〇〇二年に、人口八万人以上のすべての都市を対象に制度化された。他方、公的な調査の手続きも拡大・強化されている。[1] 公開討論全国委員会も一九九五年に創設されたが、そこでは関係する諸団体が「環境に関わる公的機関の活動に参加」できるようになっている（この委員会はその後地位が高められ、意義深くも「近隣民主主義」を題目とする二〇〇二年二月二七日付けの法律によって、独立した権威として確立された）。

より特殊な形では、アトリエ、集会、フォーラムといった様式が地域レベルで増加し、行政担当者と市民とを近づけている。社会学の諸研究に着想を得ていることが多い、コンセンサス会議、ハイブリッド・フォーラム、市民陪審団、討論型世論調査などの単発的な経験も、各地で見られるようになった。[2]

同様の性質をもった制度や実践は今日、多少とも発展した形で、実に多くの国で目にすることができる。参加型民主主義というこの概念は、二〇〇四年に策定された「欧州憲法条約」の草案においても、とりわけ高く評価されている。同文書ではそれが、代議制民主主義から明確に区別されて言及されているのだ。「代表する諸団体および市民社会との、開かれた透明かつ定期的な対話」から構成されると定義づけられている(第一条第四七項)。こうした新しい民主主義の要素の採択には、膨大な量の出版物が付随している。活力ある都市の理想にいっそうの内実を与える、ポスト代議制とでも言えそうな民主主義の新時代の輪郭を、それらの文書は浮かび上がらせようとしている(3)。

そのような発展の理由は数多くある。参加型民主主義はまず、社会的な需要に対応している。市民は徐々に、自分たちを代表する者に投票し白紙委任をするだけでは満足しなくなっている。市民は自分たちの意見や利益が、より具体的かつ継続的に考慮されることを望んでいる。政治的権威それ自身の側からすると、正当性の強化には、今やかれらが各種の意見交換と諮問の形式を活用することが含意されている。今や権力は、議論や正当化といった試練に定期的に身を委ねないかぎり、正当とは見なされないのだ。

また、諸問題や住民を効果的に管理するうえでも、住民参加は必須となってきている。社会を上方から合理的な形で統治できる全知の国家というユートピアは、そのあらゆる内実を失ってしまっているからだ。増大する分散化のプロセスも、まずはマネジメント的な至上命令に従ってきた結果なのだ。すなわち、効率的であるためには、今や現場の近くにいて、関係者を関与させ、底辺で収集される情報を処理しなくてはならないのである。参加型民主主義もそうした動きの一部をなしている。それは増大する近代的なガバナビリティの要請に応えるものなのだ。その場合の参加は、こうした意味において「機能的」と称することのできる側面をもつ。とりわけ地域に影響を及ぼすような問題に適用される場合である。

それはまた、民主主義そのものの普及によって密かに脱政治化した民主主義でもある。もちろんそこには、予備教育的・教育的な否定しがたい特徴もあるのだが。[4] したがってそのような民主主義を神聖視することもできないし、そこに民主主義の進展を理解するに十分な鍵を見いだすこともできない。指摘しておきたいが、他方でこうした変化は、団結の絆に関わる変容と一体をなしていたりする。その絆はある種の「地域指向」で特徴づけられていることが多い。米国では、明らかに公民運動的な側面をもった大手の全国的団体が衰退し、一方で台頭する市民社会勢力は、ますます細分化された「権利擁護団体」や地域グループなどによって構成されるようになった。一部の論者たちはそのことを理由に、「縮小する民主主義」を論じるにまで至っている。[5]

討議的な民主主義の企ては、一九九〇年代に次第に必要とされるようになっていったが、参加型という主題系の限界も暗に認識されるようになり、より「質的」と称することのできるアプローチが示されるようになった。[6] かくして、合理的議論、論拠の確かな意見交換、市民フォーラムといった概念によって、問題は移し替えられてきた。ユルゲン・ハーバーマスからベルナール・マナン、ジョシュア・コーエンからヤン・エルスターまで、数多くの理論家が、こうした方向性で、討議する人民という見方をもとに、民主主義のより手続き的な理解を定式化しようとしてきた。[7] 一連の研究はどれもそうした姿勢でもって、より情報にあふれ、より合理的で活動的な都市の組織化を、いっそう厳密な形で導いていった。

他方、それゆえに一部の論者たちの提案は、選挙の儀礼に、そうした積極的活動を象徴する定期的なデモの実施を重ね合わせるものにもなった。[8] この主題に関する文献目録も、今や内実を伴うものになっている。それにより、とりわけ論証のメカニズムの動的な理解を豊かなものにし、効果的な熟議の形式的諸条件をきわめて有益な形で規定し、議論をまとめ上げる各種様式の特性について分析を深めることができるようになった。だがこのようなアプローチの限界と、それがもたらす問題も、同時により鮮明に見えるようになった。とくに近年明らかになってきた世論の一極集中現象により、議論に内在する力をやや過大に評価した初期の見識は修正されるに至っている。[9]

また、民主主義的活動の争議的というよりは合意的な理解が導きうるバイアスについても注目が集まった。集団的討議に参加するうえでの、グループ間のリソースのばらつきを過小評価するリスクが、ようやく強調されるようにもなった。[10] このように、参加と熟議という二つの領域について、省察と現代的経験の重要性を過小評価することなく、詳述の幅を広げ、民主主義を刷新する用語を定式化することこそ重要なのである。

二一世紀の初頭にあって、第一の基本的な取り組みとは対抗民主主義の世界の組織化にある。そこには二重の目的がある。まずは対抗民主主義が、破壊的・縮減的なポピュリズムに劣化するリスクを払いのけることが必須となる。次に、今日においては無残なまでに欠落し、いっそうの風化の脅威に晒されている、政治的事象の真正な意味を修復し発展させることが問題となる。

対抗民主主義を強化する

対抗民主主義の各種権力は、いっさいの全体図を伴わない実践の累積として構成されている。それらはまず、選挙・代議制統治の不履行への反動としてみずからを主張するからだ。だが、対抗民主主義的活動の問題は、それが「目的別の」制度として、一八世紀に想像されたような様式でもって合憲性をもつには至らない点にある。そのことは、そうした活動にある種の構造的な不安定性を与えている。最終的に意味を変えてしまう示威行為へと逸脱していく可能性を残すのである。だからこそ、合憲性をもつことの不可能性というこの問題に立ち返らなくてはならないのだ。

これまでの各章で私たちは、ペンシルベニア州の検閲官評議会やフランスの護民院が経験した失敗について見てきた。この二つの事例では、問題は「純粋な制度」、つまり策謀的な動きになど絶対的に動じない、当該機能に厳密に与えられる制度を存在せしめることができないという点にあった。単に状況においてそうできない、というだけではない。そうできないこと自体が構造的なのである。純粋に機能的な制度という理念には、実践的にはいかなる内実もないからだ。「純粋な制度」が可能だと考えることは、善、正義、全体的利益などがたやすく具体化できると信じることにも等しいだろう。

別の言い方をするなら、代議政体の通常のメカニズムでは設置することが不可能だと認められる一般形式を、対抗民主主義の諸形態のもとでなら実現できると期待するわけにはいかないということだ。民主主義的制度の完成が、代議制と主権の形式的多様化を経なければならないのと同様に、対抗民主主義の機能の完成も、その表現形式の多様化によってもたらされる以外にない。人民の意志を体現するとか、人民の名のもとに語ることを決定的に許されているとか主張することなど誰にもできないとするなら、対称的に、自分だけが批評する者として適切に表現できると主張することも誰にもできない。誰にも、とはつまり、いかなる制度にも、いかなる集団にも、ということだ。ところで、「目的別の」諸制度が観念論的な形で、あるいはポピュリズム型の運動が倒錯的ないし党派心にあふれた形で目標としたのは、まさにそういう主張にほかならなかった(そのポピュリズム型の運動は、信用が落ちたと評される権力に対して、みずからが「真の人民」を体現していると主張することを特徴としている)。対抗民主主義はそのせいで不安定な性質をもち、絶えず審問を必要としているのである。

対抗民主主義の機能は多元的でしかありえない。だがそれは、組織化のレベルが異なればそれに応じて変化しなくてはならないような、社会の一般性の分化した近似物(不明瞭な世論から、判決など一部の機能に見られる、より構造化された、代議制に準じる性質のものまで)に対応した多元性だ。一方でそうした機能を強化しようとする企てにおいては、その機能の中間的な構成様式に特別な注意を払う必要がある。世論や活動家の介入などの純粋に不安定な権力と、厳密に合憲的な機構との間には、探求してしかるべき一つの空間が残されているのだ。そのような探求の企ては、理論と実践が分かちがたく結びついた新たな研究を促すだろう。その新たな研究に着手することは本書の目的ではない。

だが、本書はその入口へと導く以上、その扉を少しだけ開いてみても咎められはしないだろう。まずは監視権の各種カテゴリーを考察しよう。今日それらは五つの種類に分かれる。行政府の統制と調査を行う議会の権限、メディア空間で一極化する世論の緩慢な現れ、野党側の批判的な介入、社会運動と市民団体の諸活動、目的別の民主主義的諸制度の五つである。この基礎の上に、各国の状況を比較したチャートを作成することもできるだろうし、当該システムの歴史的変遷を考察することもできるだろう。

そうしたチャートが記録しうる変項は実に多岐にわたるだろう。たとえば私たちはすでに、機能の一部を議会空間に集中させようとした一九世紀の歴史的動きの重要性を示唆した。「目的別の」機構を設置する試みは、最初の実験の一時期が過ぎると放棄された。他方、現在議会に帰されている役割を考察し、市民社会同士の活力の比較を行うならば、各種の状況を著しく際立たせることができるだろう。また、そうした類型論によって、社会横断的な一大変化を強調することもできるだろう。

たとえばインターネット革命に結びついた世論の「私有化」と細分化は、世論の監視メカニズムについての理解を変化させている。世論がもつ一般性という性質は、社会的表現の私的所有がますます進むことで、著しく縮減されているのだ。この場合、監視の「民主化」の増大は、現代社会における不得策な特質の拡大を直接担ってもいる。監視活動に際して政党に帰される役割も、事実上同時に萎縮していく。そうした組織は、選挙・代議政体の機能の中で、ますます特殊な役割へと限定されていくのだ[11]。ゆえに、「非党員」の活動家組織による様々な監視行動の、新たな中間領域的な構成様式の発展に認められるべき重要性は、ますます高まっていくのである。たとえば、一部の公的機関の行動を評価するための、「市民評定機関」の発展を想像することができるだろう。問題の発生や進展の懸念などに世論の注目を惹きつけるために、「市民オブザーバトリー」を作ることもできるだろう。

二例だけ挙げるなら、不平等問題や人種隔離問題への注目においては、そのような方向での発案がすでに多数の事案で示されている。民主主義の進展の基本的な争点の一つは、市民によるそうした鑑定と警戒の領域にこそ異論の余地なく位置づけられるのである。またそれゆえに、監視のいっそう制度化された形式を、こうした様々な観点から再度検討する必要もある。そこには探求すべき様々な方途が見いだせるだろう。分野によっては、抽選による市民の調査委員会が設置されることも予想できるだろう。独立した公的権威も多様化しうるだろう（たとえばフランスにおいて、差別との戦いや警官隊の職業倫理の分野で創設された機関がそのモデルになりうる）。監視の対抗民主主義は、このような様々な領域において、よりいっそう活動的で参加型の市民権を構成する柱の一つとして確立されるだろう。

阻止権は、本書で長く強調してきたように、最終的には否定的主権を描きだした。その反動的で破壊的な側面がときおり支配的になったりもする。ゆえに、ポピュリズム的な偏向がそこで最も強力な推進力を見いだすという事態も生じている。だがそうした阻止権の歴史は、別様の利用法、別様の展望も可能だということをも示唆している。かくしてその肯定的な発展には、阻止権の存在意義をなしていたものに立ち返ることが前提となる。すなわち、批判と統制の様式を据え、それによって政治機構の機能に時間的な不協和を導き入れるということだ。そのような様式ならば複数形の主権の行使に対応しうるからだ。複数形での主権があってこそ、選挙による正当化は端的かつ一義的な優位に立つことがなくなるのである。合憲性による統制は今日、制度化された阻止権の最も明確な様態として理解できる。この場合、権力は法律文書の解釈権のヒエラルキーを基礎として構築される。行政権の側からすると、議会解散権が存在する場合、それもまた強力な阻止の形式をなす。その場合もまた、多数派に一種の試練を課すことに帰着する。結びつきが緩んでいると考えられる社会的な正当性と選挙による正当性を、再度同期させることがその目的となる。行政府の行為をめぐる議会による監督も、一種対称的な対をなす。

これらの場合、私たちは単なる妨害行為の理念からは遠く隔たる。妨害行為が一貫性のある地平を描き出すことは決してない。機能として異議申し立てをする対抗民主主義の側面を、より活動的でより有益な政治のリソースにするためには、一貫性ある地平を描く方向に向かうのでなくてはならない。

では、そのような阻止する法的権力を社会化することは望みうるのだろうか？　それはまさに、一八世紀末に検討された各種の監察官職の考え方にほかならない。そうした体制が含意していた正当性の二重化は、政治制度の通常の時間性に試練を与えるような手続きによって、今や部分的に実現されている。だが多くの場合、そうした手続きは市民の世界から切り離されているようにも思われる。どのように修正すればよいのだろうか？　たとえば合憲であるような判事を選べばよいのだろうか？　結局それは革命期の多くの計画に共通する見方をなしていた。

おそらくそれは、最も満足いく解決策ではない。選挙は確かに強い結びつきを作りはする。だがそれは散発的で、多くの場合根拠に乏しい。むしろ本書で示唆した種類の意志決定における、議論と正当化の「恒常的」制約を強化することによってこそ、各種の阻止権はある種の市民的適合性を見いだすことになるのだろう。たとえば目下のところ、議会の解散を決定するフランス大統領はいかなる説明をも示す必要はない。また多くの国において、憲法裁判所の決定は正当化されていない。証拠にもとづく説明の不在こそが市民との距離感を生み出し、かくしてその種の対抗権力の行使は、むき出しで近寄りがたい権威という形をとって現れるのだ。逆に論証には、熟慮にもとづく結びつきを織りなし、強い関係性を確立し、暗に義務の存在を認めさせるという効果がある。それは権力に、その台座から降りてくることを強いるのだ。この場合、対抗民主主義の機能を利便的に構築することを可能にするのは、制度ではなくある種の実践ということになる。

阻止権の別様の制度化の様式、別様の実践の様式も検討することができるだろう。たとえば一部の代表的な事例において、危険と見なされる公的活動を中断させるためである。一般的には、そのような事例の場合、端的に裁判所への申し立てが可能である（その場合、司法手続きは文字通りの「意志決定」を導くことになる)。したがって阻止権はその場合もまた、中間者により行使されることになる。直接的な行使は可能だろうか？　例外的な状況であれば、それこそがまさに社会的蜂起の、あるいは隔絶した個人の模範的抵抗の究極の意味をなす。「通常の」やり方でなら、阻止権は事実上つねに委託されるものである。それが真に社会的なものになるのは、正当化の制約や計算書の提示義務などに従う場合のみだ。構造上、阻止権は常に政治体制の「ア・プリオリな」時間性を破壊するものとして示される。その本質は、何かを止めるための拒否権にある。おのれのペースと行為者の減速とを際立たせるという形で、民主主義がみずからに試練を課すことにあるのだ。対抗民主主義的な阻止権は、入れ子構造のプロセスによって、代議制の減速とその展望の拡大という性質を帯びる。したがってそれは単なる選挙の空間を溢れ出ていく。そのような形で、代議制民主主義の構造上の間接的な性質に参与するのである[12]。

対抗民主主義の三つめの形象となる審判の権限は、ごく稀にしか直接的には行使されない。人民陪審団の介入のような場合のみである(たとえそれが、政治的な影響力をもつ各分野への介入にすぎないにせよ)。判事としての人民は、審判という枠組みにおいては政治領域への介入者というよりも、むしろ品行と社会的結びつきの規制者にすぎないからだ。だが、私たちが先に指摘したように、必ずしも常にそうだったわけではない。一九世紀には、公的議論に構造的に結びついていた報道の事案なども、陪審団のもとに付託されていた。一九世紀末に司法の専門職化の動きがいたるところで生じたが、それと裏腹の、逆の動きが生じることはありうるだろうかと問うてみてもよいだろう。たとえば贈収賄や公共財の濫用といった犯罪を陪審団の評価に付し、民主主義的機能への侵害に属する事案の判決に、いっそうの厳粛さを加えることもできるだろう。

民主主義体制においては、圧倒的多数の事案に「人民の名のもとに」判決が下され、担当する判事は集団の代表のように振る舞う。そうした代表としての側面を強化することもできるだろう。けれどもそこでもまた、最も効果的な手段をなすのはおそらく選挙ではないだろう。判決の動機づけを発展させることを義務とすることこそ、最良の結果をもたらしうるのだ。それは判事の行為を、根拠を伴った公的利益の表明へと拡張することになるからだ。正当化の義務がもつ恒常的性質ゆえに、定期的な選挙ではなしえない判事の職務の社会化を、より明確なものにもできるのだ[13]。このような形でなら、対抗民主主義的権力は、ポピュリズムへの偏向リスクを遠ざけながら強化を図ることができるだろう。とはいえこうした各種の発展だけでは、目下進んでいる不得策な傾向を補っていくには十分ではないだろう。そのためには文字通りの、政治機能の修復の道を見いだしていく必要もある。

民主主義を再政治化する

対抗民主主義には確かに陰の部分がある。すなわち不得策な部分だ。そこから、曖昧かつ執拗な違和感がもたらされてきた。より活動的でより情報に通じ、都市生活にいっそう介入するような市民社会の到来に、逆説的ながら付随する違和感である。その解消策はあるのだろうか？　あるとすればそれは、共通世界の観点の再構築、分裂や細分化を乗り越える可能性の再構築を経なくてはならない。無力感や意味の危機は、相互に育まれているからだ。

今日まずもって問題になるのは意味の空虚であって、意志の空虚ではない。その倒錯的な連鎖を乗り越えるための、魔法のような処方箋は望むべくもない。単純な改革を実現すればよいわけでもないし、救済をもたらす制度を想像できるわけでもない。欠けているのは、むしろ社会がみずからについて吟味しようとする動きなのだ。必要とされるのは反省的な行動なのである。「民主主義はこの場合、その研鑽において定義される」のであり、その構造上の空隙によってのみ定義されるのではない。集団生活のルール策定に結びついた争議、協議、解釈の全体も然り、経験を適切に表せる言語活動、そうした経験を記述でき、それを支配できる言語活動の産出も然りだ。

こうした「民主主義の研鑽」は、社会的なものの制度化の機能において民主主義を定義づけるものであり、次の三つの表題のもとにまとめ上げることができる。すなわち、判読可能な世界の産出、集団的権力の象徴化、そして社会的差異への試練である。

最初の側面は政治活動の定義の中心そのものをなしており、単なる管理技術にすぎないものと統治の技法との分割線を描き出す。統治するとは、単に組織の問題を解決し、合理的な形でリソースを割り振り、時間に沿った行動を計画するだけにとどまらないからだ。統治するとはまず、世界を理解可能なものにし、分析と解釈の道具を与えて市民が効果的に身を処し行動できるようにすることを意味する。そこには政治の根本的に「認識論的」な側面があり、そのことは大いに強調されなくてはならない。つまりそれは、都市の表象化を支援することによってその都市そのものを産み出し、都市をみずからの責任に絶えず対峙させ、解決すべき諸問題に明敏に取り組めるようにすることにほかならない。

権力の受動的な見方は、社会から観念的に推論されるものとされ、社会の忠実な反映をなすとされる。だが、そこから距離を置くなら、問題はむしろ社会みずからに社会の内実を暴露すること、進むべき方向を個人がますます見いだしにくくなっている世界に、意味と形式を与え直すこととなる。政治活動と社会科学は、こうした展望のもとで、目標とアプローチにおいて再度一致することになる。両者には、乗り越えるべき共通の事実がある。個人がもはやみずからを集団の成員として捉えられないという事実、かれらにとって判読可能で可視化された全体性に組み込まれることが、今や怪しいものになってしまったという事実である。[14] 世界を客観化する作業、政治的主体にみずからを発見させる主観化の企ては、このような形で重なり合うのだ。ジョン・デューイの著作などは鮮烈に、この憂慮のコミュニティを描き出し、一般に専門家と市民との間に引かれる断絶線の再考を導いている。[15] 明晰さと自由、制約の意識と行動する決意は、こうして肯定的な形で結びつき、幻想に育まれた熱意と皮相な理性とを行き来する致死的な揺れ動きに終止符が打たれるのだ。

したがってそれはまた、この世界に対して開かれた、政治における意志の問題を理解するもう一つのやり方でもある。意志とはそもそも、主体の投影や広がりなどではないからだ。それは積極的な自己意識のことである。カストリアディスは明快にこう記している。「行動の領域で、私が自分を動かすのは、それこそが意志であるからだ。活動的な行動としてみずからを動かすこと、行動としての自己自身に反省的に立ち返ること、みずからを指向し、また原因を認識しつつ何ものかを指向すること」。[16] 「意志があればあるほど、いっそう自己自身もある」。キルケゴールは同じ意味で、すでにこう強調していた。[17]

私たちはここで、政治的動物としての、市民の文字通り哲学的な定義のただ中にいる。すなわち、市民には、政治的事象の行為者であると同時に観客でもあり、主体であるとともに客体でもあるという特殊性がある。民主主義から帰結する目標は、かくして分かちがたい形で、共通の歴史の構築を可能にすることと、意味の地平を示すことになる。すなわちそれは、同じ一つの動きでもって、人々の蒙昧と無力さとに終止符を打つということだ。主権とは単に権限の行使を言うのではない。それは自己の管理と、世界の理解を言うのである。

その最もよく知られ最もよく引用される文章の一つで、バンジャマン・コンスタンは古代人の自由と近代人の自由とを対比している。前者は共同体への帰属意識に直結した、市民の関わりの感覚を表し、後者は基本的に私的活動を宿命づけられた個人による、自律の享楽を表している。だが、コンスタンにとってこのような区別は、公私の区別、個人と集団との区別には安易に一致しない。古代人と近代人の差異は、政治活動の効用についての「認識の違い」の問題でもある、とコンスタンは強調する。古代においては「各人が国民主権に占める部分というのは、今日のように抽象的な仮構物ではなかった。各人の意志には現実的な影響力があった。その意志を行使することは、生きとした反復的な快楽であった[18]」。近代世界においては逆に、その「二重化」は姿を消した、とコンスタンは指摘する。「群衆の中でさまよう個人は、自分が行使する影響力を目にすることはほとんどない。その意志は決して全体に痕跡を残さない。自身の眼には、その協働を示すものは何も映らないのだ[19]」。「われわれは認識において勝ち得たものを、想像力において失ったのだ」とコンスタンは結論づけている[20]。

それはまさに民主主義的政治の問題そのものである。つまり、社会生活を組織するメカニズムを「可視化」する作業なくして、民主主義的政治は具体化できないのである。そのような可視性はもはや社会学的にも象徴的にも自明なものではない。社会学的には、個人から成る社会がみずからしつらえる代議制は、政治観と知的鍛錬の二重の助けを借りて構築されなくてはならない。もはや人民も国も、感覚しうる身体をもってはいないからだ。

象徴の面で言えば、民主主義的権力もまた、謙虚さを主張してはみずから閉じこもり、同じように不在になっているように思われる。古代の王政は、多くの場合力のない国家、いずれにしても今日の国家よりも発展の度合いにおいて果てしなく小さな国家から構成されていた(モンテーニュはこの意味において、当時の貴族が国家に向き合うことは生涯に二度か三度しかなかった、と述べている)[21]。だが公的な権力は同時に、華々しく登場する術を心得ており、見た目を詳細に気にかけながら入念に自己演出を施すのだった。みずからの優位を示し、また強烈な印象を与えるために、権力はおのれの権威を実際に主張する派手ながらも付随的な様式を、そうした権威の恒久的な表象能力に結びつけていた。そうして、パスカルが『パンセ』で述べた言い方を用いるなら、「必然性の絆」と「想像力の絆」を連結させていたのだ[22]。

政治的事象の、このほとんど劇場的とでも言うべき側面の等価物を、現代社会においても見いだすにはどうすればよいだろうか？　この点については次のことを指摘せざるをえない。民主主義の秩序によって世界にもたらされた可視と不可視の、古くからの関係が揺さぶられた影響を、私たちはまだ乗り越えるに至っていない。こうした困難を前に一部の人々は、記憶のいっそう積極的な賞賛、国民の大きな物語の、高揚感を伴う保持を呼びかけている。過去の想定上の栄光を、現在の心的な支えとして打ち立てようというのだ。[23] そのような偉大さの人為的な復活の試みの傍らで、新たな現代的恐怖の反復的な動揺も生じており、日常的な空虚を、暗い怖れの感情や不純な嫌悪を維持して背後に隠してしまうことに、ときおり一役買ってもいる。

決定論の理論もまた、この文脈において特徴的な回帰を果たしている。そうした理論とともに、直に感じ取れる主権的意志へのノスタルジーや、さらには行動の条件をあからさまに単純化する例外的な瞬間への信奉が蘇ってきている。フランスにおける伝説的ドゴール主義の礼賛から、カール・シュミットの著作の漠然とした人気の高まりにいたるまで、そうした懐古主義的・倒錯的な様態でもって、現代において政治的事象が見えなくなっていることへの対応が模索されているのだ。

そのような痛みを伴う治療に頼らずに、政治的事象の必須の再象徴化を果たすにはどうすればよいのだろうか？　意志についての古い形而上学を理想化してそれと結び直すことなく、主権を可視化し可感化するにはどうすればよいだろうか？　ややよれよれになった古代のコスチュームを着せることなく、集団的権力になんらかの劇場性を与え直すにはどうすればよいだろうか？

おそらくそれは、高揚感溢れる現実の変容を願うことによってではない。政治的事象をいっそう可視化するには、なによりもまず、完遂しなくてはならない任務を常に想起することが重要となる。すなわち、今は見いだされない民衆を、活力ある政治的コミュニティに変えていくことだ。象徴化とは、集団的な省察、共通の歴史を記すという断固たる決意に関与することをいう。それは、そうした企てを織りなす失敗と希望との、繊細で重々しい物語にほかならない。あらゆる困難にもかかわらず公平な社会を築こうとする、男女の戦いの歴史であり記憶なのだ。

政治的事象を再象徴化するための研鑽は、このような形で、既存の社会的差異に恒常的に試練を与えるという様相を呈する。それはつまり、公正な再分配ルールや可能性拡大の原則、明快に議論された個人と集団の関係性の規範などに沿って組織化される集団に、形を与えることにある。この枠組みでは、必要とされる対立関係は争議の認識と不可分である。また、個人・集団・領土間での実質的な委譲、粉飾された遺産、暗黙の規制などを明らかにする努力からも切り離すことはできない。それは一部の熟議の理論家たちが示唆するような、平穏でほとんど技術的であるような単純な議論とは似ても似つかない。まさにこのような基盤をもとに、「一般意志の実践経験」は必然的に難しいやり方で進められることになるのである。

「一般意志なるもの」はこのような形において、もはや虚偽の理想化や真摯な願いの表明などではなく、一連の調停行為、妥協、あるいは逆に社会的絆の成立に関係する裁定などの総和となる。たとえば、退職問題や世代間の結びつき、社会保障・職務の安全の諸形態、税金の天引きルール、失業への配慮とその手当の様式、長期的な問題への対応などである。実践は常に、そうした全体が実際に描き出す体制に位置づけ直されなくてはならない。そこではまさしく男女の実質的な生活様式の真実を、是正のために認識させることになる。政治的事象に意味と形式を与え直すとは、集団的な贖い手となる存在を讃えることにあるのではない。贖い手が民族であっても、階級であっても、群衆であっても同じことだ。そうではなく、差異や区別を作り出している現実の相互作用の体系を明らかにすることにあるのである。それは、相互の参画の力を基礎とする都市の成立を阻む障害を、具体的な形で身をもって知ることにほかならない。

近代の混成体制

選挙・代議政体、対抗民主主義、そして政治的事象の反省的かつ熟議的な研鑽は、民主主義的経験の三本柱をなす。それぞれが都市の組織化に貢献を果たすのだ。選挙・代議政体はそこに制度的な基礎を築く。対抗民主主義は異議申し立ての活力を、政治的事象の研鑽は歴史的・社会的密度を与える。だがそのそれぞれに病理や倒錯があり、それらが広がっていく可能性もある。選挙・代議政体が放置されると、選挙を伴う貴族政治、統治する機械へと変貌しがちだ。対抗民主主義にはポピュリズムと反政治運動の亡霊がつきまとう。政治的事象の研鑽はというと、安易な決定論を、あるいは逆に討議のなにがしかの形骸化を吹き込まれる恐れもある。しかしながら、それら三つの次元がシステムをなすとき、有徳の力学が始動し、各自の悪を乗り越えることができるようにもなるだろう。

混在的組成の考え方は中世において定着するようになった。貴族政治・民主主義・王政からその最も肯定的な部分を借りて、合理的であると同時に寛大でもあるような政治体制を組織しようという考え方である[24]。今日、その混在的組成の考え方を再度取り上げなくてはならない。ただし別の意味において。つまり民主主義それ自体が、そのような様式のもとに理解されなくてはならないのだ。

その場合の民主主義は、たとえば平等や自由など、競合する原理の妥協から生じるものとしてではなく、上記三つの次元の総和によって構成され、それらが互いに補い合い、互いを強化し合って、人間の自己統治へと向かうことができるようになるためのものとして捉えられなくてはならない。民主主義の進展は、そうした複数化した様式にもとづく以外構想しえない。単独で十分に参加型の機能を処方できるような、制度的な「ただ一つのベストな道」などありはしない。また十全に妥当な代表形式をなすものもない。本書で私たちは、対抗民主主義ばかりを見てきた。したがって今後の探求では、政治的事象の研鑽という問題をその根っこの部分から見直し、その諸形式と諸問題との体系的記述を提示する必要があるだろう。

このような三つの次元からの民主主義の理解は、さらに国レベルの民主主義体制とコスモポリタンな諸形態の組成との結びつきを別様に考えるよう導きもする。その関係の通常の理解は、移行というタームで考えようとするものだ。つまり、国内の空間で試された規制の制度と手続きを、より上位のレベルで再生産しようとするのである。私たちがすでに強調してきたように、対抗民主主義の参照は、異なる空間での市民社会の行動を評価するための、一貫した枠組みを提供してくれる。だがより広範に捉えるなら、この近代的な混在的組成の概念こそが、民主主義の各種のレベル、その諸形式の区別を扱うことを可能にする。混在の特殊な様式がその都度問われることになり、そうした混在の種類に応じて、それぞれのレベルで実現されるべき進展が定式化できるようになるのだ。

選挙・代議制の組織化こそいまだ基本的に国内のレベルに閉ざされているものの、対抗民主主義の各種形式の発展はほかのレベルでも確かに進んできている。そのことは前章で示した通りだ。政治の研鑽の問題は国際的なレベルでも掲げられている。安定した「デーモス」が不在の場合でさえ、目的は共通の人間性を築き上げることにある。たとえそれが要求の低い様式においてであるとしても。(25) そこにもまた、より可視化して議論の対象に据えることを望めるようにすべき差異や争いの現実がある。

こうした方向に進んでいくならば、同じカテゴリーを用いて、分析の枠組みを拡大して提供したり、各国の民主主義の進捗のほか、コスモポリタンな秩序の構築、欧州連合のような空間の発展などを協働的に探ったりすることも可能になる。そのような収斂は従来、権力分散の一般化や政府なき統治形態の多様化といった弱い様式、あるいは逆に、善意の世界化という夢想的な様式、または反抗の顕現という高揚した様式のもとで考察されることが多かった。だがその収斂は今後、手段についての、しかも強い要求の表明として主張されるようになるかもしれない。

学者と市民

政治領域の研究は、多くの場合、二つの作業カテゴリーの間で引き裂かれる。一方の側には規範的な理論があり、もう一方の側には歴史家や社会学者による組織的な記述がある。本書は、さらにもう一つ別の道を「実践」しようとしてきた。すなわち、対抗民主主義の世界を詳細に観察することにより、民主主義の諸形態に関する理論の刷新を図るという道である。それは、選挙・代議制を扱ったこれまでの著作にすでに萌芽としてあったアプローチを、発展させ体系化することでもあった。この方法には二つの帰結がある。一つは知的な帰結、もう一つは政治的な帰結である。

知的な面では、その方法は民主主義について、現実主義的な新しい種類の理論を結実させることができそうだ。そのような展望を、事象の限定的な秩序への覚めた同意とすり合わせることをやめた結果としてである。対抗民主主義の原動力と影響の理解は、現代政治への幻滅に「現実主義的な」出口を提示するものであるからだ。対抗民主主義の各種形式への留意こそが、限界突破の模索を、また倒錯的様態の表出の払いのけを可能にするのである。人間がみずからの歴史に介入する仕方についての理解を拡げることで、まさに新たな可能性の場が素描されうるようになる。

参照点を二つだけ挙げるなら、シュンペーターからポパーまで、現実主義的と称される理論は、非・暴政としての自己統治、あるいは単なる諸政府の競合的正当化プロセスとしての自己統治の理想を、ミニマリスト的に解釈することを暗に促してきた。この観点からすると、現実主義と慎み深さは分かちがたく結びついている。「民主主義の進展」という理念にも、いかなる意味もなくなってしまう。私たちのアプローチは、そうした鎖を打ち破ることができるのだ。それは次の事実にも依っている。民主主義はもはや、単にその限界、その回帰のリスク、その熱狂的な偏向からのみ理解されるのではない。その中核部分、そのしごく普通の現れにおいても、灰色の部分からと同様に、把握することができるのである。

政治の面で言えば、こうしたアプローチは学者の仕事が果たす役割の再考をも導いている。そのアプローチは、覚めた明晰さと素朴な熱狂との間での揺れ動きを逃れさせてくれる。トーマス・マンの暗示的な言い方を用いるなら、「アイロニーと急進思想とのいずれかの選択[26]」を斥けることができる。別の著名な類別によるならば、「信念の政治」と「懐疑主義の政治」の対立[27]を乗り越えることができるのだ。

本書は二〇〇五年という、ジャン＝ポール・サルトルとレイモン・アロンの生誕一〇〇周年の年に書かれた。前者は、世紀によって糾弾されたユートピアの詩人、無批判の冒険のかたくなな同伴者だった。後者は、失意の教授、メランコリックな明晰さのモデルだった。かれらのそれぞれが、知的生活の偉大さの形を体現し、同世代と逆の道理を説いていた。だが両者は同様に、冷徹な理性と盲従的な政治参加という形で、二つの不幸の誘惑をも示していた。そのような対照的な二つの様式の上に、ある種の無力さをも育んでいたのだ。そうした袋小路から抜け出すことを、本書の著者は試みてきた。民主主義を息づかせるために、もはや行動から切り離されるわけにはいかないその理論を、定式化することによって。

原注

（1）この点については、とくに次の論集に寄せられた諸論文を参照。Marie-Hélène BACQUÉ, Henry REY et Yves SINTOMER, *Gestion de proximité et démocratie participative. Une perspective comparative*, Paris, La Découverte, 2005. また次の全体も参照のこと。«Alter-démocratie, alter-économie», *Revue du MAUSS*, n°26, 2e semestre 2005.

（2）Cf. M. CALLON, P. LASCOUMES et Y. BARTHE, *Agir dans un monde incertain, op. cit.*; Dominique BOURG et Daniel BOY, *Conférences de citoyens, mode d'emploi*, Paris, Descartes et Cie, 2005.

（3）ベンジャミン・バーバー、ヨシュア・コーエン、キャロル・パットマンなどの、七〇年代から八〇年代にかけての代表的著書を参照のこと。

（4）ごく当然なことながら、背景に応じて区別する必要があるだろう。たとえばラテンアメリカでは、底辺の諸団体や運動はいっそう政治化し、国や制度の欠陥に対峙している(そうした機構の多くが、文字通り政治的な表明が不可能だった独裁政権時に生まれたという事実を越えて)。

（5）参考資料の裏付けが豊富な次の分析を参照のこと。Theda SKOCPOL, *Diminished Democracy: From Membership to Management in American Civic Life*, Norman, University of Oklahoma Press, 2003.

（6）この変化を称して「熟議的転回」という言い方もなされた。

（7）米国でのそうした系譜の発展は、合理的選択理論の狭小さと袂を分かとうとする意志にも結びついていた。そちらの理論では、政治は単なる利益の累積的算術のように見なされていたのだ。この点については次を参照。B. MANIN, «L'idée de démocratie délibérative dans la science politique contemporaine», *Politix*, n°57, 2002.

（8）　国民の祭日としての地位をもった「熟議の日」を制定するという、ブルース・アッカーマンとジェームズ・フィシュキンの提案を参照。Bruce ACKERMAN et James S. FISHKIN, *Deliberation Day*, New Haven, Yale University Press, 2004（『熟議の日——普通の市民が主権者になるために』川岸令和ほか訳、早稲田大学出版部、二〇一四）.

（9）　議論がときに集団同士の対立を硬化させるばかりで、中庸的立場の採択に至らない場合があることが示されてきた。Cf. Cass R. SUNSTEIN, «The Law of Group Polarization», *The Journal of Political Philosophy*, vol. 10, n°2, juin 2002.

（10）　たとえば次の指摘を参照。Lynn M. SANDERS, «Against Deliberation», *Political Theory*, vol. 25, n°3, juin 1997. 決定主義の理論家が熟議の原理に根本的に反対していることも強調しておこう。ドノソ・コルテスからカール・シュミットまで、それらの理論家は、自分たちが政治の本質をなすと見なす断定的行為や拮抗作用の意味を骨抜きにしてしまう実践として、協議を激しく非難し続けた。

（11）　思うに、まさにそうした形で政党への不信を理解する必要がある。それにはまず機能的な原因がある。反対と統制の諸形態の、社会への拡散と再取得である。だが同様に、選挙・代議制の場と対抗民主主義の場との中間的な位置取りというその両義性にも拠っている。

（12）　この点については拙著を参照。*La Démocratie inachevée, op. cit.*, p. 410.

（13）　この重要な点については、次にまとめられた諸研究を参照のこと。Chaïm PERELMAN et Paul FORIERS, *La Motivation des décisions de justice*, Bruxelles, Émile Bruylant, 1978.

（14）　この経緯は事実上、社会学の歴史と混じり合う。各種の「社会学的ジャンル」は、そうした探求の諸段階や諸条件を反映している。デュルケムとタルド、次いでデュルケムとジンメルの方法論的対立が、その最初の母胎をなしている。

（15）　Cf. Robert B. WESTBROOK, *John Dewey and American Democracy*, Ithaca, Cornell University Press, 1991. 社会科学の役割に関して即座に楽観的であろうとする視座について議論するのであれば、デューイが描く展望は私のみるところ、この点において重要なものだと思われる。

（16）　C. CASTORIADIS, *Sujet et vérité dans le monde social-historique*, Paris, Seuil, 2002, p. 111.

（17）　次による引用。France FARAGO, *La Volonté*, Paris, Armand Colin, 2002, p. 14.

（18）　B. CONSTANT, *De la liberté des anciens comparée à celle des modernes*(1819), in *Cours de politique constitution-*

nelle ou collection des ouvrages publiés sur le gouvernement représentatif par Benjamin Constant, 2e éd., Paris, 1872, t. II, p. 547.

(19)　*Ibid.*

(20)　B. CONSTANT, *De l'esprit de conquête et de l'usurpation*(1814), in *ibid.*, t. II, p. 207.

(21)　『エセー』第一巻第四二章を参照。

(22)　ジョエル・コルネットの興味深いコメントを参照。Joël CORNETTE, *La Monarchie entre Renaissance et Révolution, 1515–1792*, Paris, Seuil, 2000, p. 195–199. アンシャン・レジームの国家に見られた現実の脆弱さを、派手なアクション(「公開処刑」)と権力の注意深い演出(太鼓、制服、記念物)で補っていたことについては、同じ著者の次の著書を参照。*Le Roi de guerre. Essai sur la souveraineté dans la France du Grand Siècle*, Paris, Payot, 1993, さらに次も参照。Peter BURKE, *Louis XIV, les stratégies de la gloire*, Paris, Seuil, 1995. 分かちがたい形で司法的かつ象徴的でもあった、壮麗さとしての権力の構築については、次の諸論文を参照のこと。Yan THOMAS, «L'institution de la majesté»; Gérard SABATIER, «Les rois de représentation. Image et pouvoir(XVIe–XVIIe siècles)», *Revue de synthèse*, n°s 3-4, juillet–décembre 1991.

(23)　それゆえに、記憶の理想化の試み、栄光のノスタルジーと、人権の配慮によって育まれた、歴史の犠牲者への共感というもう一つの近代的な大きな動きとの間で、常に緊張が走っているのだ。

(24)　Cf. James M. BLYTHE, *Le Gouvernement idéal et la Constitution mixte au Moyen Âge*, Fribourg, Academic Press, 2005.

(25)　この点については、次の拙著において論証した「市民権にもとづく連帯」と「人間性にもとづく市民権」の区別を参照してほしい。*La Démocratie inachevée, op. cit.*, p. 421–422.

(26)　*Considération d'un apolitique*, Paris, Grasset, 1975, p. 472(トーマス・マン『非政治的人間の考察』上中下、前田敬作、山口知三訳、筑摩書房、一九六八～七一).

(27)　Cf. Michael OAKESHOTT, *The Politics of Faith and the Politics of Scepticism*, New Haven, Yale University Press, 1996.

監視し、阻止し、裁く——民主主義を取り戻すために

西谷　修

「民主主義って何だ」とコーラーが叫ぶ。「これだ！」と皆が応じる。二〇一五年の夏、梅雨の中で、真夏の熱気の中で、あるいは秋の予感に浸されて、毎週国会前に集まった多くの人びとが若者たちのリードに合わせて声をあげた。これはもともと、二〇一一年九月に「ウォール街を占拠せよ」を掛け声にニューヨークで始まったオキュパイ運動の中から現れたデモンストレーションの形だという。しかしそれは東京でも確実に新しい民主主義の主張としてこだました。

国会内部では、絶対多数を占める自民・公明の連立与党が、法案審議の論戦で追いつめる各野党議員の奮闘をあざ笑うかのように、答弁にならない答弁を繰り返し、果ては開き直りで時間を潰して、審議時間を十分にこなしたからとして採決を強行、明らかに憲法違反と指摘される法案さえ通してゆく。その強引なやり方に形式上の瑕疵があったとしても、絶対多数の与党は議事録さえ書き換えて法案が正当に成立したことにする。どんな無体なやり方でも多数の力で押し通すのだ。

選挙で得た議席数によって、政権の意図するところはあらかじめ実現を予定されており（いついつ通過予定とメディアも報じる）、国会に法案を提出して審議はするが、野党のどんな異議も追及も、審議を

経たという形式を満たすための詰め物以上の意味をもたせない。そんな政権運営をする首相は、「わたしが最高責任者、わたしの言うことが正しい」と言い張り、誤って自分を「立法府の長だ」とさえ言う。そしてその政権のスポークスマンは、「日本は法治国家だ」として、強行採決で成立させたもろもろの法律を臆面もなく盾にする。その政権が、日本は自由と民主主義を共通の価値として西側世界(文明世界?)と共有しているというのである。

ここでは民主主義とは、選挙による代表選出しか意味していないかのようだ。代表(議員)は選出されると白紙委任を受けたかのように振舞うだけでなく、あげくに多数政党のたんなる頭数と化してしまう。そして多数の議席を占めた与党の代表は、「わたしが最高責任者」と思い込むのである。そのうえこの自称「最高責任者」はその「責任」を「権限」と誤解していて、憲法の拘束力も無視し、反憲法的な法案や政策を次々に繰り出す。それもそのはず、この政権が目指すのは、現行憲法を廃棄して、日本を「戦前のような国」、「国民がみずからを犠牲にして国家に奉仕する」ことを何よりの美徳とするような国に作り変えることだからだ。

そんな政権にとって、「民主主義」とは選挙の獲得議席で権力を正当化するための手段に過ぎない。そのために「景気」と「威勢」を繕うキャンペーンで選挙に勝つ。勝って権力を手にしたら、あとは「わたしが最高責任者」だ。行政権力の責任を隠匿させる秘密保護法も、戦争参加の安保法制も通し、あらゆる政府批判を「テロ対策」の名のもとに取り締まる共謀罪まで作ろうとする。

民主主義を実効化する知恵

民主主義（デモクラシー）とは王政でも、貴族政治でもなく、国の構成員全体による、あるいはその意志に基づく政治体制のことである。つまり民意による統治だ。そこでは万人が政治に参加する。少なくともその権利をもつ。だからそれは国民主権とセットである。

ただ、少数の集団ならいざ知らず、国家規模になると、その意志決定には全員の直接参加は難しい。そこで代表を選んで代議制を取ることになり、代表が決定権を託される。しかし、選挙による代表選出がすべてだとしたら、民主主義はかたちだけになる。一度選ばれた代表は何をするかわからない。最悪の場合、選ばれた代表は託されたはずの権限を自分の私欲のために用い、選んだ人びとの期待を無視するどころか、人びとからいっさいの権限を奪うことさえできる。そうなると民主主義は専制や独裁にも転化しかねない。じっさい、ナチズムを典型として、そういうことは何度も繰り返されてきた。

民主主義がそんな「授権」のための形式に堕してしまわないために、あるいはその趣旨が十分に生きるように、近代の民主主義の設計者たちや、それを実現しようとした歴史的経験は、代表者たちの専横を牽制するさまざまな仕組みや知恵を生み出してきた。

立憲主義もそのひとつだ。憲法を定めてそれに基づく政治をするというやり方は、理念を掲げてそれに国民を従わせるというものではない。憲法という基本法は、権力を委ねられた者の恣意を抑える規矩である。言いかえれば、権力をもつ者の意志に統治を委ねず、原則によって政治を律するための基準であり、「人の統治」に枷をはめる「法の統治」の軸でもある。つまり、憲法はそのもとに作られる法律の意図を方向づけ、移ろいゆく時の政権の恣意を抑える。とりわけ国民主権のもとでは、たとえ選挙で選ばれた代表であれ、この則を超えることはできないという意味で、政治権力の恣意から国民の権利を守るためのものである。

とはいえ、どんな権力集団が登場するかもわからない。代表たちは期待されたように働かないかもしれないし、信託された権力を恣意的にもちいる場合もある。そうならないために、権力の振舞いはつねに監視されなければならない。「監視」とは、権力(政府)が国民に対して行うものではなく、国民が権力に対して向けねばならない日々の責務なのだ。そのためにまず権力の行いは可視化されなければならない。その役割を担うのはさまざまなメディアだ。メディアを通してわれわれは国会の審議や政府の振舞いを知ることができる。それは国民に対して最大限公開されていなければならないし、メディアは市民に代わる監視の目でなければならない。そうでなければ、メディアは政府のたんなる広報機関か権力のプロパガンダに堕してしまう。

監視とそれによる可視化は、民主主義を実効化するための最初の条件である。それを受けて、市民が意志を表明する機会や場が与えられなければならない。集会やデモや公的な場での発言等だ。選挙では経済や税制だけが争点とされる。ところが多数を取ったら安保法制や憲法改変に血道をあげる。これでは詐欺行為にも等しい。だから、それに対して抗議し、政権の行為を批判し、重要な案件に対して明確に反対の意志表明をする。それが許されなければ民意はつねに掠められることになる。だから、議会外の集団的意志表明は、民主主義を実質化する重要な行為なのである。

そして最後の砦となるのは司法である。政府の行為やあるいは法執行を司法で問う。たとえば、福島第一原発事故の対処に背を向けながら原発再稼働を進める政府の方針に対して、国会や首相官邸前で抗議の声を上げ続けるだけでなく、再稼働の可否の判断を司法に問う。

三権分立というのは権力の分散によって専制や独裁から統治システムを守る仕組みである。立法権、行政権、司法権を分離し権力集中を防ぐというのがこの主旨だが、日本のように議院内閣制をとる国では、立法権(国会)と行政権(政府)はもともと結びつきが強いので、選挙で多数の議席を占めた党が政権を握り、当然ながらその意志を議会でも通そうとする(だから何も知ろうとしない行政府の長は「わたしは立法府の長」と平気で言う)。

だとしたら、その違法性を制度的に牽制できるのは司法だけである。それだけ司法には重要な役割が託されているのだが、日本の裁判所は「統治行為論(〝国家統治の基本に関する高度な政治性〟を有する国家の行為については、法律上の争訟として裁判所による法律判断が可能であっても、司法審査の対象から除外すべきだとする理論)」などという論理を作り、行政権力(政府)の専横を牽制することに及び腰である。これでは司法権は十分にその役割を果たせない。

「不信のまなざし」はなぜ必要か

民主主義を実のあるものにするためには選挙以外にさまざまな方途が必要である。選挙はつねに信任の手続きだが、いったん選ばれてしまうと代表はその信任を離れやすい。だから権力を委ねる代表にはつねに「不信」のまなざしが要る。権力の振舞いはできるだけ可視化し、監視しなければならない。そして権力の逸脱や専横が見られるときには、さまざまな手段で抗議の意志を表明しなければならない。それがなければ民主主義は形だけのものにとどまるだろう。多くの人びとが集まって意志表示する集会やデモンストレーションはその重要な形態である。それはまたメディアによって可視化されなければならない。ここにこれだけの「民意」の直接表明があると。メディアが権力の補完物でないとしたら、これはその重要な役割である。

監視し、阻止し、裁く。こうした対応を本書の著者ピエール・ロザンヴァロンは「カウンター・デモクラシー」と呼んでいる。それは言うまでもなく民主主義に対抗するものではなく、選挙だけではけっして完結しない民主主義を実質化する、民主主義のための不可欠の要素なのだ。

もちろん、代表を選んだら彼らにすべてを任せておきたい。議員はそのために手厚い職権と保護を与えられているのだから。だが、往々にして彼らは裏切る。民主主義が選びを手続きに組み込んでいるからといって、それをある種の「選民」思想に横領しようとする連中さえいる。彼らは手続きさえ踏めばよいと、この仕組みを「選民統治」に変えてしまおうとする。だからこそ「不信のまなざし」は欠かせない。

民主主義とは多種多様の人びとの意志を集約する仕組みである以上、もともと一元的ではありえない。むしろ声の複数性を前提とする。それを強引に一元化するとき、民主主義は専制や独裁に転化する。それを防ぐためには、選挙独裁に対するこのような多角的な「カウンター」が必要なのだ。

本書の著者は、こうしたカウンターなしに民主主義は実現しえないことを、近代の民主主義の成立の理念から、また多様な歴史的経験をたどりながら描き出している。折しも、冒頭で述べたように日本ではいま民主主義が最大の危機に瀕している。憲法違反が明らかな決定が閣議でなされ、政権周辺から法的整合性は二の次だという声が公然とあがり、その閣議決定に基づく安保法制が強行採決され、ほとんどの主要メディアは政権に懐柔されて批判的監視の姿勢を置き忘れ、何ごとも起こっていないかのような気配だけが漂う。そしてあちこちで抗議の声が上がっても、そんなふうに騒ぐ方がおかしいといわんばかりの状況である。

だが、日々の生活をひたひたと浸す不安に気づいた若者たちが、国会前に集まり抗議の声を上げ、コールする。それをメディアは伝えるのを忌避し、町行く人びとは騒々しい連中がいるとしか思わない。沖縄の基地反対運動にいたってはさらに極端だ。何度も表明された明白な民意をその都度あからさまに振り払って、基地建設の強行が続く。その民意を「頑迷」だとし「過激」だとみなす気配まで作り出されている。いまやこの国では権力が監視されるどころか、権力の横暴に背を向けて抗議する人びとを白眼視する傾向さえある。もはや民主主義は足元どころか腰まで朽ちかけている。その現状の深刻さに目を覚ますためにも、民主主義とは何かをつぶさに確認するこの本は大いに役に立つだろう。民主主義を選挙だけに止めておいてはいけない。民主主義は危機のときこそ、日々の「カウンター」によって支えられる。民主主義って何だ？　これだ！と。

（にしたに・おさむ　哲学）

ピエール・ロザンヴァロン(Pierre Rosanvallon)
1948年フランス生まれ．コレージュ・ド・フランス教授(政治史)．社会科学高等研究院の研究ディレクター．高等商業学校(HEC)卒業．労働組合CFDTの経済顧問，機関誌編集長を務めた後，社会科学高等研究院(EHESS)にて博士号取得．
主な著書に，『連帯の新たなる哲学――福祉国家再考』(1995)『未完の民主主義』(2000)『民主的正当性』(2008)『平等な社会』(2013)『よき統治』(2015)など．

嶋崎正樹
1963年生まれ．仏語翻訳家・放送通訳．東京外国語大学卒業，同大学院外国語学研究科修了(ロマンス系言語専攻)．カナダ大使館勤務を経て現職．
訳書に，P. ケオー『ヴァーチャルという思想』R. ドブレ『メディオロジー宣言』同『メディオロジー入門』M. オンフレ『〈反〉哲学教科書』(以上NTT出版)，J.-P. デュピュイ『ツナミの小形而上学』(岩波書店)など．著書に『時事フランス語』(東洋書店)．

カウンター・デモクラシー　不信の時代の政治
ピエール・ロザンヴァロン

2017年3月28日　第1刷発行

訳　者　嶋崎正樹《しまざきまさき》

発行者　岡本　厚

発行所　株式会社 岩波書店
〒101-8002 東京都千代田区一ツ橋2-5-5
電話案内 03-5210-4000
http://www.iwanami.co.jp/

印刷・三陽社　カバー・半七印刷　製本・牧製本

ISBN 978-4-00-061193-0　Printed in Japan